世界和平亚洲心

马嬰文集

上海国际问题研究院◎编

时事出版社

图书在版编目（CIP）数据

世界和平亚洲心：马嫈文集/上海国际问题研究院编．—北京：时事出版社，2014．3

ISBN 978-7-80232-679-8

Ⅰ．①世… Ⅱ．①上… Ⅲ．①国际问题—文集 Ⅳ．①D815－53

中国版本图书馆 CIP 数据核字（2014）第 024411 号

出版发行：时事出版社
地　　址：北京市海淀区巨山村 375 号
邮　　编：100093
发行热线：（010）82546061　82546062
读者服务部：（010）61157595
传　　真：（010）82546050
电子邮箱：shishichubanshe@sina.com
网　　址：www.shishishe.com
印　　刷：北京昌平百善印刷厂

开本：787×1092　1/16　印张：25　　字数：260 千字

2014 年 3 月第 1 版　2014 年 3 月第 1 次印刷

定价：80.00 元

世界和平亚洲心——怀念马嫛老师

杨洁勉

2012年12月15日清晨，一个令人痛心的消息传来，我们尊敬的马嫛老师去世了。一年过去了，我仍然不愿相信马老师已经离开了我们。她走得相当突然，甚至让任何人都没有思想准备；她走得相当年轻，因为头一天她刚过了59岁生日；她走得相当平静，因为她孑然一身、了无牵挂，但却牵动了许多人的心。

一年过去了，我仍不时忆起马老师的音容笑貌。她的离去使我们失去了一位好老师、好同事、好朋友。

马嫛老师治学严谨、工作认真，是位受人尊敬的好老师。她于1991年获得南京大学历史学博士学位，是中国著名英国史大师蒋梦引先生的关门弟子（由于蒋先生逝世而主要由钱乘旦负责指导），学术辈分很高。同时，马嫛老师的治学态度相当严谨，一丝不苟。她是我们院学术规范小组成员、出了名的“铁娘子”，她对任何人的学术不规范行为都会毫不留情地指出，这也是我们诸多同事对她又敬又畏的原因。

可能正是由于自己始终单身，马嫛老师对于同事们的生活和工作都相当关心，是一位不可多得的好同事和好朋友。单位哪位同事或其家人有事，只要马嫛老师得知，都要问寒问暖，如果能帮上忙她肯定会帮。记得一位同志从部队转业，军转办的人员没有提前告知在上海没买房是无法转入户口的（因为户口不能直接落入集体户口），当时时间相当紧急，买房已经来不及了，马老师毫不犹豫地同意将该同志的户口落在她的名下，使该同志顺利转业并进入我院工作。我们院几乎每位新进院的年轻同事都得到过马老师的帮助和指导，特别是如何更快地跟上我们院的工作节奏，掌握我们院的工作性质等。的确，如同她的一位大学同学所形容的那样，马老师是“快人快语快节奏，真情真义真情感”。尽管同事们都对她又敬又畏，但却都知道马老师是“刀子嘴，豆腐心”，她是我们院所有人的好朋友。

马嫚老师是2001年从上海社会科学院调入我院的（当时的名称还是“上海国际问题研究所”）。此后，她曾先后担任南亚研究室副主任，亚太研究室副主任、主任，亚太研究中心主任，为我们院的发展和学术研究作出了重要的贡献。

马嫚老师是学历史出身的，但事实上她很快便转向了现状研究。她最初的研究从工业革命中的英国妇女入手，考察工业革命对英国妇女所产生的重要影响，特别是妇女解放问题，集中体现在她1988年发表的《试析英国妇女争取选举权运动的派别与影响》一文和1993年由上海社会科学院出版社出版的《工业革命与英国妇女》一书中。在参加工作后，特别是2001年调入我院后，马老师的研究逐渐转向更为现实的问题研究，但仍可发现其深厚的历史学功底。例如，本论文集第一编便收录了不少这样的将历史与现实紧密结合的文章，如《析冷战时期及冷战后美国对东南亚的政策》、《中美东南亚政策比较研究》、《亚欧会议十年进程回顾》、《东盟成立四十周年回顾》等。可以说，如同大多数略早的国际关系学者一样，正因为受过严格的历史学训练，马嫚老师的研究总是能将历史与现实有机地结合起来，使其研究成果既有深厚的历史支撑，又有鲜活的现实意义。

随着研究深入，马嫚老师的研究视野也不断拓展，从一开始的国别和地区研究逐渐拓展到全球性问题研究，这也是本论文集第二编的重点。基于其所接受的严格的英国史训练，马嫚老师一开始的研究重点主要放在特定的国别问题上，如较早的英国、越南等，调入我院工作后一开始是在南亚研究室工作，因此在较长一段时间里她主要研究印度，并于2007年在上海人民出版社出版了《当代印度外交》一书。随着她调入我院亚太研究室并先后担任副主任和主任，她的研究视野逐渐拓展到东盟和东南亚研究，后来逐渐向东北亚问题延伸。在这一时期，马嫚老师撰写了大量有关东盟发展、东盟与中国关系、东盟与其他国家关系的论文。在我院推行“改院建所”和以议题引导研究的改革之后，马嫚老师被调整到海洋和极地问题研究中心，重点研究她早已关注的海洋通道问题和更为宏观的各国海洋战略问题。遗憾的是，她过早去世使我们无法看到马嫚老师更多的宏论，但的确“她略显瘦小的身躯却装着整个世界”，“也许是上苍召她去述职了”。

大多数学者年轻时的研究总归更为理想化和理论化，但逐渐地会走向更加现实和政策导向的方面。马嫚老师也不例外，她的研究同样存在从理论到政策的发展轨迹，本论文集第三编便体现了这一转变。在从历史研究转向现实研究、从国别地区研究转向全球性问题的研究过程中，马婴老师始终以地区主义和新地区主义为基轴。她在2002年由中国社会科学出版社出版的《区域主义与发展中国家》一书中，对区域主义或地区主义做了深入研究，此后又对地区合作的新发展即地区间主义做了大师级的研究，这在本论文集中都有体现。以大量的历史研究和理论研究为基础，马婴老师为中国的对东盟外交作出了重要贡献。她不仅撰写了大量公开的学术论文，还带领诸多同事一道为外交部等部门提供了大量的政策研究报告，并身体力行地积极参与到中国与东盟的二轨外交和学术外交中。同时，她还在国台办的指导下，长期负责我院“中国与东盟关系中的台湾问题”系列二轨交流，获得了各方面的赞扬。

历史—现实、国别—地区—全球、理论—政策，马婴老师短暂而精彩的一生为她所获得的各种荣誉所证明：她是国务院颁发的政府特殊津贴享受者，是上海市“三八”红旗手，是上海市外事系统优秀共产党员，等等。她曾兼任亚太安全合作理事会中国委员会委员、中国亚太学会常务理事、中国东南亚研究会副秘书长、中国—东盟协会理事、新加坡《当代东南亚》国际顾问委员会委员。她还曾在美国乔治城大学外交学院、新加坡东南亚研究所以及美国华盛顿的战略和国际研究中心做访问学者。

正如同她的一位大学同学在悼词中所写：“马婴来到这个世界仿佛是负有使命的。当所有的同学都结婚生子走着通常的人生之路时，她完成了硕士、博士学位；当我们在为着五斗米奔波、钻营的时候，她完成了一部部具有国际视野的专著。”“她的视野投向了全人类，她的研究以和平与安全为目标。也许，这就是她的使命，她用自己短暂的一生，传递了人类和平、合作与安全的福音。”的确，马嫈老师以其短暂的一生书写了对世界和平与亚洲发展的深切关怀。

怀念马嫈老师！

2013 年 12 月 15 日

于上海国际问题研究院

目　录

第一编　历史与现实

第二编　地区与全球

第三编 理论与政策

第一编

历史与现实

试析英国妇女争取选举权运动的派别与影响*

英国在整个19世纪“从事了我们今天称之为‘现代化’的重大计划”,① 进行了各方面改革，从而成为现代意义上的资本主义国家。妇女和英国社会上的其他人们一道，参与了这一变化过程。本文试图以英国妇女争取议会选举权这一方面为出发点，对这场运动的各派力量组合及对英国社会的影响，做一初步探讨。

一

当社会进入19世纪时，英国的妇女仍然遭受歧视和压制：在家庭里，未婚女子受父兄的管束，已婚妇女则受丈夫的役使，没有个性的自由发展；在教育上，女子享受不到和男子均等的求学机会，大多待在家里学习女红；在社会上，妇女毫无

---

* 本文原载于《世界历史》1988年第2期。

① 罗伯特·布莱克：《从皮尔至丘吉尔时期的保守党》(Robert Blake, *The Conservative Party from Peel to Churchill*)，伦敦1979年版，第115页。

政治权利，也没社会地位，“她们被视为二等公民”。[1] 妇女渴望自由平等。19世纪英国社会经历的重大变革，对她们产生了强烈影响，使她们透过外部世界的变化，看到了自己的社会存在及完整价值。于是争取妇女解放的烈火就这样熊熊燃烧起来了。由于英国在“整个19世纪，选举权位居政治问题的首位”，[2] 因此，妇女们把斗争的重点集中在争取获得议会选举权上。她们庄严地宣告：“我们必须有选举权，这是我们的权利。”[3]

面对妇女要求选举权的呼声，在英国社会中形成了互相对立的两派。由于这一问题不仅关系到当时的选举制度，还牵涉到传统的观念意识，因此不管是赞成派还是反对派，他们在阶级间、政党中以及男女内部的划分不是泾渭分明的，形成了纵横交错、纠缠扭结在一起的力量组合。

按理说，妇女要是赢得了选举权，将使她们全部都受益，因此她们应该是团结一致、同心协力地从事这场斗争。可是事实并非如此。由于“二等公民虽然是所有妇女的命运，但因为她们所属的阶级不同，影响她们的程度也不同”，[4] 由此决

---

① 佩西克·劳伦斯编：《解除束缚——我们如何赢得选举权的历史》（Pethick-Lawrence ed., *Unshackled: The Story of How We Won the Vote*），伦敦1959年版，第11页。

② 多萝西·汤普森：《英国人民，1760—1902》（Dorothy Thompson, *The British People 1760 - 1902*），伦敦1981年版，第200页。

③ 戴尔·斯彭德编：《女权主义理论家们：三个世纪的妇女知识传统》（Dale Spender ed., *Feminist Theories: Three Centuries of Women's Intellectual Traditions*），伦敦1983年版，第156—157页。

④ 玛丽安·雷米尔森：《妇女造反》（Marian Remelson, *The Petticoat Rebellion: A Century of Struggle for Women's Rights*），伦敦1972年版，第66页。

定了各阶级妇女对选举权要求所持的态度也不同。

上层阶级妇女是妇女中的特权阶层，人数很少。她们多出身于显贵家庭，养尊处优，既无经济拮据之忧，更无羁驾钳制之虑。她们自由出入社会场合，甚至宫廷，她们也可以继承遗产。在特殊情况下，她们还能继承王位，成为位极至尊的一国君主。除了选举权以外，可以说她们享有男子所有的一切权利。她们中的大部分人因此都非常满意现状，极力维持传统思想意识，视其他妇女对选举权的要求为洪水猛兽，深恶痛绝。维多利亚女王是她们中间突出的代表。早在1852年，她就写道："我们妇女生来就不宜于参政——所以，如果我们是善良的妇女，那我们就应该不喜欢这些男子分内的事。"①

中等阶级②妇女是随着工业革命中该阶级的发展而成长的。从表面看，她们过的是一种体面的生活，许多人的家庭非常富裕。然而实质上，她们最受压抑。她们既无上层阶级妇女享有的各种政治、社会特权，也不如自食其力的工人阶级妇女，多少还有一定的经济独立地位。结婚是中等阶级妇女唯一的生活出路。从小时候起，她们就不断地被灌输这样的思想：她们受的一切教育，学的所有女红，都是为了增加她们外表的魅力，以便在长大后能找到一个丈夫。因此，姑娘们不必过分追求知识，以免由于男子们害怕找一个"有知识"的妻子，而得不

---

① 引自J. A. R·马里欧特：《现代英国》（J. A. R. Marriott, *Modern England 1885 – 1945: A History of My Own Times*），伦敦1948年版，第323页。

② 本文所指的"中等阶级"是就他们的财富和社会地位而言。它不仅包括资产阶级，还包括商人、业主及医生、律师、教师等知识界人士，自由职业者和宗教界一般神职人员。

到一枚结婚戒指。许多在工业革命中发迹的家庭，更把儿女婚事当作爬向社会财富和社会地位的阶石。“一个女儿最高尚的行为，就是缔结一门能使自己家庭财产进一步增加的美满婚姻，这门亲事与新郎的年龄、道德品质及知识才能则毫无关系。”① 在中等阶级中，还盛行这样的观点：“一个闲在家中的妻子是丈夫事业成功的标志——表明他能挣足够的钱，独自维持一家人的舒适生活。”② 在家里，一切决定由丈夫做，轻重家务由仆人干（当然并不是所有的中等阶级家庭都有仆人），妻子们要做的事情就是取悦丈夫、养育孩子，成了道地的家庭摆设和玩偶。

那些没能结婚的中等阶级妇女命运更糟，她们的生活处于极危险的经济状况中。因为她们要想独立谋生的话，许多适合她们社会地位的工作却关门闭户，拒不接纳她们，不少人只能依赖于男性亲属，待在家中过着无聊至极的生活。只有一些不甘寄人篱下的妇女才去当家庭教师，这几乎是想要自立的中等阶级妇女唯一能找到的“体面”职业。但是家庭教师也不是一个好差事。在主人家里，她的身份虽高于仆人，但没有与家庭其他成员相等的地位，还时时“是评价、嘲笑和被人们挖苦的对象”，③ 因此她是这个家庭里孤独的一员。除了教孩子们学文化外，家庭教师还要帮着料理其他家务，可是报酬却很

---

① 雷米尔森：《妇女造反》，第35页。

② 盖尔·布雷本：《女工在第一次世界大战中，英国经历》（Gail Braybon, *Women Workers in the First World War: The British Experience*），伦敦1981年版，第18页。

③ 雷米尔森：《妇女造反》，第35页。

低，一般来说一年只有 25 镑。偶尔有人冲破了社会成见的罗网，当了作家或记者，她们也大都不敢用真名发表自己的文章或作品，像 19 世纪英国文坛上声誉卓著的勃朗蒂姐妹，所写作品都用男子的假名。

当然，这并不排除在少数开明的中等阶级家庭里，女子与男子被同等看待。

但就中等阶级妇女整体来说，她们是英国妇女中最受社会约束的阶层。她们又都受过教育，文化素质高，是妇女中最先意识到自己的屈辱地位，最先起来追求自由、平等，希望个性能得到充分发展的阶层。

但是，由于延续数千年的传统思想观念在人们头脑中已经打下了深深的烙印，更多的中等阶级妇女把自己的从属地位看成是天经地义、理所当然，抱着逆来顺受的麻木态度。甚至在那些享有社会名望、思想较激进的妇女中，有些人虽然在这个或那个领域里取得了显著的成就，但她们还是怀疑自己的能力，自卑自贱。作家卡罗琳·诺顿是一个具有强烈的独立思想的妇女，为了阻止她那已分居的丈夫攫取她的稿费，她曾不得不打了一场官司。然而就是像她这样的人居然也说道："就我来说，我相信男子天生的优越性，就如我相信上帝的存在一样。妇女生来就比男子低下，这是上帝规定的，而不是男子规定的。"[1] 汉弗莱·沃德夫人也在《19 世纪》杂志上公开撰文

① J. 拉弗：《乐观主义时代》（J. Laver, *The Age of Optimism: Manners and morals 1848 – 1914*），伦敦 1966 年版，第 31 页。

说："妇女在政治上的无知是无法挽救的，天生如此。"[①] 由此可知，传统思想意识对广大妇女的影响有多深了。基于上述观点，她们强烈反对妇女起来争取选举权利，反对妇女参政。

因此，虽然中等阶级妇女是英国妇女中最先起来进行斗争的部分，但在她们内部，意见也不是统一的。

工人阶级妇女[②]迫于生计，进工厂劳动，赚钱养家糊口。这样，就使她们在家庭经济中有了一定的发言权，使她们在人格上也较中等阶级妇女有相对的独立性。但是在工厂里，她们与男工干同样的活，却拿不到相同的报酬。女工是全体工人中工资最低的一部分人。直到 1914 年，除纺织业外，女工的工资还只有男工的一半，在有些部门则更低。由于传统偏见的影响已渗入到社会各个阶层，因此大多数工人阶级男子对女工抱着冷漠和敌视的态度。他们不是把女工看作同一战线的阶级姐妹，而是就业的竞争者和裁减工资的威胁者。"男子独尊的思想在组织起来的工人中特别明显。"[③] 大多数工会都不接收女工入会。所以"90% 以上的女工没有组织起来，'女工会会员'在 1913 年底时，只有大约 43.2 万人"。[④] 同时在家庭里，一切家务都由女工操持。厂休日则是女工们的洗濯日。已婚女

---

① 西尔维亚·斯特劳斯：《男性事业的背叛者，男子为妇女权利进行斗争》(Sylvia Strauss, "*Traitors to the Masculine Cause*": *The Men's Campaigns for Women's Rights*)，伦敦 1982 年版，第 191 页。

② 在下层妇女中除工人阶级妇女外，还有农村妇女和女佣等，但限于资料，本文只分析工人阶级妇女。

③ E. H. 亨特：《英国劳工史，1815—1914》(E. H. Hunt, *British Labour History, 1815 - 1914*)，伦敦 1981 年版，第 25 页。

④ 同上书，第 299 页。

工还要受丈夫的虐待，虽然她们和丈夫一样外出工作，共同负担家庭生活开支，然而“这没有能使她们免除丈夫的暴力，打妻子是维多利亚时代一个主要的社会问题”。[①] 还有许多工人阶级妇女或因失业、或因生活无法维持下去，流落街头，被迫出卖肉体。

从现实的经历出发，工人阶级妇女迫切希望的是同工同酬以及加入工会的权利。19 世纪下半叶，尤其是最后二三十年，英国工人阶级妇女进行的一系列斗争，就是围绕着这两个方面展开的。至于选举权一事，对她们来说还是一个遥远的、将来的东西。因此，“早期的妇女工会对选举权的宣传鼓动没有同情心或密切的关注”。[②] 当社会上大部分人都仇视妇女运动时，她们很难抵抗得了这股强大的压力，“能无视嘲笑和威胁、继续战斗的勇敢女工只有极少数”。[③]

英国社会中的男子又是如何看待这一问题的呢？由于历史遗留下来的传统思想意识在人们头脑中作祟，男子在支持还是反对妇女争取政治权利这一点上形成了截然相反的两派。

一些思想解放、头脑开明的人士认识到现存社会对妇女的不公平及其荒谬性，他们非常清楚解放妇女、允许妇女参政的必要性。小米尔曾说：“规定两性之间现存社会关系的原

---

① 唐纳德·里德：《英国，1868—1914》（Donald Read, *England, 1868 - 1914: The Age of Urban Democracy*），伦敦 1979 年版，第 39 页。

② 罗杰·富尔福德：《投妇女票》（Roger Fulford, *Votes for Women: The Story of a Struggle*），伦敦 1956 年版，第 102 页。

③ 桑德拉·伯曼编：《妇女的合适工作》（Sandra Burman ed., *Fit Work for Women*），堪培拉 1979 年版，第 106 页。

则——一个性法定地从属于另一个性——是错误的，是阻止人类进步的一个主要障碍，它应该被完全平等这一原则取代，不能承认一方享有特权，另一方则无任何资格。”“只有在妇女获得解放后，人类的状况才能得到改善。”[①] 他们或是写书撰文，抨击这种不合理的现象；或是在议会中提出议案，进行辩论；或是建立各种支持妇女争取选举权的男性组织。总之，尽他们所能以引起社会公众的重视，争取社会舆论的支持，帮助妇女实现她们的目标。

亨利·福西特、雅各布·布顿特、理查德·马斯登、潘克赫斯特等人都是著名的妇女选举权支持者。不过在众多的绅士支持者中，最热心、最虔诚的还得首推约翰·斯图尔特·米尔。米尔不遗余力地倡导妇女解放，“把问题提到了严肃的改革这一高度”。[②] 1853 年，他发表了《妇女选举权的授予》一书，为妇女争取选举权利。1861 年他写的《代议制政府》中最著名的章节之一，也是为两性政治平等原则进行辩解，他指出性别同政治权利毫不相干，这和人们身高或发色的差异是一回事。在其议员生涯中，米尔始终不渝地在下院提出妇女选举权一案。1869 年，他的名著《受压制的妇女》出版。在这本书中，米尔进一步抨击了歧视和排挤妇女的现象，提出“在什么样的条件下和在什么范围内，男子有选举权，那么也应该

① 引自艾丽斯·S. 罗西编：《女权主义文件》（Alice S. Rossi ed. , *The Feminist papers: From Adams to de Beauvoir*），纽约 1973 年版，第 196 页。

② 雷·斯特雷奇：《“事业”：英国妇女运动简史》（Ray Strachey, “The Cause”: A Short History of the Women’s Movement in Great Britain），伦敦 1928 年版，第 107 页。

允许在同样的条件和范围内，妇女有同样的选举权利”。[①] 此书发表后，在英国社会引起了巨大的反响。尤其是妇女们从中受到了莫大的鼓舞，进一步激发了她们的斗争热情，坚决把这场运动深入发展下去。

然而在男子中更多的还是反对派。他们像花岗岩那样顽固，死抱住迂腐观念不放，坚决反对妇女参政。他们振振有词地说：政治不是妇女的事务，她们最合适的地方是在家里，妇女并不希望有选举权，因为她们早已有了足够的权利，这具体体现在男性亲属们在他们行使的权利中表达了妇女们的意愿。还有人更像是在说呓语：“是男子而不是妇女改变了历史的进程，从而使各个民族形成现在的状况。”[②] 甚至连当时对人类社会作出巨大贡献的一些著名科学家也曾持有这种偏见。

就是在工人阶级男子中，对妇女参政的要求也是持反对态度的。以“世界上第一次广泛的、真正群众性的、政治性的无产阶级革命运动”[③] 著称于世的宪章运动，是一次英国工人阶级争取政治权利的运动。但在这场伟大的斗争中，工人阶级男子并没对妇女问题给予认真的考虑。尽管有许许多多的妇女积极地参加了宪章运动的各种活动，与工人阶级男子并肩战斗，但她们仍然被告知：“妇女的领域是在家里，政治的领域

---

① 艾丽斯·S. 罗西编：《女权主义文件》，第217页。

② 肯尼思·赫德森：《男人和女人：今日的女权主义者和反女权主义者》(K. Hudson, *Men and Women: Feminism and Anti-feminism Today*)，伦敦1968年版，第15—16页。

③ 《列宁全集》第29卷，人民出版社1985年版，第276页。

应留给男子。”[①] 在第一次起草《人民宪章》时，宪章运动的一位领导人洛维特曾提出把妇女选举权写进宪章中去，“但它很快被删去了。一些人认为提案中采用这一提法也许会推迟男子选举权的获得”。[②] 在宪章运动以后的岁月里，工人阶级男子对妇女的看法依然如故。在英国工会联合会召开的年会上，身兼工会领袖和下院议员两职的亨利·布罗德赫斯就在讲话中公开说：“他们（男子）必须考虑国家和孩子们的未来，这是他们作为男子和丈夫应尽的责任，他们的妻子应该待在家里，这是最适合她们的地方。”[③] 这一番话不仅代表了英国工人阶级男子（虽然不能说是全体，但至少是大多数人）对女性的看法，而且也可以从中推测出他们对妇女争取选举权运动的态度。

受工人阶级这种思想的影响，20 世纪初崛起的工党从成立之日起，就在妇女选举权问题上裹足不前。尽管它的部分党员和一些领导人，像凯恩·哈弟等人，都赞成给予妇女选举权利，但是由于妇女组织提出的是与男性选举人相等基础上的选举权，这一要求在当时意味着财产资格选举，因此工党大部分成员都认为这只能增加有产阶级的选票，而不利于工人阶级在议会中力量的增长，所以他们坚决反对。1905 年工党成立时，

---

① 詹姆斯·爱泼斯坦和多萝西·汤普森合编：《宪章主义者的经历》（J. Epstein and D. Thompson eds. , *The Chartist Experience*: *Studies in Working-Class Radicalism and Culture*, *1830 – 1860*），伦教 1982 年版，第 349 页。

② 雷·斯特雷奇：《“事业”：英国妇女运动简史》，第 31 页。

③ 谢丽亚·罗博瑟姆：《历史背后》（S. Rowbotham, *Hidden from History*: *300 Years of Women's Oppression and The Fight Against It*），伦敦第 3 版，第 60—61 页。

"它明确宣布成年人普选权（男子和女子）是唯一能得到工党支持的选举权改革法案"。[①] 只是到了1912年，工党才通过了一个支持妇女获得选举权的决议。

播风撒雨于英国政治生活中的其他党派在妇女选举权问题上，则如历史学家菲利普·斯诺登形容的那样，"像天空的闪电一样分裂得参差不齐"。[②]

在整个19世纪一直热衷于各项改革的自由党，对妇女的这一正当要求却无动于衷。在自由党内部，许多党员都积极支持妇女争取选举权，但是掌握实权的党魁们却坚决反对。曾多次出任自由党内阁首相的格拉斯顿是反对派中的强硬分子。1884年议会在讨论第三次选举改革法草案时，有人提议把妇女选举权也包括进去时，他竟威胁道："假如妇女选举权修正案在下院通过，政府将拒绝为它负责。"[③] 格拉斯顿不允许下院对妇女选举权修正案进行讨论，并命令自由党议员投反对票。自由党的另一位领袖阿斯奎斯紧步其后尘，"1911年时，阿斯奎斯依然和当年的格拉斯顿一样毫不妥协，他认为给妇女选举的权利将是'一个招致灾祸的政治错误'"。[④]

保守党内情况则刚好相反。保守党的大多数党员固然头脑僵化、极端守旧，反对任何改善妇女现状的措施。然而党的领

① 科林·克罗斯：《执政的自由党（1905—1914）》（C. Cross, *The Liberals in Power, 1905 - 1914*），伦敦1963年版，第157页。

② 同上书，第158页。

③ 米奇·麦肯齐编：《肩并肩：文件集》（M. Mackenzie ed., *Shoulder to Shoulder: A Documentary*），纽约1975年版，第8页。

④ 玛格丽特·斯特西和马里恩·晋赖斯：《妇女、权力与政治》，第74页。

袖和一些党员却非常开明、很有见地，支持妇女的事业。早在1848年，狄斯雷利就在议会的一次发言中旗帜鲜明地支持妇女选举权的要求。他从现实出发，不容辩驳地说道："既然在我们这个由女性当国王的国家里，允许妇女组成国家政治集团的一个部分（比如根据本人的资格成为女贵族）、允许妇女成为拥有土地和法定的庄园主人、允许妇女依据法律担任教堂和穷人的监护者；既然她们因此而为国家和教会做了这么多事情，那么我看不出有什么理由不让她们参加选举，假如你们也得出正确结论的话。"① 保守党的其他一些著名人士像贝尔福、博纳·劳等人，都和狄斯雷利站在同一立场上。

但是，正如自由党不让妇女选举权提案变成正式法案一样，保守党也不愿给妇女选举权的要求以实质性的支持。除了在歧视妇女这一点上双方是相同的以外，它们还从各自的党派利益出发，害怕给了妇女政治权利以后，会增加对方的力量。因此双方在议会中都采取拖延、躲避的态度，结果使妇女选举权一案悬而不决，耽搁了下来。

综上所述，在妇女争取选举权的运动中，力量对比是很不利于斗争一方的。特别是反对派不但势力非常强大，而且态度十分顽固。同时，支持妇女要求的力量却各不相同，其打算和利益所在也不一致，这样在斗争中，它们就不可能密切配合，甚至还会出现互相牵制的现象。就在这样一种错综复杂的形势下，英国妇女争取选举权运动拉开了大幕。

---

① 罗杰·富尔福德：《投妇女票》，第48页。

二

玛丽·沃斯通克拉夫特是英国妇女运动的先驱。早在1792年她就写下了《维护女性的权利》一书。但直到19世纪中期，才听到了对她的呼声的响亮回音。在第二次议会改革的高潮中，妇女们勇敢地提出了自己的要求，并展开了长期坚韧不拔的斗争。

1866年为起草请愿书、征集签名而建立的伦敦临时委员会，在第二次议会改革后已成为正式的伦敦妇女选举权委员会。在以后的30年间，新的妇女组织在各地不断出现，参加妇女选举权运动的人也越来越多。1897年，统一的"妇女选举权协会全国联合会"成立，著名的女权主义者米利森特·福西特夫人担任该会主席。英国妇女选举权运动发展到了有组织、有领导的新阶段。在20世纪初的斗争高潮中，又出现了埃米林·潘克赫斯特夫人及其女儿组织的"妇女社会政治同盟"，其采用极端政策来达到目的。

在妇女们不屈不挠的努力下，争取选举权运动终于赢得了胜利。1918年，上下两院在经过激烈的辩论以后，先后投票表决，通过了新的选举法案，规定给一切（除依据法律没有资格者外）年满30岁以上的、有财产资格的妇女以议会选举权。10年以后，英国妇女获得了与男子相同的选举资格。

这场旷日持久的运动，如果不从1792年玛丽·沃斯通克拉夫特率先呼吁“维护女性的权利”算起，而以 1866 年约翰·斯图尔特、米尔代表妇女向议会递交请愿书为开端，也为时半个多世纪，对英国社会产生了重要影响。这主要表现在以下几个方面：

第一，中等阶级妇女是这场运动的主力。

前面我们已经分析过，在全体妇女中，中等阶级妇女受社会约束最多、受压抑最深，因此她们对妇女自由解放的追求也就最为强烈。中等阶级妇女又都普遍受过程度不等的教育，较其他妇女更能意识到妇女的社会存在价值，更能体会到 19 世纪英国一系列改革给社会带来的重大变化，“是全体妇女中最深刻地了解‘妇女狭窄的社交圈子和男子广阔的活动领域之间的差别’”[①] 的人。她们极为不满自己的处境，想方设法要摆脱命运的束缚，在社会上获得应有的一席之地。

同时，在整个 19 世纪，英国的中等阶级始终处于蓬勃向上的发展状态。中等阶级妇女作为它的一个不可分割的组成部分，当然而且应该与本阶级的发展同步。因为任何一个阶级的发展，都是作为一个整体共同发展的，即使其中某一个部分暂时落在后面，也很快就会赶上，绝不会出现永远掉队的现象。当中等阶级的男子在 19 世纪取得了多方面的进展后，这一阶级的妇女也就迫切要求分享这些进步，于是就促使中等阶级妇女带头发起了妇女解放斗争。

---

① 维基·兰德尔：《妇女与政治》（V. Randall，*Women and Politics*），伦敦 1984 年版，第 142 页。

另外，中等阶级妇女与工人阶级妇女相比，在参加这场马拉松赛跑似的运动中，她们具有这些得天独厚的条件——充分的时间和充沛的精力，这是由她们所属的那个阶级的生活条件所提供的。

工人阶级妇女虽然也知道妇女参政的重要意义，也愿意参加争取选举权的运动，但如前所述，因受她们所处的客观环境限制，她们的注意力还不能集中到这上面来。尽管英格兰北部的纺织女工们也参加了一些要求选举权的活动，但“她们的力量与其说是全国性的，还不如说是地区性的。当她们想把自己的斗争策略运用到其他地方的工人阶级妇女那里去时”，“她们很少获得成功”。[①]

由于上述原因，中等阶级妇女成了英国妇女争取选举权运动的主力军。虽然在她们中间也有不少人对这场斗争持反对、怀疑或观望态度，但历史发展的潮流把中等阶级妇女中的大多数人卷进了运动的中心。

第二，妇女争取选举权运动是一场资产阶级民主运动，斗争的胜利使英国现代民主制度得以完善。

随着英国工业革命的完成、资本主义的飞跃发展，妇女在社会生活中发挥了越来越大的作用。从19世纪下半叶到20世纪初，女子在受教育、工作就业、拥有财产、地方选举等方面获得了可喜的成就，同时在人口比例上也大大超过了男子。1911年，英国人口（不包括爱尔兰）是3000多万，其中女性

① 桑德拉·伯曼编:《妇女的合适工作》，第110页。

就占了1850万人，超过男性人数达200万之多。因此，无论从哪一方面来看，妇女已成为一支不容忽视的社会力量。但是妇女的地位与英国在19世纪向现代化迈进的势头相比，则处于相形见绌的状况之中。特别是当整个社会的进步在女王的统治下进行，而妇女却不能享有政治权利时，这岂不显得更滑稽可笑吗?

任何一个社会，不管它有多大程度的民主，只要妇女被排除在政治大门之外，那么就都不能称自己是民主社会。因为假如“妇女仍然处于政治从属地位，那么男子也就不可能得到真正的自由”,[①] 从而也就谈不上什么广泛的民主。英国妇女通过斗争取得了与男子同样的政治权利，在国家事务中发挥了自己的作用，使资产阶级民主在英国社会得到了最大限度的扩展。所以，妇女争取选举权运动的胜利，标志着英国现代民主制度的最终确立。正如马克思、恩格斯指出的那样：“某一历史时代的发展总是可以用妇女走向自由的程度来确定。”[②]

就其内容看，妇女们发起的这一场斗争，属于连续不断的英国议会改革运动中的一环。一位历史学家曾精确地指出妇女获得选举权的重要意义：“‘给妇女选举权’是一个步骤、一个不列颠型的议会民主制发展的必要的和重大的措施。”“选举权确立了妇女的政治地位，使她们能在平等的条件下”，

① 戴尔·斯彭德编：《女权主义理论家们：三个世纪的妇女知识传统》，第191页。

② 《马克思恩格斯全集》第2卷，人民出版社，2005年版，第249页。

“参加这个国家和其他地方的民主政治发展的斗争”。[1] 妇女们的斗争与其他几次议会改革运动一起，为革除议会选举制的弊端，扩大资产阶级民主，实现国家现代化作出了贡献。它和其他几次议会改革斗争一样，在英国历史的长卷上写下了光辉的篇章。

第三，妇女争取选举权运动还是一场反对传统观念、改造社会的运动。

妇女要求选举权利这一行动，不仅是企图对现存政治制度实行改革，从更广泛的意义上来说，还是直接对社会生活中的陈腐观念意识进行挑战。自由党首相亨利·坎贝尔·班纳曼对这后一点知道得非常清楚，1906 年他在接见一个妇女代表团时就曾经说过，妇女对选举权的要求是“不能加以拒绝的。但要变成政府的法案，尚需比正义和逻辑更多的东西”。[2] 他所指的“更多东西”无疑就是指克服社会的传统观念和习惯势力。

如上分析，我们看到除了各党派从各自的政党利益出发，不愿给妇女选举权外，“反对者的阻挠实际上是传统偏见的拙劣表演。19 世纪最后 30 年中，在许多遭到激烈反对和严重干扰的重大事件上，都显示出传统意识这一武器是多么的有效。”[3] 传统观念和习俗像幽灵一般，顽固地在人们头脑中徘

---

① 戴维·鲁宾斯坦编：《为了人民的人们》（D. Rubinstein ed., *People for the People: Radical Ideas and Personalities in British History*），伦敦 1973 年版，第 184 页。

② 雷·斯特雷奇：《“事业”：英国妇女运动简史》，第 319 页。

③ 罗杰·富尔福德：《投妇女票》，第 77 页。

徊，不愿轻易地让出阵地。妇女们大部分的时间和精力都放在同社会上的陈腐看法，同歧视和压制妇女的错误斗争上。不论是“妇女选举权协会全国联合会”的集会、游行、请愿、宣传活动，还是“妇女社会政治同盟”的烧信箱、焚房屋、毁玻璃等破坏行为，大多是围绕这一点展开的。而英国男子在争取选举权过程中，则没有遇到这方面的周折。另外，参加运动的妇女们不仅要同社会上持敌对情绪的人们斗争，而且还要对女性内部的不满和抵触情绪进行说服教育。如前所述，许多妇女把传统观念当作天经地义的东西全盘接受，她们安于现状、听凭摆布，不愿寻求和创造新的生活和环境，而对那些积极要求挣脱命运枷锁的姐妹则看不顺眼、横加指责，甚至竟然作出许多令亲者痛、仇者快的怪事，有人还甚至要求把参加运动的妇女在体罚后流放到新西兰或澳大利亚去。她们实际上成了争取选举权运动最难以逾越的障碍，要使她们幡然悔悟、洗心革面，站到斗争一方来，绝非易事。结果，就使斗争获胜的日子一推再推，姗姗来迟。

由此可见，英国妇女发起的这场运动，是反对陈旧的传统观念的战役。它告诉我们，消除人们对妇女的偏见将是一个艰难曲折的漫长过程。在某种程度上，它比攻克钢造铁铸的碉堡还难。

陈规陋习不仅羁绊了人们的思想，也阻碍了社会的发展。因为排斥妇女是社会落后的表现，它所延续的是一种社会生产力低下时期的落后思想意识。如果一味排斥妇女，社会意识就不可能有所进步，整个社会的发展因而也就会受到影响，使速度缓慢下来。所以妇女的斗争“不单是为了妇女自己，而且还是为了整个社会的利益”。[①] 当时英国社会中的一些人也看到了这一点，说道：“妇女选举权不会是一个孤立的现象，而将通过逐渐和稳定地变革……我们国家社会历史的其他方面（的变革）来取得。”[②] 英国妇女开展的这场斗争，有力地冲刷了同时代遗留下来的污泥浊水，推动了社会向前发展。

英国妇女在政治上取得了与男子平等的地位，这只是事情的开始，对她们来说，更重要的是把男女平等的原则和具体内容贯彻到社会生活的各个方面去，并得到真正的实施。旧的思想意识、习惯势力，作为一种历史的惰性力量，仍然还在起作用。英国妇女要想取得完全解放，前面还有很长的一段路程要走。

① 戴尔·斯彭德编：《女权主义理论家们：三个世纪的妇女知识传统》，第191页。

② 同上书，第181页。

影响未来世界的因素和美国的对策*

——兼评古德曼的《未来简史》

冷战结束以后，世界处于不断的变化和变动之中，致使未来的发展趋势让人觉得捉摸不定和难以预测，现存的国际关系理论也受到了直接冲击。影响未来世界发展的因素究竟有哪些，美国如何在变化了的世界中保持其超级大国的地位和利益，就成了美国有关专家学者思考和关注的问题。他们中的很多人纷纷著书立说，各抒己见。“文明的冲突”固然不失为一种说法，但与此同时还存在许多不同的看法。本文旨在评述其中的一种，这就是艾伦·E. 古德曼（Allan E. Goodman）在《未来简史》[①] 中表达的观点。作者系乔治城大学外交事务学院学术院长，他在书中提出的一些见解值得注意，因为这将有助于我们了解美国未来外交政策可能会出现的走向和态势。

一、影响未来世界的因素

对世界今后发展将产生重大影响的因素，古德曼指出主要

---

* 本文原载于《社会科学》1997 年第 2 期。

① 艾伦·E. 古德曼：《未来简史》（英文版），纽约：西方观点出版社 1994 年版。

表现在互相联系的四个方面：

（一）自由思想的传播

古德曼认为，冷战结束以后，自由的思想将得到进一步的传播。所谓的自由，就是所有人都拥有同样的尊严和权利，可以根据自己的意愿和为自己的利益思考与行动，只要这些行为不伤害他人。而民主化就是维护自由的一种过程，它涉及扩大政治参与、建立新的组织和体系等。在民主化进程中，最常见的是相应的经济改革与政府提供自由使人民生活得以改善的承诺。此外，人们还必须容忍政治、种族、宗教、文化等各方面的差异，以及这些方面彼此之间经过权衡达到的作用与效果。

自由思想的传播将对未来世界产生各种影响，其中之一就是导致人口在全球范围内的自由迁移和流动。当人们在迁移时，也就使各种不同的思想和概念产生碰撞，这种碰撞最终将促进所有种族的人民和平共处，从而有利于经济的发展。因此，在世界贸易变得更加地区化以及共同市场激增时，那些种族多元化的社会就会变得更加稳定，管理也会更加有效，而生活在这些社会中的人们则因此提高了自己的经济实力与政治地位。

（二）通讯技术的发展

自由思想之所以能对未来世界产生重要影响，主要就是因为通讯技术日新月异的发展，使它可以在全球范围内到处传播。

古德曼认为，当前变化中的世界秩序实际上是通讯技术飞跃发展的副产品。20 世纪 80 年代最革命化的事物莫过于低成本、高效率的全球通讯系统的诞生和普及。电话、电视、电传等通讯工具的出现，使信息传递更加便捷。不断推陈出新的通讯工具使每个人都具有跨越不同边界、文化和时区交流与交换思想的能力。通讯手段的变化和改进如此迅速，通讯工具如此普及，以至于现在的人们简直难以想象：在没有计算机、传真机、小型照相机、跨越大陆即时传递数据与直观图像等通讯设备的时代，政治与经济的活动是怎样进行的？

作为通讯技术提高的结果，思想和价值观在世界范围内的交流就成为可能。在今日工业化国家里，平均每人一天接收大约 700 万条信息，这一数字到 20 世纪末可能还要翻一番。联网的信息资源日益被各行各业的全体人员获得，无论他们是最老练的行政人员还是最朴实的工人。通讯技术的高度发展，使人们看到了从未见过和从未到过的世界其他地方，并把新思想、新观念传递给了从未体验过它们的人们，从而为教育和政治的互相影响，在全球意义上创造了无限的可能性。信息在全球范围内流动为世界提供了引起革命和变化的思想。

（三）地区一体化的趋势

由于通讯技术的发展，思想更便于交流，信息更便于传播，这就为地区政治、经济朝着一体化方向发展创造了一定的条件。当然，这种一体化必须建立在利益共同一致的基础上，不可能在完全相异的民族要求和将沸未沸的互相敌意中发展起来。

古德曼认为，地区一体化与自由贸易之所以能够产生，是因为它们符合了每个人的长期利益，而不是因为它们被当作处理国际关系体系的附属物来对待。又由于经济发展过程中，国与国之间的相互依赖性日益增强，经济的增长不可能由单个国家孤立地实现，这就使地区合作与一体化越发显得必要，反过来也为各国经济的进一步发展提供了活力。过去，很多国家被迫实行生产多样化和开发自然资源，是为了确保经济独立和国家安全。今后，由于地区一体化的发展，各个国家可以自由地专门从事赢利性商品的生产和服务，从本地区其他生产者那里购买本国没有的产品及需要的东西。这样一来，人们在本地区交换的资源和资本就能被极其有效地利用，更多的商品和服务可得到交换，更多的收入被创造出来，从而使人们改善生活，并对本地区以外的商品及服务产生兴趣。当这种兴趣达到一定程度时，这个地区也就吸引了来自其他地区的投资，于是创造了更多的工作机会乃至更高的收入。

虽然地区一体化不可避免地要求各个国家放弃某种程度的主权和根据相互依赖程度重新规定国家利益，但是它在世界范围内还是有积极的影响与结果的。在新的国际关系体系中，地区性力量将取代国家力量，地区性集团将在全球范围内具体化，将有大批地区性共同市场出现并兴旺发达。

（四）战争手段的逐渐废弃

经济相互依赖度的日益增长，是逐渐消除冲突的因素之一。因为在互相依赖的世界里，没有一个国家能独立地进行旷日持久的战争或建立庞大的军事力量来从事战争。

古德曼指出，在这一点上，“沙漠风暴”已包含了有关战争的经济及其破坏性的一些重要经验教训。这场军事行动的总成本据估计近2000亿美元，约30个国家分摊军费，没有一个国家独自拥有充足的资源来负起整个战争责任。由此可知，未来战争的成本只会增加不会减少，越来越多的国家将发现它们出不起钱参战。这刚好与20世纪的潮流相反。在20世纪，武器的大规模生产和销售降低了战争准备的成本，使战争以通行的美元进行核算变得非常节俭。然而今日精确导向的和其他类型灵巧又隐秘的武器系统问世，使战争费用昂贵到令人咋舌的地步。这些武器装备以及与之抗衡的武器的价格不可能降下来。

因此，古德曼认为精密武器的出现，可能比20世纪50年代中期以来核武器所具备的威慑作用还要强大。核威胁使那些制造核武器的人们冒着自己也被消灭的危险，所以它日益被看作是具有更多虚张声势的成分。而精密武器则更有能力阻止战争的爆发，因为它们能够准确和具体地摧毁目标，而不会造成大量的平民伤亡。由于精密武器提供了完全彻底歼敌的一种选择，可产生更大的威慑力，所以它们更可能是一种部署性的武器。

互相依赖是未来国际关系体系的基本组成部分，国与国之间、地区与地区之间通讯、文化和经济的往来又促进和加强了这种相互影响，使合作与依赖更进一步发展，从而使动用武力的得益几乎为零，再加上精密武器的昂贵价格和威慑作用，战争就会被人们逐渐废弃。

二、美国的对策

面对冷战结束后影响世界未来发展的上述新因素，美国的外交政策必须加以调整；对未来的需要和发展进行预测，才能适应变化中的世界新形势。

古德曼要求，支持民主运动的发展，不仅应该成为美国今后对外援助的重点，而且应该成为美国重新承诺国际主义的检验标志。美国还必须利用其先进的通讯技术，不遗余力地为自由与民主在全球的推行打下基础，充当促进民主自由的坚定支持者，并通过谨慎、全面和有条不紊的结盟来保障美国在未来世界中的地位。这样，未来世界即使不是“美国世纪”，然而由于美国在推进民主自由方面作出了实质性的帮助和引导，它也还是能被引入美国所追求的世界秩序中去。

由于地区一体化的发展，利用正式的条约结盟作为美国外交政策的支柱在未来将会实质性地减少，因为经济上的互相依赖和地区化已显露出它们是加强凝聚力和彼此交往的新力量，这就迫使美国通过建立一个广泛联系和磋商的网络来实施其外交政策。为了使美国的利益在地区一体化趋势中得到更多的尊重，古德曼提出，美国必须避免冲动地把自己的价值观和意愿强加到各国或各地区头上，因为后者虽然推崇美国的原则与实力，但同时也拥有限制美国行动的能力，并且拥有日益增长的独立见解，即对国际秩序为什么变化及其在未来应是何样具有自己的解释。所以，美国不能像过去那样在国际关系领域里随心所欲地把自己的一套东西强加到别人头上。

随着战争被逐渐废弃，全球的军事力量将因此缩小规模。各国的军事发展重点将集中在增加部署能力、发展迅速投射力量上面，而设在海外的军事基地将会逐步消除。

古德曼认为，这些对美国来说并不令人沮丧，相反军事力量的这种新发展，促使经济、文化和科学活动国际化会成为有效地连接美国与世界其余地方的至关重要因素。这些新的连接方式将取代美国过去为了作战或阻止别国开始战争而建立的大多数军事或安全同盟。

古德曼指出，美国需要世界，世界也需要美国。美国的问题不可能单一地靠在本国范围内采取行动来解决。美国未来的生计和福利依赖于在全球基础上推销美国的商品和传递美国的思想的能力，这种能力不会被代价高昂的军备竞赛、地缘战略或战争所破坏。美国未来的外交政策必须从上述考虑出发来制定和执行。

三、走向未来世界

冷战的结束对美国来说，意味着二战结束以来第一次没有任何一个大国对美国的国家安全构成随时存在的明显威胁，这使美国处于没有主要敌手的优越地位，美国为此感到庆幸。

然而，冷战的结束并不意味着美国参与世界事务的结束，它只是表明在目前迅速发展变化的世界里，美国参与国际事务的性质和程度还不完全明确。但有一点可以肯定，就如古德曼指出的那样，经济一体化、信息全球化及军事技术装备的改进提高，使美国绝不可能超脱于世界之外。

在这样的背景下，美国学术界出现了两种截然不同的论调。一种是悲观主义派的，以亨廷顿“文明的冲突”为主要代表。悲观主义者认为，未来比过去还要糟糕，世界将变得四分五裂。导致分裂的原因在人种上是有色，性质上是暴力，文化上是排外。特别是亨廷顿断然声称，由黄色人种造成的危险与伊斯兰教狂热的新威胁相结合，向以美国为代表的西方利益、价值观与实力发起了挑战。悲观主义者担心，在这样的世界里，美国是否能够完全以它目前的形式在下一个世纪里生存下去。

乐观主义派则对此不以为然。他们认为冷战结束后世界上各种各样的冲突虽然持续不断，但不能把目前的国际局势看得过于动乱，冷战时期的暴力行为比现在激烈得多，目前的冲突在规模、残酷性和伤亡人数等方面都比冷战时期要小得多。另一方面，国与国之间经济上的相互依赖日益增大，使战争越来越无利可图，人们将会尽一切努力避免一场总体战。经济一体化还促使人们更加全面地思考和解决问题，对于文化等方面的差异采取更加宽容的态度。乐观主义者认为，悲观主义“论调”之所以会产生，是因为人们的期望值过高，以为冷战结束就等于和平到来.

正是在这种情况下，《未来简史》出版了。它详细阐述了乐观主义派的观点，解答了悲观主义派对未来世界发展趋向的疑问。在古德曼看来，未来的世界不可能提供一个没有任何危险的环境，实际上，它也许会变得更加复杂，对国际事务在政治、经济、文化、种族、社会等方面的挑战所作出的回应，也仍将非常困难，但前景并非如悲观主义者眼中那样的一片漆黑，而是充满希望。古德曼在书中指出，冷战结束后，世界上最大的变化是来自概念。当人们把世界视为危险较少的地方时，他们就会日益发现展现在面前的机会要比危险多。

从这一点上来说，与悲观主义派相比，以《未来简史》为代表的乐观主义派较为准确地把握了世界发展的趋势，较为清醒地看到了影响未来世界的因素，这也是它在美国朝野得到更多欢迎与支持的主要原因。

值得一提的是，古德曼认为，冷战的结束不是以苏联的解体为标志，而是更早，20 世纪 80 年代初中国走出“文革”的阴影，开始实行改革开放，这时冷战实质上就已经结束了。虽然这一说法几乎无人赞同，但他对中国改革开放的重视，对中国在国际事务中作用和影响力上升的预见，还是令人赞赏的。

然而万变不离其宗，乐观主义论调的出发点与悲观主义的一样，也是为了维护美国在未来世界中的领导地位。古德曼在《未来简史》中宣称，未来仍属于美国人，美国将主导世界。怎样做到这一点呢？如前所述，古德曼要求美国应不遗余力地支持民主自由在全世界的发展。而他所说的民主，是美国式的民主，他所说的自由，是美国式的自由。说到底就是一句话，把美国的制度与价值观推广到全球，让美国的模式成为世界上唯一的模式。这显然是一相情愿，是办不到的，并且已被无数事实证明是行不通的。所以古德曼自己也不得不提出，美国必须避免冲动地把自己的价值观和意愿强加到别国头上，以免触犯众怒，影响美国在国际事务中想扮演的主角地位。

世界将会走向光明的未来，但不是按照美国的意志。

邓小平的睦邻友好政策和中国与东盟关系的发展*

邓小平外交思想的一个重要组成部分就是睦邻友好。在这方面，邓小平生前不仅积极倡导，并且还亲自推动了中国与“东南亚国家联盟”（以下简称“东盟”）关系的发展，为创造和维护和平友好的周边环境作出了杰出的贡献。江泽民在十五大报告中强调：“我们进行社会主义现代化建设，需要一个长期的和平国际环境，特别是良好的周边环境。”① 在这样的时刻，研究邓小平同志的睦邻友好政策，对于促进中国与东盟的友好关系持续发展，进一步维护和平安宁的周边环境，无疑具有重要的现实意义。

一、新时期邓小平的睦邻友好政策

在“四人帮”被打倒、“文革”结束以后，中国拨乱反正，开始了新的长征。中国外交也在邓小平的直接领导下，开

---

* 本文原载于《社会科学》1997年第12期。

① 江泽民：《高举邓小正理论伟大旗帜 把建设有中国特色社会主义事业全面推向二十一世纪》，人民出版社1997年版，第49页。

创了新的局面。中国这时拟订了在本世纪内建成农业、工业、国防和科学技术现代化的社会主义强国的宏伟蓝图。为了实现这个目标，中国需要一个和平的国际环境，而拥有一个和平的周边环境则更为重要。与此同时，在东南亚地区，成立于1967年的东盟经过十来年的发展，已崭露头角，成为该地区一支不可忽视的力量。邓小平同志以敏锐的目光看到了东南亚地区出现的这一情况，他从长远的战略考虑出发，在继承建国初期中国发展与东南亚国家关系的原则之基础上，提出了新时期中国对该地区尤其是对东盟的睦邻友好政策。其主要内容包含以下几个方面：

（一）支持东盟和平、自由与中立的政策

1971年，东盟根据国际形势特别是本地区形势的变化，在吉隆坡举行的外长会议上提议并通过了《和平、自由和中立区宣言》，决心把东南亚地区变成“一个不受外部强国任何形式或方式干涉的和平、自由和中立的地区”。①

对于东盟国家这一希望和平与稳定的意愿，邓小平在1978年11月访问泰国、马来西亚和新加坡时，代表中国政府给予了明确的支持。他还强调，东盟坚持和平、自由与中立的政策，坚持本身的团结，是亚洲、太平洋和平安定的一个因

① 中华人民共和国外交部外交史研究室（编）：《周恩来外交活动大事记(1949—1975)》，世界知识出版社1993年版，第710页。

素。[①] 虽然中国政府此前对东盟的中立化表示过理解，[②] 但是像这样态度明朗地表明立场还是第一次。因此泰国的一位报纸撰稿人说道："尽管在整个70年代，北京对亚细安（即东盟）采取了比较灵活的态度，但这是中国在曼谷第一次支持亚细安。"[③]

（二）奉行党的关系与国家关系分离的原则

在中国与东南亚一些国家的关系发展中，曾长期受到中国同当地共产党之间关系问题的困扰。为此，邓小平在东盟三国之行中，提出了严格区分党的关系与国家之间关系的原则。他在曼谷的记者招待会上说："在我们同东南亚国家的关系中，不仅是在和泰国的关系中，都存在一个同共产党的关系问题。这样的问题是历史形成的。""就中国来说，这个问题不仅涉及中国同泰国的关系，也是一个国际的问题。我们历来认为，要把党同党的关系和国家之间的关系区别开来，使这样的问题不影响我们发展国家之间的关系。"[④] 邓小平提出的这个原则，得到了东盟国家的理解和信任。泰国总理江萨就说，邓小平的

---

① 钟嘉滨：《邓小平扭转了对东南亚关系》，载（新加坡）《联合早报》1997年2月25日。

② 《邓小平在曼谷记者招待会上的讲话》，载《人民日报》1978年11月9日。

③ （泰国）《曼谷邮报》1978年11月10日。

④ 《邓小平在曼谷记者招待会上的讲话》，载《人民日报》1978年11月9日。

这一声明使他“比以前更有信心了”。[①]

（三）重申不承认双重国籍的原则

邓小平再次强调中国政府赞成和鼓励华侨自愿选择居住国国籍，并且尽国民的义务。对仍保留中国国籍的华侨，则希望他们遵守当地的法令和风俗习惯，与当地人民友好相处。

（四）提出经济上互相援助、互相支持的构想

在对东盟三国的访问中，邓小平提出了中国与同属第三世界的东盟加强经济往来的构想。他说：“东盟国家，差不多比我们还发达一些。我们的水平不如东盟。中国和东盟应该建立互相援助、互相支持的关系。”[②] 邓小平还进一步说明，中国将在力所能及的范围内同东盟国家发展贸易和科技方面的交往。

（五）倡导“搁置主权、共同开发”的和平解决争端方式

随着形势的变化与发展，南沙群岛领土争端日益突出，除

① 《邓小平文选》第3卷，人民出版社1993年版，第87—88页。

② 《邓小平在曼谷记者招待会上的讲话》，载《人民日报》1978年11月9日。

了台湾以外，在这一问题上与中国纷争的均系东盟成员国（越南已在1995年加入东盟）。

对于如何解决这一领土争端，邓小平最早提出了和平解决的新思路。1984年10月22日，他在中顾委第三次全体会议上谈到南沙群岛领土争端的解决办法时说：“一个办法是我们用武力统统把这些岛收回来；一个办法是把主权问题搁置起来，共同开发，这就可以消除多年积累下来的问题。”邓小平还说：“我们中国人是主张和平的，希望用和平方式解决争端。”这一讲话很清楚地表明，邓小平主张用和平方式解决南沙问题，“这样的问题是不是可以不涉及两国的主权争议，共同开发”。[①] 这就给南沙问题的解决带来了新的机会。

二、邓小平的政策为中国与东盟关系的全面发展奠定了基础

如果说中国在建国初期确立的原则促进了同东南亚国家关系的发展，那么邓小平在新时期提出的睦邻友好政策，则为中国与东盟关系的全面发展奠定了基础。具体说体现在以下几个方面：

首先，邓小平打开了中国与东盟组织往来的通道，把中国发展与东南亚国家的友好关系从双边提升到了东盟整体的

① （新加坡）《星洲日报》1978年11月14日社论。

阶段。

此前，中国在东南亚地区只是同各国个别地发展双边关系，与东盟组织没有任何接触，并且由于后者对共产主义的态度，双方的关系更加疏远冷淡。1972 年 5 月，中国政府的一位领导人在一次讲话中说："东南亚五国正在开展中立化运动，表示不参加国际集团，如果真能实现，我们是支持的。"[①] 从这段讲话仅指"东南亚五国"而不提"东盟"可以看出，中国这时还没有把东盟作为一个整体组织来对待。中国正式承认东盟组织的存在是在 1975 年，但双方关系仍处于若即若离的状态。

1978 年 11 月，邓小平出访泰国、马来西亚和新加坡，以促进中国与这三国的双边友好关系。但更重要的是，这是中国领导人对东盟国家的首次访问，因此通过这次访问，邓小平亲自推动了中国与东盟组织之间的关系发展。在访问期间，邓小平同志反复强调中国政府和人民愿意加强和发展同东盟国家间的友好关系，表达了中国愿与东盟交往的诚意。同时，邓小平还明确表示支持东盟的和平、自由和中立的政策，体现了中国对东盟意愿的尊重和理解。因此这三国的舆论普遍认为，邓小平的这些讲话，"不仅表示中国重视促进睦邻外交，也是对东南亚国家区域合作机构东盟的重视"。[②] 而邓小平的此次访问，则被认为"揭开了中国承认东盟独立的新篇章"。

从那以后，中国与东盟的来往日益增加，双方关系的发展

① 《钱其琛在雅加达答记者问》，载《人民日报》1996 年 7 月 25 日。

② （泰国）《曼谷邮报》1978 年 10 月 28 日社论。

日趋密切。及至1991年7月，中国同东盟开始对话，中国外长由此每年都出席东盟外长会议。1993年7月，中国加入东盟地区论坛。1996年7月，中国成为东盟的全面对话伙伴。在这同时，双方还同意成立5个对话机制：中国—东盟高级官员政治磋商、中国—东盟经贸联合委员会、中国—东盟科技联系委员会、中国—东盟联合合作委员会以及东盟北京委员会。所有这些都"标志着双方的合作关系迈上了一个新的台阶，为双方在各个领域全面合作提供了新的契机"。[①]

其次，邓小平为中国与东盟的关系发展确立了共同立场——反对霸权主义，维护地区乃至世界和平。

"在访问泰国、马来西亚和新加坡期间，邓小平表明，中国支持东盟及其建立和平、自由与中立区的主张。"[②] 这一举措意义深远，它使中国与东盟关系的发展从一开始就建立在一个牢固的共同立场上。

东盟之所以提出把东南亚变成和平、自由和中立的地区，有其深刻的背景。当时，美国由于侵越战争的失败，被迫实行战略收缩，逐步退出印支半岛，苏联趁机推出"亚洲集体安全体系"计划，加紧向东南亚扩张，企图填补美国退出后的地区战略真空。为了避免使东南亚地区陷入两极纷争，成为大国争夺和战争的场所，东盟提出了中立化政策。正如东盟各国的舆论指出，这"意味着我们不希望外来干涉，特别是不希

---

① 《马来西亚总理侯赛因在欢迎邓小平同志来访的宴会上的讲话》，载《人民日报》1978年11月11日。

② 《邓小平文选》第2卷，人民出版社1994年版，第415页。

望超级大国干涉我们的内政和我们地区的事情”。[①] 用马来西亚前总理侯赛因的话来说：“为了发展和进步，东南亚需要和平与稳定。这就是东盟建议把东南亚地区宣布为和平、自由和中立区的原因。”[②]

由此可见，反对霸权主义的干涉，维护地区的和平与稳定，是东盟这项政策的实质。也正因为如此，美苏两个超级大国均不予以支持。尤其是苏联更是在东南亚地区采取咄咄逼人的攻势，并和越南签订了带有军事性质的“友好合作条约”。“苏越条约使一个超级大国得以钻进东南亚地区制造麻烦”，泰国朱拉隆功大学政治科学系教授强·提拉威的这句话道出了东盟国家的强烈不安，因为它已严重地威胁到东南亚地区的和平与安全。

在这严峻的时刻，中国站出来支持东盟在东南亚实现和平、自由和中立区的主张。支持东盟的这一政策，就是支持反对霸权主义的正义斗争，维护地区以至世界的和平，这同中国在新时期的外交政策相吻合。而中国在新时期的外交政策，一如邓小平所说：“有三句话，第一句话是反对霸权主义，第二句话是维护世界和平，第三句话是加强同第三世界的团结和合作，或者叫联合和合作。”[③] 此外，支持东盟这一政策也符合中国的国家利益。因为与东盟一样，中国为了早日实现四个现

---

① 《邓小平文选》第2卷，第415页。

② 《马来西亚总理侯赛因在邓小平同志举行的告别宴会上的讲话》，载《人民日报》1978年11月12日。

③ 《邓小平在曼谷记者招待会上的讲话》，载《人民日报》1978年11月9日。

代化，也需要一个和平的国际环境。但是由于“近年来霸权主义者加紧了在东南亚的扩张和渗透，严重地威胁了本地区的和平与安全，对此不能不引起我们的警惕”。

中国率先支持东盟的中立化政策，不啻雪中送炭，使东盟国家深受感动和鼓舞。当时的马来西亚总理侯赛因就感激地对邓小平说：“我们感谢你的国家对东盟的支持。”①

反对霸权主义的共同立场，使中国和东盟站到了一起。在此后反对形形色色的霸权主义斗争中，双方的关系经受住了各种各样的考验。基于这一共同立场，双方今后的关系定将与时俱进、历久弥坚。

最后，邓小平为中国与东盟发展关系确立了全面合作的途径。

邓小平在新时期提出的睦邻友好政策，主要内容环环相扣，构成了一个不可分割的整体，把中国和东盟的关系置于全面发展的高起点上。奉行党的关系与国家关系分离的原则，重申不承认双重国籍的原则，以及倡导“搁置主权，共同开发”的和平解决争端方式，其实质就是在政治上强调以和平共处五项原则作为发展中国与东盟组织和各成员国之间友好关系的准则。“建立互相援助、互相支持的关系”则是中国与东盟加强经济合作的指导思想。而支持东盟的和平、自由和中立政策，使中国与东盟组织之间有了交往，进而发展起双方的关系。

现实证明，邓小平的睦邻友好政策极大地推进了中国与东

① 《马来西亚总理侯赛因在邓小平同志举行的告别宴会上的讲话》，载《人民日报》1978年11月12日。

盟关系的全面发展：在政治上，东盟的成员国已经全部与中国建立或恢复了外交关系；在经济上，中国与东盟的经贸往来在中国与第三世界的经贸往来中所占比重最大，尤其自20世纪80年代末以来，双边贸易年均递增20%，东盟目前已是中国的第五大贸易伙伴；在其他方面如前所述也是发展迅速。

析冷战时期及冷战后美国对东南亚的政策*

美国与东南亚的关系，可以追溯到1898年的美西战争，其后美国占领菲律宾。然而美国与东南亚关系的真正发展，则是在第二次世界大战中。由于美国参战，该地区被编入东南亚战区，“东南亚”的名称于是也就沿用至今。在随后的冷战时期及冷战后，美国对这一地区采取了不同的政策，本文就此做一论述和分析。

一、冷战时期美国对东南亚的政策

二战后美国的总目标是要在全世界称霸。美国前总统胡佛曾这样说过：“目前我们，而且只有我们，掌握着原子弹，我们可以把我们的政策强加于全世界。”① 基于这一目标，美国当时在全球范围内与苏联展开角逐。东南亚由于控制着太平洋和印度洋之间的通道，具有重要的战略意义，同时又有着丰富的自然资源和众多的人口，理所当然地成为两个超级大国激烈

* 本文原载于《国际观察》1999年第2期。

① 胡佛：《关于1945—1948年美国道路的演说》，纽约1947年版，第14页。

争夺的地区。

冷战期间，美国对东南亚的政策紧紧围绕这一争霸目标。它主要体现在三个方面：

（一）政治上：全面遏制共产主义

在“多米诺理论”的影响下，美国认为若允许共产党的力量在东南亚发展，势必使该地区最终落入共产党之手，这是它不愿看到的。因此这一时期，美国在东南亚竭力遏制共产主义的传播与发展，企图使该地区处于自己的完全控制之下。1953 年 5 月，当时的美国国务卿杜勒斯说道：“我们不可以对自己掩饰事实，国际局势是紧急的。例如，整个东南亚今天处于巨大危险中，如果印度支那丧失，那么在整个远东和南亚就会有一连串的连锁反应。一向指望西方国家，特别是指望美国作为最大力量——物质力量和精神力量——的源泉的那些国家已经开始设想，力量的中心是不是已经由华盛顿转移到莫斯科。”① 比杜勒斯更早，美国国家安全委员会于 1950 年 2 月就在一份秘密文件中明确强调，“采取一切实际可行的措施防止共产党在东南亚进一步扩张，对美国的安全利益是非常重要的”。②

美国为此加紧活动，采用结盟等方法扩大其在东南亚的势

① 转引自纳塔拉詹：《从广岛到万隆——美国亚洲政策的考察》，世界知识出版社 1956 年版，第 98 页。

② 《关于美国国防部侵越秘密材料汇编》，三联书店 1973 年版，第 8 页。

力。1951年，美国与菲律宾和泰国分别签订了《美菲共同防御条约》和《美泰军事援助协定》，1954年9月又策划成立了“东南亚条约组织”，并在其中发挥主导作用。

（二）军事上：直接卷入越南战争

美国在冷战期间对东南亚地区除给予军事援助和派驻军队外，还以军事卷入的方式直接介入东南亚事务，其标志就是侵越战争。从1961年开始，美国就派军事顾问到越南，支持当时的南越政府打所谓的“特种战争”，因未见成效，遂自1965年起派出大量军队直接到越南参战。在越南的美军人数最多时曾达到54万人。据称在1967—1968年越战高潮期间，每日支出超过1亿美元。[①] 据美国官方统计，美军在这次战争中的死亡人数达到45937人，受伤303622人，用于这场战争的直接开支达1400亿美元。[②]

（三）经济上：利用援助扩大影响

美国在这一时期对东南亚的经济援助，是“要以对东南亚国家和西方都有利的方式坚决促进为稳定和安全奠定经济基础的目标”。[③] 因此为了“阻止共产主义在东南亚的扩张”，

① J. 布拯吉：《令人难忘的悲剧》，纽约1977年版，第94页。

② （美国）《美国新闻与世界报道》1973年2月5日，第19页。

③ 鲁塞尔·法菲尔德：《美国政策中的东南亚》，世界知识出版社1965年版，第211页。

"美国必须通过它对东南亚的政策和援助，支持现政府内外一般有利于西方的、能起稳定作用的分子"，并且"肯定这些国家能够促进美国在亚洲的利益"。[①] 美国根据上述出发点安排对东南亚国家的经济援助，具体项目按其用途可分为6种，即：防务支援、特种援助、技术合作、开发贷款基金、意外事件基金，以及一批属于杂项的计划。经援项目虽然庞杂，但目的只有一个，这就是维护美国的利益。正如美国学者指出："事实上，或许应当从美国民族目标的角度把各种美援计划当作一个整体来看。"[②]

据统计，二战后直到70年代中期，美国对世界各国的军事和经济援助总额约1640亿美元，其中有370多亿美元投放在东南亚，占其外援总额的22%左右。如果加上越南战争的开支，美国对东南亚的援助总额至少要超过1380亿美元。[③] 通过这些援助，美国扶植当地亲美势力和代理人，宣传美国的文化、价值观与政治制度，以图立足东南亚。

美军在1973年根据巴黎和平协定撤离越南后，美国对东南亚的政策虽然有所调整，但是总目标和具体措施依然未变。

---

① 鲁塞尔·法菲尔德：《美国政策中的东南亚》，世界知识出版社1965年版，第228、260、210页。

② 同上书，第217页。

③ 梅尔·M. 古尔托夫等：《转换期的东南亚：地区与国际政治》，汉城1977年版，第45页。

二、冷战后美国对东南亚的政策

苏联解体，冷战结束，美国成为世界上唯一的超级大国。虽然美国控制世界的能力有所下降，但它在许多国际事务中继续发挥着主导作用。美国力求保持其在世界的军事优势、实力优势和战略优势，于是它对东南亚的政策在冷战后也随之做了相应的改变：

（一）政治上：推销美国式的民主与人权

冷战后，包括美国在内的西方国家都对世界其他地方迅速发生变化加大了期望值。美国尤其强调人权与民主，并以人权和民主的“卫士”自居，想把其所制定的标准和范式推广到全世界。冷战时属于低级政治（low politics）的人权和民主于是变得重要起来。东南亚国家反对美国的这种做法，指责美国借口民主与人权问题来干涉他国内政。马来西亚总理马哈蒂尔1993年在东盟外长会议开幕式上说：“我们不同意民主只有一种定义，或只以某种特殊标准来衡量一个政治制度是否民主。同样的，人权标准在每个社会也有所不同，即使在同一个社会，不同阶段也有不同的标准。”[①] 1997年，马哈蒂尔又提出

① 引自贺圣达、马勇、王士录：《走向21世纪的东南亚与中国》，云南大学出版社1998年版，第337—338页。

了修改1948年的《世界人权宣言》的主张，得到东盟各国外长的一致支持。因此，“人权已经迅速成为美国与东南亚打交道时引起争议的一个话题”。[①]

（二）军事上：扩大对东南亚安全事务的影响

冷战后，美军撤离了在菲律宾的海、空军基地。这样，20世纪以来，美国在东南亚地区第一次没有了正式的军事基地。而随着美越关系的正常化，美国在该地区也第一次没有了敌人。但是冷战的结束并没有改变东南亚的战略地位，美国在该地区仍有两个战略目标：一是不允许其他大国在美军撤出后乘机支配该地区；二是美国军队仍然能够自由进出东南亚。因此美国积极扩大对东南亚安全事务的影响。一方面，美国参与东盟地区论坛的活动。曾任美国国防部长助理的奈伊指出：“东盟地区论坛是亚洲第一个以安全为议题而具有广泛基础的对话机制，它虽以美国的盟国为核心，但与同盟的关系相辅相成而非替代，在未来亚洲安全议题上，将能发挥合作与开放的对话空间。”[②] 他的这一番话道出了美国参加东盟地区论坛的用意。另一方面，美国巩固在东南亚原有的军事合作关系。美国与菲律宾签订了“军事地位协定”，与新加坡达成了美国航空母舰使用樟宜海军基地的协议，并与菲律宾、新加坡、泰国就扩大

---

① 约翰·布雷斯曼：《从多米诺到发动机——东南亚的变化》，纽约：外交理事会出版社1994年版，第2页。

② 约瑟夫·S. 奈伊：《东亚战略和美日安全同盟》，载《国防问题》第10卷第35期，1995年3月29日。

舰艇访问、联合军事演习和军事培训等问题达成不同程度的共识。通过双边和多边关系，美国强调其在东南亚的军事主导地位，扩大对东南亚安全事务的影响。

（三）经济上：促进与保证美国在东南亚的经济利益

东南亚经济长期、持续和快速地增长，在1997年金融危机爆发前，是全球最有经济活力的地区之一，不仅其经济实力由此得到加强，而且此后的发展潜力也相当可观。而冷战后，欧盟等经济也有很大发展，美国的经济优势已不再是一枝独秀，因此经济利益在美国外交中备受重视和关注，美国与东南亚的经济联系也越发密切。美国学者约翰·布雷斯曼就说过："美国的经济利益现在处于华盛顿最重要的外交政策事务之中。就东南亚而言，这些经济利益是相当大的，它们与美国在世界上其他很多地区的经济利益相同或者比后者更大。"[①] 美国在东南亚的经济利益主要表现在投资与贸易上。在投资方面，开发东南亚丰富的石油和天然气资源是美国在该地区投资的重要目标。1994年，"根据在该地区经营的美国公司的报告，美国在石油和天然气生产及其加工与营销方面的投资总额，目前已达近200亿美元"，而"这两种资源仅占美国在东南亚现有投资的一部分。美国政府的数据表明，美国在该地区

① 约翰·布雷斯曼：《从多米诺到发动机——东南亚的变化》，纽约：外交理事会出版社1994年版，第4页。

的投资总额中，有大约60%是在石油和天然气以外的部门中”。[①] 在贸易方面，“东盟国家作为一个整体，构成了在东北亚和欧盟之后的美国最大的地区贸易伙伴”。[②] 美国与这些国家的贸易总额逐年增加。1990年，美国从东盟国家进口271.8亿美元，向东盟国家出口189.5亿美元。1992年，这两个数字分别上升至360.5亿美元和239.8亿美元。[③] 东南亚国家已从接受“恩赐”的“伙计”成为美国经济发展不可缺少的伙伴。

三、不同时期美国对东南亚政策之比较

如上所述，冷战的结束使东南亚地区的国际环境发生了变化，导致美国的东南亚政策也必须相应地改变。纵观冷战及冷战后这两个不同时期，美国的东南亚政策变化很大，突出表现在以下几个方面：

（一）从意识形态对抗变为人权、民主等纷争

冷战结束后，原先的意识形态对抗退缩，人权、民主等低级政治问题突出起来。美国试图在全世界推行美国式的民主与

① 约翰·布雷斯曼：《从多米诺到发动机——东南亚的变化》，纽约：外交理事会出版社1994年版，第6页。

② 同上书，第27页。

③ 同上书，根据其表7—9的统计数字。

人权，这是美国的利益之所在。而美国的所作所为，又促使人权、民主等问题越发具有潜在的爆炸性，引起东南亚国家的强烈不满。进入90年代以来，美国与东南亚国家在民主、人权这些问题上的争论已扩散到其他领域，在劳工政策、保护知识产权、禁止毒品走私、核武器扩散等一系列问题上，双方都产生了严重分歧。东南亚国家反对美国发号施令、横加指责的做法，坚决顶住美国的压力。在这方面最典型的例子就是东盟不顾美国及其他西方国家的反对，于1997年东盟成立30周年时接纳缅甸加入该组织。

（二）从双边关系发展到多边关系

美国过去习惯与东南亚国家个别打交道，在整个冷战时期，美国是通过与在该地区的盟国所签订的双边协定来维护东南亚的安全秩序的。现在这些国家通过自身的努力，已使美国的政策制定者形成了将该地区整体看待的观念。这些努力包括成功地领导了结束柬埔寨冲突的国际外交活动，推动了亚太经合组织的成立与发展，以及建立了亚太地区第一个多边的安全论坛等。这促使美国刮目相看，迅速学会对东南亚国家既个别又整体地作出回应。为保持美国在东南亚的优势，美国必须参与东盟的各项活动。从它重视东盟组织、支持东盟地区论坛、参加东盟外长扩大会议等举动中，就可发现美国已经采取了从其所坚持的双边主义转为多边主义的外交策略。

（三）从经济上的主从关系到平等互利

如前所述，美国在冷战时期出于争霸的需要，曾给东南亚一些国家经济援助，因而美国以施主自居，对它们发号施令，迫使后者对其言听计从。随着冷战的结束以及东南亚地区在1997年金融危机前经济的高速发展，双方在经济上的主从关系在向平等互利转化。东南亚10国中，由6个老成员国组成的东盟已经成为美国的第五大贸易伙伴和第六大出口市场，这给美国经济带来了很大的实惠。今后，双方的经济联系将会进一步发展，彼此的经济依赖程度将会进一步加深。

虽然美国对东南亚的政策在冷战后已发生了很大变化，但由于冷战与冷战后是两个既有各自时代特点，又在时间上前后衔接的时期，因此冷战后美国对东南亚的政策与冷战时期也有相同之处。大致说来有以下几点：

1. 东南亚在美国的战略中仍占据重要地位

“在整个冷战期间，美国政府认识到东南亚对美国的安全具有战略意义，而该地区的许多国家也坚定地站在美国一边。”① 冷战虽在苏联解体后结束，但东南亚的战略地位对美国来说仍然非常重要，它涉及美国能否在亚太地区争取到更多的经济利益以及美军能否长驻东南亚。

---

① 约翰·布雷斯曼：《从多米诺到发动机——东南亚的变化》，纽约：外交理事会出版社1994年版，第1页。

2. 美国仍在东南亚地区发挥力量平衡的作用

“自二战结束以来，美国在该地区扮演了稳定力量的角色。它的军事存在对减轻地区性的担忧——日本会作为独立的军事大国重新崛起——尤其重要。该地区的大多数国家也发觉美国是一个没有任何当地领土利益的外部‘忠实的中间人’。”① 日本由于经济实力的增长，希望自己能够在国际事务上扮演一个跟它的经济力量相匹配的政治及外交角色。东南亚国家普遍承认日本影响力的增强，但对其二战期间的侵略行径记忆犹新，因此它们希望美国能够继续留在本地区，作为一个制衡者来牵制日本。“东南亚国家想要保持美国卷入该地区作为对其他大国存在的平衡力。”②

因此，虽然美国对东南亚的政策明显已不同于以往，东南亚国家与美国在一些问题上有严重分歧，但没有损害彼此的共同利益。这些共同利益正如美国学者弗雷德里克·布朗所说的包括经济、安全及政治方面的合作，他指出：“美国与东南亚拥有的共同利益要比分歧多。”③ 而这也恰恰是双方在冷战后关系继续得以发展的一个重要基础。

---

① 肖恩·纳里恩：《制度化理论与东南亚，东盟个案》，载《世界事务》第161卷第17期，第34页。

② 约翰·布雷斯曼：《从多米诺到发动机——东南亚的变化》，纽约：外交理事会出版社1994年版，第95页。

③ 弗雷德里克·布朗：《进入一个新时代的美国与东南亚》，载《当代历史》第94卷第596期，第405页。

中美东南亚政策比较研究*

中国和美国都是影响东南亚地区的主要大国。进入本世纪以来，两国与东南亚的关系均有很大发展。对中美两国东南亚政策做一比较分析，对认识两国的战略取向及其对东南亚局势的影响很有助益。

一、中美两国的东南亚政策对比

（一）中国对东南亚的政策

东南亚国家即东盟国家是中国的近邻。对东盟国家政策是中国周边外交的一大重点。中国对东南亚的政策目标，围绕着是否有利于中国自身的发展以及是否有利于与东南亚国家的睦邻友好这两个方面来确立。中国是一个发展中国家，以发展经济作为国家总体发展战略的中心和重点。因此中国的东南亚战略必须以“发展”为主线来建构。要实现发展目标，就必须有一个和平与稳定的周边环境。而一个和平与稳定的周边环境则有赖于中国与包括东南亚国家在内的周边国家的睦邻友好关

* 本文原载于《国际问题研究》2006 年第 3 期。

系。自改革开放以来，中国一直在致力于建立有利于自身发展的国际环境，改善和发展与周边国家的关系。中国和东南亚国家的关系自冷战结束以来得到了迅速发展，进入21世纪后更是达到了历史最好水平。

中国始终坚持在和平共处五项原则的基础上同东盟国家发展密切的睦邻友好关系。具体而言，中国的东南亚政策由三个方面构成：政治上建立互信；经济上加强合作；安全上促进共同安全。

中国和东南亚一些国家在历史上曾经有过不快，还存在领土争端。尤其是国际上反华势力竭力制造和渲染“中国威胁论”，挑拨东南亚国家与中国的关系，这使一些东南亚国家对中国存在一定的疑虑和成见。加强了解与增信释疑是双方发展关系的重要条件。中国对此做了卓有成效的努力。中国坚持走和平发展的道路；实行“与邻为善、以邻为伴”和“睦邻、安邻、富邻”方针；恪守以联合国宪章与和平共处五项原则为核心的国际关系准则，尊重别国主权，不干涉别国内政；坚持以和平方式解决国际争端；尊重东盟在“10+1”、“10+3”和东盟地区论坛等区域合作机制中发挥主导作用。所有这些使东盟国家在很大程度上消除了对中国的误会、误解和疑虑，增强了对中国的理解和信任。东盟国家因而不把中国看作什么威胁，而把中国当作好邻居、好伙伴和可靠的朋友。在互相尊重和互相信任的基础上，双方政治关系得到健康和顺利发展。2003年10月，中国与东盟签署联合宣言，确认双方建立“面向和平与繁荣的战略伙伴关系”，这是中国第一次与地区组织建立战略伙伴关系。此外，中国还是第一个加入《东南亚友好合作条约》的区外大国。新加坡《联合早报》评论说，中国签署这一条约“既是一个象征性的积极姿态，更是一个具有实质意义的政治承诺”。“北京的加入不仅标志着双方之间的关系已进入一个更高层次，而且还将为双方在地区安全和经济领域的进一步合作铺平道路。”[①] 中国以实际行动向东南亚郑重承诺，无论现在还是将来，中国永远都是东南亚国家值得信赖的好邻居、好朋友、好伙伴。

在经济全球化和区域一体化趋势的推动下，中国和东南亚经济关系突飞猛进，近几年双方贸易都以两位数高速递增。2005 年双方贸易额达 1303.7 亿美元，年增 23.1%，其中东盟对华出口达 750 亿美元，东盟顺差近 200 亿美元。中国与东盟现在互为主要的贸易伙伴之一。同时，中国与东盟迈出了实现经济一体化的坚实步伐，双方先后签订了到 2010 年建成中国—东盟自由贸易区和全面经济合作框架协议。中国在这一框架协议下提出了“早期收获计划”，使泰国等东南亚国家的水果和蔬菜等产品以零关税进入中国。双方还就深入进行金融、服务、投资、农业、信息、产业等领域的合作达成了共识。中国和东盟各自将成为对方第一个与之成立自贸区和实现经济一体化的对象。

中国与东盟在安全领域的合作也取得实质性进展。中国提出的“互信、互利、平等、协商”的新安全观和促进共同安

① 《亚细安和中国关系新发展》，载（新加坡）《联合早报》2003 年 10 月 2 日社论。

全的主张得到东盟国家普遍认同与响应。双方在东盟地区论坛、“10＋1”和“10＋3”框架下的安全对话与协调不断增强。双方签署了《南海各方行为宣言》，为和平解决南海争端奠定了政治基础。双方还发表了《关于非传统安全领域合作联合宣言》，切实加强了在打击国际恐怖主义、跨国犯罪等方面的合作。

（二）美国对东南亚的政策

作为冷战结束后仅存的超级大国，美国一直在强调其世界“领导作用”，试图把全球置于其战略控制之下，并始终把东南亚作为其全球战略的重要据点和亚太战略的中心环节之一。美国之所以极为重视与东盟国家的关系，大力经营东南亚，主要出于该地区具有极其重要的战略地位与战略重要性。其主要战略考量有三：

其一，确立在亚太地区的地缘政治优势。东盟所在的东亚地区是中国、日本、俄罗斯等世界主要力量中心的集中所在。在后冷战时代，美国把防止出现可能挑战和动摇其“独超”地位的超强大国定为其全球战略的核心目标。控制日本，防范遏制中、俄，是其全球战略的重中之重。控制东南亚是美国取得亚太地区地缘战略优势，以阻遏该地区大国崛起的必要条件之一。

其二，确保海上运输通道的安全和畅通。东南亚位于世界上两大最重要的海上交通线交汇处，东西连接着印度洋与太平洋，南北把澳大利亚和新西兰与东北亚连接起来。全球几乎一半的商船经过东南亚水域。马六甲海峡所在的东南亚海上交通航道是美国、日本和东亚其他国家的经济生命线。控制这条经济生命线不但是美国生存和发展所必需，也有利于它操控亚太国家的经济命脉。正如美国学者所说："东南亚任何一部分海上交通线关闭或长时间被封锁，都会对航运市场和国际贸易造成严重损害。从军事角度讲，这些海上通道对于美军从西太平洋到印度洋和波斯湾的机动有着至关重要的意义。"①

其三，利用东盟在亚太地区举足轻重的地位和影响。东盟作为东南亚的地区组织，囊括了整个地区 10 个国家，总人口约 5 亿，国民生产总值达 7000 多亿美元。东盟不但拥有众多国家、庞大人口和重要的战略地位，而且是世界上仅次于欧盟的最重要、一体化程度最高的区域统合组织，在东亚地区事务和区域合作机制中发挥着主导作用。美国需要同东盟国家建立密切关系和借助东盟的影响来巩固与加强其在亚太地区的主导地位。

美国把发展与东盟国家的关系作为其对亚洲战略的基点之一，从政治、军事、经济等各个领域大力向东盟国家渗透，竭力将其纳入美国全球战略的轨道。其对东南亚政策的具体目标是：军事上力图控制，政治上力图"同化"，经济上发展合作。

近年美国调整全球军事战略，将其全球军事战略部署重点

① 扎勒米·哈利勒扎德等：《美国与亚洲——美国新战略和兵力态势》，滕建群、林治远等译，新华出版社 2001 年版，第 27—28 页。

东移到亚太地区。加强其在东南亚的军事存在是美国强化其在西太平洋前沿军事部署的重要步骤。为此，进入21世纪之后，特别是反恐战争展开以来，美国在该地区设立或扩大军事基地，加强军事交流和合作，增加军事援助，频繁举行联合军事演习和海军访问。美国还在东南亚地区开辟反恐战争第二条战线，将其作为国际反恐战争主战场之一。2002年8月，美国与东盟发表了《合作反对国际恐怖主义的联合声明》，标志着美国与东盟反恐同盟的成形。时任美国国务卿的鲍威尔称，这一联合声明将在美国和东盟之间建立起“更亲密的关系”。[①]美国因此显著加强在东南亚的军事存在与影响，同东盟国家密切了军事联系，同其中一些国家事实上建立了军事同盟关系。这些有利于美国在安全战略上把东南亚国家纳入其全球战略的轨道。

在政治领域，美国力图以其模式塑造东南亚国家。它在与东盟及其成员国发展密切政治关系的同时，大力向其兜售美国的民主、自由和人权理念。其手段包括将发展关系与提供援助同这些国家的“民主”、“人权”状况挂钩；指责那些不照搬西式民主制度与人权观念的国家，对其以压促变；支持该地区国家的非政府组织，培植亲美势力。美国竭力将其“民主”、“人权”价值观和意识形态强加在它们头上，以图在政治上同化它们，从而将东南亚地区纳入美国的势力范围。

在经济领域，美国大力发展与东盟国家的经贸关系，把这

---

① Quoted from Zachary Abuza, *Militant Islam in Southeast Asia: Crucible of Terror*, Boulder: Lynne Rienner Publishers, Inc., 2003, p. 251.

些国家当作其重要贸易伙伴与投资对象。现在，美国是东盟国家的主要贸易伙伴和外资来源地。布什政府还发起“东盟合作计划”，出资帮助东盟国家进行经济体制改革，促进其经济发展特别是私营企业的发展。“东盟合作计划”从2002年开始启动至今，已实施项目20多个，美国独家耗资即达900多万美元。同时，美国还计划同有关东盟国家签订与实施自由贸易协定，进一步密切与东盟国家的关系。

二、中美两国东南亚政策的相异性

对中美两国对东南亚国家政策进行比较分析，可以明显看出其有着本质的差别。中国与东盟国家的关系是以《联合国宪章》、《东南亚友好合作条约》、和平共处五项原则以及其他公认的国际关系准则为指导，以1997年《中华人民共和国与东盟国家首脑会晤联合声明》及双方已签署的各领域合作文件为依据，是建立在完全平等的基础上。中国的东南亚国家政策具有非结盟性、非军事性和非排他性的鲜明特征。非结盟性是指中国与东盟没有共同的敌人和威胁，中国-东盟战略伙伴关系不是结盟关系。非军事性是指中国-东盟战略伙伴关系不是军事性质，没有军事方面的内容和目的。非排他性是指中国-东盟战略伙伴关系不损害第三国的利益。正如中国和东盟国家领导人在2003年10月签署的联合宣言中所强调的那样，双方“面向和平与繁荣的战略伙伴关系”的目的是：通过在

21 世纪全面深化和拓展中国与东盟的合作关系，培育睦邻友好，加强互利合作，为本地区的长期和平、发展与合作作出更大贡献。中国与东盟国家发展友好关系不影响各自全方位地发展对外友好合作。中国与东盟国家的关系是互相尊重、完全平等、互利合作、友好共处这种新型国际关系的典范。

美国对东南亚政策有着旧的国际关系和强权政治的印记。美国竭力使其与东盟国家的关系具有结盟性、军事性和排他性的特点。它与东南亚一些国家缔结正式的防务条约，保持军事同盟的关系；它不遗余力地加强在东南亚的军事存在，发展与东南亚国家的军事合作，以构建由美国主导的地区安全体系；它为了独家操纵地区事务，不但竭力阻止其他大国在该地区影响力的上升，还力图把该地区变成其防范、遏制其他大国的基地。美国对东南亚国家的政策总体上是为其独霸世界的全球战略目标服务的。

中美两国对东南亚政策及出发点的不同，决定了双方在处理该地区事务和参与地区合作时采取不同的立场和方式。

在区域主义发展问题上，美国由于不是东亚国家，担心以东盟为主导的东亚合作产生排斥效应，削弱美国在该地区的存在和影响，因此对东亚合作持反对和消极的态度。早在 20 世纪 90 年代，当时的马来西亚总理马哈蒂尔就曾提出过关于东亚经济论坛的设想。但由于这一构想不包括美国在内而遭到了美国的公开反对。美国认为马哈蒂尔的这一设想一旦成功，将会严重损害美国在东亚的经济利益和政治影响。美国的强烈反对使日本态度暧昧，这一设想最后只能无疾而终。现在美国对将其排除在外的首次“东亚峰会”也持消极以至抵制态度。

与美国相反，中国作为东亚地区的一员，积极推动地区合作的发展。中国始终支持东盟在东亚合作中起主导作用，积极参加“10+1”和“10+3”合作进程，与本地区国家共谋发展。中国尽管是一个发展中国家，但在东亚国家遇到危难时挺身而出，给予及时的和力所能及的帮助。如1997年亚洲金融危机爆发后，中国顶住压力，坚持人民币不贬值，并向有关国家提供金融支持，体现了一个负责任大国的风范。中国的做法避免了第二次危机发生的可能，使东南亚国家很快走出危机并保持地区合作的积极势头。出于对地区合作的整体考虑，中国在制定和实施有关政策时注意从大局出发，尽可能照顾东盟国家的关切和利益，积极发起和参加能使它们获益的项目。中国还对推进地区合作提出了许多切实可行的意见和建议。中国主张东亚合作应尊重本地区国家政治、经济、社会、文化等多样性的现实，遵循互利互惠、循序渐进、注重实效的原则，沿着稳健、有效的轨道向前发展。这有利于东亚区域合作朝着健康、稳妥的方向前进。

在东盟地区论坛的发展方向上，中美也持不同的立场。东盟地区论坛由东盟设计、成立和具体操作，是冷战结束后东盟为加快建立安全合作机制而倡导建立的跨地区性安全问题协商会议，也是目前亚太地区唯一的官方多边安全对话与合作机制。东盟规定“论坛”以《东南亚友好合作条约》的宗旨为指导，并主张“论坛”分三个阶段发展：第一阶段是建立信任措施；第二阶段是开展预防性外交；第三阶段是探讨解决冲突的方式。东盟还规定“论坛”只能在东盟成员国首都轮流举行，由当年东盟外长会议主席国任论坛主席国，负责有关会务和协调事宜，开会时间要与每年一度的东盟外长会议时间紧密衔接，无常设机构，等等。所有这些都保障了东盟对“论坛”的主导权。东盟地区论坛采用了“东盟方式”的行为规范，这一方式的主要特点是对制度化持审慎态度，用对话和不具有约束力的承诺等非正式及磋商性的方法来处理问题。另一个特点是“协商一致”原则，即通过讨论和协商把最易于被采纳的意见综合起来形成一致。这种一致是自愿而非强制的，这就意味着那些可能造成对抗或暴露不同意见的争议性问题不被列入议事日程。东盟方式还强调耐心和包容性，主张将持相同观点和不同观点的国家都包括到对话中来。

由于东盟地区论坛不合美国的心意，美国虽然参加了东盟地区论坛的活动，但只是把东盟地区论坛作为其在亚太地区双边同盟的一种补充。美国一再挑战东盟对“论坛”的主导地位和作用，提出了按“欧安会”模式发展“论坛”、尽早制度化、设“双主席”制等不切实际的要求。美国还不断批评东盟地区论坛“作用有限”，在“深化安全问题上进展缓慢”。[①]

中国完全支持东盟倡导成立东盟地区论坛及其关于“论坛”的性质、作用、发展方向与主张、支持东盟在其中起主导作用，并积极参与东盟地区论坛活动，希望“论坛”成为亚太国家在政治和安全问题上扩大共识、增进信任的对话场

① 美国副国务卿凯利在美国众议院国际关系委员会东亚及太平洋事务小组委员会听证会上的证词，2001年6月12日。

所。中国还对以东盟地区论坛为框架的亚太地区安全合作提出了原则倡议：第一，以联合国宪章与和平共处五项原则为基础，建立互相尊重、友好相处的新型国家关系；第二，以促进经济共同发展为目标，建立平等互利、互相协作的经济关系；第三，以平等协商、和平解决为准则，处理亚太国家之间的争端和纠纷，逐步消除地区不稳定因素；第四，以促进本地区和平与安全为宗旨，坚持军备只用于防御的原则，不搞任何形式的军备竞赛，不搞核扩散，有核国家承诺不首先使用、不对无核国家和无核地区使用或威胁使用核武器，支持建立无核区、和平区的主张；第五，以增进了解和信任为目的，促进多种形式的双边或多边安全对话与磋商。中国主张东盟地区论坛坚持平等参与、求同存异、协商一致、循序渐进的原则。中国这些建设性意见受到有关国家的普遍赞赏和响应。

在价值观和意识形态方面，美国把自己的价值观和意识形态强加于东南亚国家，动辄用“民主”和“人权”问题干涉这些国家的内部事务。美国还把“民主”和“人权”问题与贸易问题联系在一起，对那些不愿接受美国价值观和意识形态的东南亚国家进行经济制裁。缅甸就是一个典型的例子。美国认为缅甸军政府是其在东南亚地区推行美国式民主的最大阻力，因而加以制裁打压。东盟在1997年决定吸收缅甸入盟时，美国就以缅甸的人权为借口，反对后者加入东盟，但为东盟所拒绝。在缅甸加入东盟后，美国又对东盟施压，要求东盟出面干预缅甸内政，并威胁缅甸如无任何改变，将拒绝参加由缅甸担任东盟轮值主席期间的东盟有关会议。

中国以和平共处五项原则为基础，以平等、互利、相互理解和相互尊重的态度，与东盟及其成员发展关系。中国主张，民主和人权的普遍性原则应与各国国情包括文化背景相结合，任何国家都不能以“民主”、“人权”为借口来损害别国主权，干涉别国内政；国家之间应以互相尊重、平等协商和非对抗原则在人权领域进行对话与合作；任何国家都不应搞意识形态输出，把本国的社会制度与价值观念强加给别国。至于缅甸担任东盟轮值主席问题，中国认为这是东盟内部事务，他国无权干预。

三、中美在东南亚地区矛盾与合作并存

虽然中美两国在对东南亚的战略及政策方面出发点互不相向，但双方在该地区也还是有合作之处。一个和平、稳定、繁荣的东南亚，符合中美两国的共同利益，这是双方在该地区开展合作的基础。就具体领域来说，在促进东南亚经济发展、维护地区稳定、反恐和打击跨国犯罪等方面，双方有着共同或相似的利益与兴趣，可以进行合作。另一方面，由于中美对东南亚战略及政策的本质性不同，使双方在该地区存在矛盾和分歧，这是两国当前和未来很长一段时间所要面临的挑战。特别是近年来中国与东盟迅速接近，对东南亚影响力日增，引起美国的忌妒，它担心中国成为其在东南亚的对手。美国国防部的研究报告《2025 年的亚洲》强调，美

国若要继续在东南亚扮演重要角色，就必须解决在这一地区没有前沿作战基地的问题，还必须加强与中国周边国家的联盟以约束中国。[①] 为了防范和削弱中国在东南亚的存在和影响，美国将东盟作为牵制中国的力量，而它利用的最主要武器就是“中国威胁论”，使东南亚国家增加对所谓来自中国的“威胁”的疑虑和对华不信任感。

就整个东南亚地区而言，美国是重要的战略伙伴，一度还是最大的贸易伙伴、投资国、援助国。作为当今世界唯一的超级大国，美国在政治、经济和安全等各个方面对东南亚具有强大的影响力。虽然“9·11”事件后，美国借反恐之名随意干涉他国事务，实行单边主义，使东南亚国家啧有烦言。但东南亚国家出于自身的考虑，还是欢迎美国介入东南亚，并把美国视为确保东南亚地区安全的重要力量，希望美军留驻亚太地区，以维护地区的稳定和繁荣，同时借助美国的影响力，制约其他大国在东南亚取得支配作用。而中国是东南亚的最大邻居，与东盟的关系自进入本世纪以来更加密切，在东南亚的影响日益增长。尤其是中国经济的蓬勃发展及“睦邻”外交，给东盟提供了良好的发展机遇。但东盟对中国存在着矛盾心理，一方面希望能搭上中国经济快速发展的“顺风车”，另一方面由于历史、政治制度、领土争端等原因，对中国仍然存在一定的疑虑。这给了美国一定的从中离间的机会。

总之，中美两国在东南亚实施各自的战略及政策时必然会

① 转引自《环球时报》2001年9月4日。

产生互动，其中既有矛盾，也有合作。可以说，东南亚既是中美相互矛盾的凸显点，也是共同合作的平台。一方面，中国看重与美国的关系，并且认识到在未来相当长的一段时间里，美国在东南亚的地位和影响还将继续上升，东南亚国家与美国的关系也会进一步密切。另一方面，中国对美国在东南亚的许多做法，尤其是单边主义的方式不能苟同，因此中美之间在东南亚的许多问题上会有分歧和矛盾。只要双方在处理同东南亚国家关系及有关问题上能扩大共识、增加互信、减少分歧、不搞对抗，都能从维护东南亚的稳定与发展的大局出发，就可以并行不悖地发展与东南亚国家的关系，取得“三赢”的结果。

亚欧会议十年进程回顾*

亚欧会议（Asia-Europe Meeting，简称 ASEM）始于 1996 年，现有成员 39 个，包括 13 个亚洲国家（东盟 10 国与中、日、韩）、25 个欧盟成员及欧盟委员会，总人口占世界人口的 40%，国内生产总值占世界的 50%，贸易额占世界的 60%。[①] 亚欧会议至今已历时 10 年，是目前亚欧间最具影响力的合作对话机制，被誉为“联系亚洲和欧洲的重要桥梁和纽带”。[②]

一、十年进程取得的成就

亚欧会议的创立，标志着新时期亚欧新型伙伴关系的确立，也反映了双方在经济上互有所求、政治上彼此借重的战略需要。

在过去 30 多年里，亚洲尤其是东亚是世界上经济增长最具活力的地区。东亚国内生产总值的总量现已近 7 万亿美元，

---

* 本文原载于《当代亚太》2006 年第 9 期。

① 《第七届亚欧外长会议主席声明》，日本京都，2005 年 5 月 6—7 日，http://www.fmprc.gov.cn。

② 《吴仪在第五届亚欧经济部长会议开幕式上的讲话》，新华社，2003 年 7 月 24 日。

年均经济增长率为8.5%，而同期世界经济年均增长率只有3.5%。经济学家普遍认为，东亚将是今后30年世界经济增长最快的地区，预计世界经济年均增长率将为3%，东亚则为5%，发展潜力巨大。另一方面，欧盟经过40多年的建设，已成为世界上最大的经济和贸易集团，国内生产总值的总量约为11万亿美元。[①] 不过，亚欧间的经贸往来却不尽如人意，虽然东亚早在1994年就已取代美国成为欧盟最大的域外出口市场，但在东亚的市场和投资方面，欧盟却明显落后于美日两国。

召开亚欧会议的构想最先由东盟成员国新加坡于1994年10月在该国举行的世界经济论坛上提出，[②] 随即得到有关各方的积极响应。东盟倡议召开亚欧会议，既反映了其独立自主的意识，也显示了由中小国家组成的地区组织在当今世界中的重要作用。另外，对东盟来说，欧盟是外资和先进技术的重要来源地，加强与欧盟的联系，有助于避免在经济上对美、日的过分依赖。欧盟积极响应倡议，是其推行全方位对外关系的重要步骤，目的是提高亚洲在欧洲对外关系中的比重，既谋取眼前的经济利益，又谋求长远的战略利益。欧盟自20世纪90年代以来经济面临困难，内需欠旺，失业率居高不下。而经济发展迅速、贸易和投资活跃的亚洲是一个潜力巨大的市场。防止亚洲特别是东亚市场被美、日垄断，扩大对亚洲的商品出口和投资，能增加欧盟的外需和就业，使欧盟经济增长得到新的推动

① 吴建民：《东亚经济一体化呼唤着加强金融合作——在东亚思想库网络金融合作会议开幕式上的讲话》，2006年5月26日，http：//www. neat. org. cn。

② （新加坡）《联合早报》，1997年2月15日。

力。因此，欧盟早在 1994 年 7 月制定的《走向亚洲新战略》中就已提出要“加强欧洲在亚洲的经济存在”，同亚洲进行“非对抗性的平等对话”，更有效地与亚洲国家进行合作，建立一种建设性的稳定、平等的伙伴关系。欧盟作为世界最大的发达国家地区组织，在冷战后独立性不断加强，在国际事务中谋求与美国“平起平坐”，亚欧会议正是向欧盟提供了借助亚洲扩大其在世界上的影响力及制衡美国的机会。

首届亚欧会议于 1996 年 3 月在曼谷召开，出席者为亚洲 10 国、欧盟 15 国的国家元首或政府首脑及欧盟委员会主席，会议主题是“促进发展建立亚欧新型伙伴关系”。第二届亚欧会议于 1998 年 4 月在伦敦举行，由于是在亚洲金融危机造成极端困难的情况下召开的，因此亚洲的经济和金融形势成为此次会议的中心议题之一。第三届亚欧会议于 2000 年 10 月在汉城举行，此时亚洲经济已走向复苏，欧洲一体化也在顺利进行，亚欧领导人因此集中精力讨论新世纪亚欧合作的发展方向。第四届亚欧会议于 2002 年 9 月在哥本哈根举行，恰在“9・11”事件发生后，因此打击国际恐怖主义、应对传统和非传统安全问题遂成为本次会议的重要议题。第五届亚欧会议于 2004 年 10 月在河内举行，会议的主题是“进一步振兴、充实亚欧伙伴关系”。本次会议正式接纳柬埔寨、老挝、缅甸 3 个东盟成员国和欧盟 10 个新成员加入，成为亚欧 39 方领导人的首次聚会。第六届亚欧会议将于 2006 年 9 月在赫尔辛基召开。自首次亚欧会议召开迄今，亚欧已在经济合作、政治对话、文化交流三大领域取得了可喜成绩。

经济合作是亚欧合作的基础和支柱。亚欧经济互补性很强，经济合作10年来取得了积极进展。在双方努力下，亚洲已成为欧盟第二大贸易伙伴，其中1995—2001年，欧盟与亚洲贸易年均增长率达11%，占欧盟出口总额的22%和外贸总额的26.5%，而且欧亚之间的贸易额已增长至美亚贸易额的2倍。[①] 欧盟还是亚洲第二大官方发展援助的提供者，占亚洲各国所获官方发展援助总额的30%，1996—2000年，亚洲国家接受的欧盟官方发展援助为年均4.38亿欧元。[②] 亚欧经济合作的未来发展潜力巨大，前景广阔。据欧盟委员会统计，2000年，欧盟对亚欧会议中的亚洲成员进出口贸易仅占其贸易总量的14.8%。1997—2002年，欧盟对亚欧会议亚洲成员的投资仅占其对外投资的54%，而其对美投资则占到了54.5%。[③]

在政治方面，亚欧会议创造了一种新的对话方式，即把各方共同感兴趣、观点基本一致和可操作性强的议题作为进行合作的最终条件，在发达国家与发展中国家之间建立了真正具有活力的伙伴关系。这是因为政治对话的前提是平等和相互尊重、互不干涉内政和求同存异。当然，由于历史与文化背景的差异，也由于经济发展水平的不同，亚欧国家对一些政治问题的看法不尽一致，这完全正常。重要的是双方都能够倾听对方

---

① 科拉多·列塔：《亚欧会议的未来》，时事出版社2003年版，引言，第23页。

② Corrado Letta, *EA-EU Partnerships: The Future Dynamics of the East Asia-European Union Relationships*, Shinasa Seoul, 2003, pp. 40-41.

③ European Commission, *ASEM 4: An Introduction to Asia-Europe Meeting*, Belgium, 2002, pp. 7-9.

意见，不把自己的意见强加给对方。亚欧会议已在政治对话方面取得了显著进展，讨论的议题越来越广，尤其在打击国际恐怖主义、跨国犯罪、环境保护等方面达成了广泛共识。

亚欧两大洲涵盖东西方文化与文明，因此亚欧会议试图使不同文化、文明、地域、经历以及不同发展阶段的人们联合起来共同发展，从多样性中找到统一，获得力量，[①] 并为此做了大量工作。为促进亚欧思想库和文化团体的互访和交流，增加相互了解，消除因历史、文化背景不同而产生的误会与隔阂，亚欧会议特别设立了亚欧基金会。为推动亚欧人文社会科学领域的多学科、跨文化研究，亚欧基金会于 2003 年 1 月创办了《亚欧杂志》。同年 12 月，在中法两国共同倡导下，亚欧会议文化与文明会议在北京召开，强调推进亚欧文化交流与合作，促进人民之间的相互了解与友谊，在实现文化多样性的基础上谋求共同发展。此外，亚欧会议还在马来西亚建立亚欧大学，以增进两大洲的文化与人员交流。

同样重要的是，亚欧会议补上了亚欧之间的缺环，使欧、美、亚三角关系趋向均衡。二战后，世界出现了美苏对峙的两极格局，美国采取“两洋”战略，即通过大西洋加强与西欧的联系，通过太平洋加强与亚洲的联系。冷战结束后，两极对峙格局不复存在，但美国的“两洋”战略却大体保留下来，亚欧联系因此相对薄弱。亚欧会议的召开，标志着亚欧联系开始加强，亚欧、亚美、欧美三边关系得到较为平衡的发展。同

① 《欧盟委员会主席普罗迪在第四届亚欧会议上的讲话》，转引自科拉多·列塔:《亚欧会议的未来》，第 781 页。

时，亚欧国家领导人在许多重大问题上进行平等、友好和坦率的对话，并达成广泛的共识，为发达国家和发展中国家之间、大国和小国之间确立平等关系以及开展合作提供了良好的范例。所有这些都有助于促进国际关系民主化和世界多极化的发展，有利于维护世界的稳定。特别是“9·11”事件后，美国变本加厉地推行单边主义，世界各国普遍对此担忧，亚欧会议与亚欧合作对制衡美国和促进多边主义的发展具有积极的意义。正如意大利学者科拉多·列塔指出的那样，“亚欧合作不仅给两个地区带来直接的、双边的利益，这一共同努力还将会创造巨大的价值，不仅有利于亚欧，也有利于全球”。[①]

二、未来发展面临的挑战

随着亚欧合作的不断深入，亚欧会议在进入第二个十年后将面临诸多挑战，尤其是如何应对以下这些挑战，更决定着亚欧会议未来的发展前景。

挑战之一：地区一体化发展的差异。

亚欧会议中以欧盟为代表的地区一体化，展现的是全面一体化、国家主权的部分让渡以及联邦主义的发展趋势；以东盟为代表的地区一体化，表现的是由经济全球化导致的相互依存以及仍在发展中的民族主义。两者之间的不同之处在于：欧洲

① 科拉多·列塔：《亚欧会议的未来》，第96页。

一体化在横向和纵向两个方面都取得了进展，尤其是在马斯特里赫特条约签订以后，欧盟的联邦主义性质进一步加强；至于东盟，虽强调地区合作，但其成员却同时致力于加强国家主权。

造成这种差异的原因主要在于地区一体化理念形成的渊源不同。以欧盟为代表的地区一体化理念是在冷战时期两大集团对立的体系中发展起来的，除了采取功能主义的经济合作模式外，还强调平等主义的原则，涵盖经济、政治、社会、法律等方面。而以东盟为代表的地区一体化理念是在各国获得独立以后发展起来的，非殖民化、不结盟等都是必须加以考虑的因素，因此特别强调维护国家主权以及政府在经济发展中的作用。

同时，以欧盟为代表的地区一体化是以政治制度、经济结构、意识形态、宗教信仰和文化传统相同或相似为前提形成的，它对与其相异的国家采取排斥态度。而以东盟为代表的地区一体化恰恰相反，是要把体制不同的国家包容在一起。另外，以欧盟为代表的地区一体化偏重制度建设，而以东盟为代表的地区一体化更注重通过协商达成一致。①

总而言之，亚欧地区一体化发展的差异极大。欧盟已经有了自己的外交、防务和共同货币，并形成了独特的一体化理念。“对于欧洲联盟来说，应该既包括经济一体化，又包括政

① Kishore Mahbubani, “The Pacific Way,” *Foreign Affairs*, Vol. 74, No. 1, January/February 1995, pp. 100 – 111.

治一体化，两者是相互关联，相辅相成的。”[①] 相比之下，亚洲“缺少鼓励地区一体化的计划”[②]，不要说政治一体化，就连经济一体化，目前也仅表现为双边的和多边的自由贸易协定。除了东亚外，亚洲现在实际上还没有就一体化或者必要的历史和文化联系达成共识。从长远来看，一体化发展的差异会对亚欧合作产生消极影响。解决这一问题的关键在于，亚欧双方应正确看待和承认地区一体化发展差异这一客观事实，通过普遍接受和理解的方式展现、表达和沟通彼此的不同，这样才能进一步推进亚欧合作。

挑战之二：文化观念上的差异。

在亚欧会议进程中，文化因素起着不可忽视的作用。分别代表亚欧两大洲的东西方文化在交流中的相互融合，促进了亚欧经济合作的发展和政治对话的加强。

同时也应看到，亚洲和欧洲有着各自悠久的历史、文化渊源和不同的发展轨迹，东西方文化存在不同的特质，在人文传统、信仰、价值观、思维方式等方面存在明显的差异，导致亚欧国家对某些议题的看法不一。其中最突出的就是人权和民主问题，反映了东西方两种价值观念的对立，折射出亚欧两种文化的冲突。这种因不同文化交汇而产生的摩擦还导致了亚欧双方在政治对话上的分歧。欧盟认为亚欧合作不应仅限于经济领

---

① 周建平主编：《欧洲一体化政治经济学》，复旦大学出版社 2002 年版，第 23 页。

② Robert Z. Lawrence, *Regionalism*, *Multilateralism*, *and Deeper Integration*, The Brookings Institution, Washington, D. C., 1996, p. 80.

域，对亚欧会议“重经轻政”不满，不断要求“加强亚欧会议的政治职能”，开展政治合作，特别是人权和民主的对话。在缅甸加入问题上，欧盟也先是拒绝，后是以抵制相威胁。欧盟的目的是迫使亚欧会议中的亚洲成员接受西方的民主制度和价值观念，这显然不符合亚欧会议所确立的互相尊重主权、平等、求同存异、不干涉别国内政、稳步前进和协商达成共识的原则以及亚欧会议创立的初衷，给亚欧合作蒙上了阴影。由于文化的复杂性，文化之间的差异始终存在，亚欧双方要在文化敏感问题上取得相互理解和妥协，比在政治和经济问题上达成共识难度更大。

此外，欧洲还有一些人至今仍坚持所谓的“欧洲中心论”和“欧洲优越感”，认为西方的文化、价值观和社会制度是人类社会的发展方向，在与亚洲交往中缺乏相互尊重、平等相待的态度，这对亚欧关系的发展产生了不利影响。实际上，每种文化都有其内在价值，只有差异之别而无优劣之分。把西方文化作为人类的唯一选择既不现实，也不科学，更没道理。对于文化观念上的差异问题，亚欧双方都应“承认世界多样性的现实。世界各种文明和社会制度，应长期共存，在竞争比较中取长补短，在求同存异中共同发展”。[①] 这样才会增进亚欧关系的良性互动。

挑战之三：亚欧会议的机构建设。

根据各方当初达成的共识，亚欧会议进程保持非正式性，

① 江泽民：《在庆祝中国共产党成立八十周年大会上的讲话》，载《人民日报》2001 年 7 月 2 日。

不将其机构化，因此亚欧会议只是政府间论坛。但除了首脑会议和部长级会议外，还有负责总体协调的高官会议和负责日常工作联络和协调的协调员，但高官会议和协调员都没有行使实际管理职能的权力。这种形式的优点是灵活性和自愿性，迄今为止亚欧会议通过的文件都是意向性的，依靠成员的自愿合作来实施决议和承担义务。但其缺点也显而易见，即缺乏执行决议的组织保障。再加上亚欧会议各方的要求和期望不同，所有的声明和宣言又都必须一致通过，各方能否在许多问题上协商并取得一致本身就是一个大问题，这使亚欧合作存在相当的复杂性和一定的难度。亚欧会议创立已有 10 年，原有的组织形式已不能适应形势发展的需要，“如果想真正实现亚欧会议的目标，亚欧会议议程决不能只停留在非正式的基础之上。因而亚欧会议必须实现机构化”。①

机构化的一个主要方面应是设立秘书处，负责亚欧系列会议的组织和准备工作，监督有关决议的实施和执行情况，协调经济合作、政治对话和文化交流的执行力度等。特别是考虑到亚欧行为方式的不同，“亚洲方式是君子协定，它有赖于对话者的信任和自信。欧洲的法律化方式是基于不信任，因而需要由签订的协约来确定关系”。② 为了确保亚欧会议各项决议的实施，秘书处最好是由具有丰富的跨文化交流经验的专业人士组成。

挑战之四：美国在亚欧的影响。

亚欧会议是二战后第一个没有邀请美国参加的大型跨洲会

① 科拉多·列塔：《亚欧会议的未来》，第 739—740 页。

② 同上书，第 742 页。

议，美国一直想参与，遭拒后甚感不满。

对美国来说，欧亚大陆是最重要的地缘政治目标。二战后，美国通过一系列双边和多边条约在这两大洲构建了同盟体系，并与其保持着密切的经济往来，从而使“美国这个非欧亚大国在这里取得了举足轻重的地位。美国能否持久、有效地保持这种地位直接影响美国对全球事务的支配”。[①] 因此对于“全球面积最大的大陆和地缘政治中轴”的亚欧大陆，美国早有战略构想，即建立一个“跨欧亚安全体系”，以“加强欧亚地缘政治多元化的稳定性，排除单一的占支配地位的大国的出现”。其目的是确保“美国作为欧亚稳定剂和仲裁者的决定性作用”。[②] 如今亚欧国家对亚欧关系的发展都寄以希望，这令美国不安。作为冷战后仅存的超级大国，美国决不会作壁上观，听任自己在亚欧两大洲的影响力减弱，进而影响自己“在全球发挥首要作用的能力”，[③] 必会对亚欧合作有所牵制。而“（美国）这一世界超强在亚洲与欧洲都扮演极为重要的角色，（也）使得亚欧各国都有所顾虑”。[④] 特别是欧美同属发达国家和西方世界，社会制度和意识形态一致，文化和价值观念相近，在国际事务中立场相同或相近，合作大于分歧。因此，欧盟对美国的独立性是相对的。

① 兹比格纽·布热津斯基：《大棋局——美国的首要地位及其地缘战略》，上海人民出版社 1998 年版，第 41 页。

② 同上书，第 272—274 页。

③ 同上书，第 2 页。

④ 汤绍成：《第四届亚欧会议之发展》，［台北］《问题与研究》第 43 卷第 1 期，2004 年 1—2 月，第 159 页。

尽管如此，美国的作用仍不能取代亚欧关系。亚欧双方有许多更为接近的理念，有许多需要合作的共同利益，亚欧关系对双方十分重要。因此亚欧国家应最大限度地化解美国的猜疑和误会，支持和鼓励美国在亚欧发挥建设性作用，防止和缩小其破坏性作用。

三、中国在亚欧会议中的作用

中国作为一个有世界影响力的亚洲大国，在亚欧合作中的地位举足轻重。一方面，如果没有中国的参与，亚欧会议便不能形成真正的亚欧合作；另一方面，中国的和平发展也对亚欧关系和亚欧合作产生重要的影响。当然，中国是作为亚洲大家庭中的平等一员参加亚欧会议和亚欧合作的。

作为亚欧会议的创始国，中国对亚欧合作一直持积极态度。中国认为亚欧在建立平等和互惠的伙伴关系，加强经济合作、政治对话和文化交流方面有着巨大的潜力和广阔的前景。早在1995年9月，中国就在《中国关于亚欧会议的基本立场》中表示，希望与会各国突出和扩大共识，增进友谊，促进和深化合作。中国重视和支持亚欧会议，并本着积极务实、求同存异、扩大共识和推动合作的方针，参与亚欧会议进程。中国领导人参加了历次亚欧会议，并在会上发表了重要讲话，对确立亚欧会议的基本原则、合作方式和领域等提出了具体建议，为亚欧合作作出了突出贡献。

中国经济的持续发展对亚欧经济合作的发展具有持续和稳定的促进作用。自改革开放以来，中国经济持续增长，综合国力不断提高，国内生产总值从1990年的世界第十一位上升到2004年的世界第六位，2005年更达到18.2321万亿元人民币，按可比价格计算，比上年增长了9.9%。[①] 中国对外贸易继2004年首次突破1万亿美元后，2005年更是达到1.42212万亿美元，位居全球第三。[②] 截至2005年12月底，中国外汇储备高达8189亿美元，[③] 成为世界第二大外汇储备国。截至2004年底，中国累计实际利用外资额达到7453亿美元，批准外商投资企业50多万个。1990—2004年，在华外资企业利润汇出额达到2506亿美元。[④] 事实表明，中国经济的发展，不仅造福中国人民，也为包括亚欧会议成员在内的世界各国和地区提供了更多的投资机会和更广阔的市场，正在成为世界经济增长的重要推动力量。亚欧会议各成员国因此都看好中国，重视与中国的经济合作。

同时，中国也充分利用亚欧会议这一对话和合作渠道，为中国的改革开放和经济建设服务。中国不仅同绝大多数亚欧会议成员有着重要的经贸关系，还利用亚欧会议这一多边渠道开

① 《2005年我国国内生产总值》，新华网，2006年1月25日，http://news.xinhuanet.com。

② 《2005年我国外贸总额》，新华网，2006年1月11日，http://news.xinhuanet.com。

③ 《中国外汇储备余额再创新高》，中国政府网，2006年1月15日，http://www.gov.cn。

④ 胡锦涛：《树立开放思维实现合作共赢——在亚太经合组织工商领导人峰会上的演讲》，载《人民日报》2005年11月20日。

拓出口市场，吸引外来投资。2002年，中国与亚欧会议成员的贸易额达到2874.96亿美元，占中国对外贸易总额的46.3%。[①] 欧盟是中国的第一大贸易伙伴，2005年中欧双边贸易总额为2173.1亿美元。日本是中国的第三大贸易伙伴，而韩国与中国的贸易在2005年也首次超过千亿美元，并与东盟分别成为中国的第二和第三大进口来源地。[②] 另外，欧盟也是中国的第六大实际投资方和第二大技术供应方。截至2003年5月底，欧盟成员来华投资项目数达14798个，协议外资金额621亿美元，实际投入356.7亿美元。截至2003年4月底，中国从欧盟共引进技术15571项，合同金额732.6亿美元。[③] 因此，加强与亚欧会议各成员的互利合作是中国政府的既定政策，符合各方的现实和长远需要，也有利于世界的繁荣和发展。

同样，中国的立场和态度在亚欧合作中不容忽视。亚欧会议各方成员认为，“中国已经提出了一系列的建议和倡议，也得到了广泛的支持，因此在促进亚欧之间的合作和交流方面正在发挥着积极的作用”。[④] 东盟和欧盟在亚欧合作中都倚重中国的参与。东盟知道自己单枪匹马与欧盟打交道，势单力薄，必须将中国等东亚国家包括进来，以东亚集体方式才能旗鼓相

① 《吕福源提出加强亚欧经济合作四点意见》，新华网，2003年7月23日，http：//news. xinhuanet. com。

② 《2005年我国外贸总额》。

③ 《中国—欧盟经贸关系情况》，人民网，2003年月17日，http：//www. people. com. cn。

④ 科拉多·列塔：《亚欧会议的未来》，第115页。

当地与欧盟对话。亚欧会议因此促进东盟加深了对中国的信任，双方合作全面加强：东盟是第一个与中国建立战略伙伴关系的国际组织；此外，东盟与中国将在2010年建成自由贸易区；双方还共同发表了《关于非传统安全领域合作联合宣言》和《南海各方行为宣言》。而欧盟也认识到中国在推进亚欧合作进程中的重要作用。自1995年至今，欧盟已发表了5份对华政策文件，并把中国视为其6个全球战略伙伴之一，要与中国在双边和多边领域更加紧密地开展合作，以有效应付所面临的挑战。①

同样，以亚欧会议为标志的亚欧合作构成了中国新的外部环境，为中国积极参与国际机制和跨洲合作、建立和平与稳定的国际环境，进而促进中国的和平发展提供了有利的条件。如上所述，亚欧会议促进了中国与东盟关系的深入发展，中国是第一个加入《东南亚友好合作条约》的地区外大国，以实际行动表明了自己是东盟值得信赖的好邻居、好朋友、好伙伴。亚欧会议与中欧关系之间的联系也越来越密切，形成了以多边促双边、带动亚欧关系和中欧关系良性互动的有利局面，为中国营造了更大的发展空间。中国把欧盟作为对外关系的一个重要组成部分，一再强调双方都是当今世界维护和平、促进发展的重要力量，中国将全面发展同欧盟及其成员长期稳定的互利合作关系。2003年10月，中国发表了《中国对欧盟政策文件》，这是建国以来第一次正式公布对一个外交伙伴的政策文

① 哈维尔·索拉纳：《欧中伙伴关系持续深化》，载《人民日报》2003年10月30日。

件，其意义不言而喻。“一个自信的中国和一个正在扩大的、具有单一货币和共同外交及安全政策的欧洲之间的关系，将会极大地影响着全球政治格局的塑造。”①

结束语

作为亚欧合作的框架，亚欧会议已取得了很大成功。然而随着时间的推移及合作的深化，今后的任务将更加艰巨。为了亚欧会议的顺利进展，亚欧双方在处理彼此关系时要有更大的包容性，既要求同存异、扩大共识，也要承认和容忍同中有异，不要让存在的差异和分歧影响合作。正如欧盟共同外交与安全政策高级代表哈维尔·索拉纳所说：“健康的伙伴关系不意味着在所有问题上都观点一致，这一点无须掩饰。但重要的是，我们在有分歧的领域一起合作。这些问题虽然为数不多，但是，如果我们不进行讨论，不能求得更好的相互理解，不在一起寻求解决问题的办法，那么我们之间广泛合作的潜力就难以充分发挥。”② 亚欧会议的真正潜力在于利益协同，不断巩固和发展亚欧在各个领域平等互利的合作，将使双方实现共赢。对中国来说，亚欧会议是开展多边外交、加强地区合作的一个重要舞台，因此中国将继续积极参与亚欧会议，为亚欧合作作出应有的贡献。

---

① 科拉多·列塔：《亚欧会议的未来》，第719页。

② 哈维尔·索拉纳：《欧中伙伴关系持续深化》。

东盟成立四十周年回顾*

2007年8月8日是东南亚国家联盟（Association of Southeast Asian Nations，ASEAN）成立40周年纪念日。东盟被誉为"发展中世界最为成功的区域组织之一"。[①] 本文将对东盟的成就做一评估，并论述中国与东盟关系的发展及其意义。

一、东盟40年发展取得的重大成就

东盟成立40年来取得的成就令人瞩目，笔者认为以下三方面最为突出：

（一）实现了东南亚的统一

东南亚在冷战时期因两极争霸而分裂成"六、三、一"的格局。"六"是指组成东盟的六个国家，"三"是指印支三国，"一"是指自成一家的缅甸。冷战的结束为东盟实现东南亚整个地区的统一创造了条件。1994年5月，东南亚10国有

* 本文原载于《当代亚太》2007年第8期。

① 阿米塔·阿查亚：《建构安全共同体：东盟与地区秩序》，上海人民出版社2004年版，第303页。

史以来第一次聚集一堂，在马尼拉召开会议，商讨建立东南亚10国“大东盟”的事宜。会议发表的《2000年后的东南亚——关于一项设想的声明》提出：“我们认为东南亚应成为一个共同体。这个共同体应该在21世纪的世界舞台上成为一个重要的政治、经济、文化和精神实体。”东南亚的非东盟国家在会后加快了加入东盟的步伐。1995年7月，越南成为东盟第七个成员。两年后，老挝和缅甸同时加入东盟。东盟原计划在成立30周年之际完成组织扩容，但由于柬埔寨国内问题的出现，这一设想未能如期实现。直至1999年4月底柬埔寨正式加入，东盟才覆盖了整个东南亚，把所有东南亚国家集合到其麾下，形成了一个独立完整的地区体系。在东盟成立40周年之际，东盟已是一个拥有5.02亿人口和8000亿美元国内生产总值[①]的发展中国家地区组织，在地区乃至世界都具有相当的实力和影响力。

这是地区主义在东南亚发展的重要里程碑，东盟超越了社会制度和意识形态的异同，以地区的共同利益为优先考虑目标，从而为东南亚的持久和平、稳定与发展奠定了坚实的基础。

（二）确立了长远的发展目标——东盟共同体

进入21世纪后，东盟加快了地区整合的步伐。第九次东

① *ASEAN Statistical Yearbook 2005*, The ASEAN Secretariat, Jakarta, 2005, pp. 2-3, 41.

盟首脑会议通过了《东盟第二协议宣言》（亦称《巴厘第二协议》），宣布在2020年建成由经济共同体、安全共同体和社会—文化共同体三大支柱支撑的东盟共同体。2007年1月在宿务召开的东盟首脑会议又决定将东盟共同体的建成时间提前至2015年。《巴厘第一协议》在1976年通过时，东盟羽翼尚未丰满，但已在该协议中阐述了其目标，这就是地区的和平、稳定与繁荣。时隔近30年后，东盟又提出了相同的目标，但实现目标的方式已发生了实质性的变化，这就是以往一直被避免提及甚至被视为禁忌的"共同体"，被明确写入了《东盟第二协议宣言》。这是东盟的重大进步和对全球化发展及地区形势变化的明智反应，表明了东盟希望增强自身动力，提升发展层次，"进一步巩固和提高东盟作为一个充满活力、抗御力和凝聚力的地区组织"。①

尤其令人注目的是，由于对主权问题的敏感，东盟以往很少涉及安全方面的话题。《东盟第二协议宣言》提出了建立东盟安全共同体，这是东盟在安全合作领域取得的重大进展。建立安全共同体不仅可以集体的力量共同应对安全方面的各种挑战，更为重要的是能在东盟内部形成更强的凝聚力。

（三）确立了在东亚合作中的主导地位

1997年亚洲金融危机爆发，东盟在这场危机中看到了自

① *Declaration of ASEAN Concord II* (*Bali Concord II*), http://www.aseansec.org/15159.htm.

身力量的局限性，意识到必须把自己的发展同东亚的发展结合起来，共同应对眼前及今后可能发生的各种危机与挑战。经过10年的努力，如今已形成了以东盟为核心的东亚合作进程。该合作进程主要由东盟、“10＋3”和“10＋1”三部分组成。如上所述，为加强自身建设，东盟宣布将建立由经济共同体、安全共同体和社会—文化共同体三大支柱支撑的东盟共同体。另一方面，东盟首倡了“10＋3”，并在这一框架内发挥着主导作用。东盟的团结对于“10＋3”来说至关重要，因为它提供了一个强大的基础，得以集中资源和精力应对东亚面临的共同问题；“东盟方式”则为“10＋3”提供了包括协商达成一致在内的原则，使“10＋3”在此基础上能够以一种对所有参与方都有利的方式运作，从而成为东亚合作的主渠道。而“10＋1”是东亚合作的基础，直接关系到“10＋3”以至东亚共同体的建设。中国、日本、韩国和印度均为亚洲重要国家，它们与东盟的合作及其发展不仅对东亚合作，而且对亚洲区域合作都具有深远影响。

无论是“10＋3”，还是“10＋1”，抑或是迄今仅召开过两次的东亚峰会，都是东盟在其中发挥了领导作用，东盟是东亚合作进程的“驾驶员”。这使东盟在每个合作机制中都享有决定议程的优势，从而有利于东盟一体化的发展。

二、东盟应对挑战采取的主要措施

1997年是东盟发展史上的分水岭，东盟正准备30周年庆时，亚洲金融危机爆发。这场危机及其后发生的一系列事件，如空气污染、恐怖袭击、非典、禽流感等，其性质、涉及的范围和影响前所未有；与此同时，国际形势也出现了一些新的变化，特别是全球化正在快速发展，各国相互依赖不断加深。面对严峻挑战，东盟清楚地意识到，“东盟过去……行之有效的许多旧原则现已不够用了……诸如金融危机、毒品走私、环境危害、移民问题、跨国犯罪之类……都是地区问题。它们要求地区……合作与解决”。[①]

因此在组织成立 40 周年之际，展望未来发展，东盟认为需要在五个方面作出努力：一是缩小新老成员差距，尽快实现东盟一体化；二是加强地区认同，增强东盟内部凝聚力；三是提高工作效率，完善东盟组织和运行机制；四是保持东盟在东亚合作中的核心地位，促进东亚共同体建设；五是增强经济竞争力，应对全球化的挑战。[②]

东盟为此采取了以下主要措施：

第一，实施“东盟一体化倡议”（Initiative for ASEAN Integration）。东盟 10 国经济发展水平悬殊，以 2004 年人均国内生产总值为例：新加坡为 25207 美元，文莱为 13879 美元，马来西亚为 4625 美元，泰国为 2537 美元，印尼为 1193 美元，菲律宾为 1042 美元，越南为 554 美元，老挝为 423 美元，柬

① Jusuf Wanandi, “ASEAN's Past and the Challenges Ahead: Aspects of Politics and Security,” in Simon S. C. Tay, Jesus P. Estanislao and Hadi Soesastro eds., *Reinventing ASEAN*, Institute of Southeast Asian Studies, Singapore, 2001, p. 30.

② 这是笔者 2006 年 9 月访问东南亚时有关人士所指出的。

埔寨为358美元，缅甸为166美元。[1] “东盟一体化倡议”的宗旨就是帮助新成员国发展经济，尽早实现东盟经济整合，改变内部发展极不均衡的现状。

第二，制定东盟宪章。东盟成立时只发表了《曼谷宣言》，迄今没有其他法律和法规。因此东盟组建了专家小组，讨论和起草东盟宪章，并计划在东盟成立40周年时通过和实施。东盟制定宪章的主要目的是：加强东盟制度化建设，使东盟的行为更加规范、更有效率；削减关税壁垒，整合地区经济，消除发展不平衡，推动经济一体化；争取东盟成员国民众对东盟事业的进一步支持，加强彼此间的接触和了解，增加地区认同，形成东盟共识；更好地服务于地区合作架构，如“10+1”、“10+3”、东盟地区论坛、东亚峰会等，使东盟成为东亚地区合作架构的中心；进一步提高东盟的国际地位，使东盟在世界舞台上扮演更重要的角色、发挥更大的作用。东盟宪章的制定在东盟历史上将是一件划时代的大事，将使东盟的发展跃上一个新的台阶。

三、中国与东盟关系的发展

中国是唯一与东盟诸多成员国紧密相邻的大国。冷战结束后，尤其是进入21世纪以来，中国与东盟的关系得到了突飞

① *ASEAN Statistical Yearbook 2005*, p. 41.

猛进的发展。2006 年 10 月底—11 月初，中国和东盟在南宁成功地举行了建立对话伙伴 15 周年纪念峰会，把双方关系的发展提升到了一个新的高度。“除了双边关系外，东盟与中国还有更广阔的地区层面上的关系。中国与东盟加强合作不仅可以促进东盟与日本、韩国、印度等国家的合作，还可以与东盟一起构建地区安全框架，促进地区合作。”①

在经济方面，中国和东盟于 2002 年 11 月签署了《全面经济合作框架协议》，双方此后又进一步签署了《全面经济合作框架协议货物贸易协定》。根据这两个协议和协定，中国将与东盟老成员国在 2010 年实现自由贸易，与东盟新成员国在 2015 年实现自由贸易。2005 年 7 月 20 日，中国—东盟自由贸易区减税计划正式启动，7000 种产品的关税将在 2010 年前削减至 0—5%。中国还提出了“早期收获计划”，使泰国等东盟成员国的水果和蔬菜等产品零关税进入中国市场。自《中国—东盟全面经济合作框架协议》签订以来，双方贸易增长迅速。1991 年，中国与东盟贸易额仅为 79.6 亿美元，2005 年跃升为 1303.7 亿美元，增长了 15 倍，年均增长率高达 20%，超过了同期中国和东盟各自的对外贸易增长率。如今，中国和东盟互为第四大贸易伙伴。中国—东盟的双向投资也发展迅速。截至 2006 年 7 月，中国实际使用东盟投资 403 亿美元。截至 2005 年底，中国企业在东盟 10 国投资设立的非金融类企业近千家，

① 东盟秘书长王景荣先生在 2007 年 4 月 26—27 日上海国际问题研究所召开的“东盟发展与东亚合作——纪念东盟成立 40 周年暨东亚合作 10 周年”国际研讨会上的主题演讲。

投资领域从加工、装配和生产性的小型项目扩大到建筑、电气、矿业、运输和餐饮等行业。[①] 2007 年 1 月，中国和东盟签署了《服务贸易协议》，标志着中国—东盟自由贸易区建设向前迈出了关键的一步，为如期全面建成自贸区奠定了基础。

在政治及安全方面，中国与东盟建立了“面向和平与繁荣的战略伙伴关系”，中国作为第一个东南亚区域外国家加入了《东南亚友好合作条约》。中国与东盟确认通过合作实现地区安全，先后签署了《南海各方行为宣言》和《关于非传统安全领域合作联合宣言》，制订了中长期合作规划，在反恐、非法移民、禁毒、执法、刑侦等领域开展合作，并取得了许多实质性的进展。双方还通过“东盟 + 中国”合作机制进行了全方位和宽领域的合作。

中国与东盟关系的发展对地区乃至世界都具有深远意义，其中最重要的是：

第一，有力地促进了东亚的地区合作。

中国率先与东盟达成建立自由贸易区的协议；率先以非东盟国家的身份签署《东南亚友好合作条约》；并通过签署“面向和平与繁荣的战略伙伴关系”联合宣言，率先与东盟建立战略伙伴关系。对中国来说，东盟是中国周边外交的重要一环，与东盟发展全面合作，体现了中国坚持“与邻为善、以邻为伴”的方针。对东盟来说，中国与其全面合作的“率先效应”，有力地维护了东盟在地区合作中的主导地位。在中国

① 国纪平：《平等互信，合作共赢——写在中国—东盟建立对话关系 15 周年纪念峰会之际》，载《人民日报》2006 年 10 月 30 日。

的榜样作用下，东盟对话伙伴国纷纷加强了与东盟的合作。继《中国—东盟全面经济合作框架协议》签订之后，日本与东盟签署了《全面经济伙伴关系框架协议》，韩国和东盟签订了《货品自由贸易协定》，印度与东盟达成了《全面经济合作框架协议》，美国则与东盟签署了《贸易与投资框架协议》。而在中国和东盟签署了《东南亚友好合作条约》后，印度、日本、韩国、俄罗斯、新西兰、澳大利亚、巴基斯坦、巴布亚新几内亚、蒙古、法国和东帝汶也都先后加入了该条约。[①] 正是中国的积极带动，促使包括大国在内的其他国家与东盟发展更为密切的关系，从而使东盟的地区合作战略得以展开，形成了以东盟为核心的东亚合作进程。

第二，极大地丰富了“南南合作”的内涵。

中国是最大的发展中国家，东盟是由发展中的中小国家组成的地区组织，中国与东盟关系的发展，使“南南合作”从内容到形式都得到了丰富和完善。

中国提出“睦邻、安邻、富邻”的政策，充分表明中国希望与东盟加强合作，携手发展，以实现共同繁荣。中国为保证与东盟各项合作的顺利实施而设立了两个专项基金：一是中国—东盟合作基金，主要用于支持东盟一体化建设，现已帮助东盟进行人力资源的开发和培训等；二是总额为1500万美元的亚洲区域合作专项资金，资助中国有关部门参与区域合作，

---

① （新加坡）《联合早报》2007年1月14日。

特别是加强与东盟的合作。[①] 同时根据承诺，中国在2006年已向东盟有关国家提供了7.5亿美元的优惠贷款。中方还将在未来二年内落实其余款项。[②] 中国也始终如一地支持东盟在东亚合作中发挥主导作用。而东盟宣布承认中国完全市场经济地位，弃用中国加入世界贸易组织时产生的三个条款，这是东盟对中国的宝贵支持，有力地推进了中国—东盟自由贸易区建设和经贸合作。东盟非正式外长会议还就台湾问题发表主席声明，重申继续奉行"一个中国"政策，体现了东盟支持中国实现和平统一的诚意。在国际和地区事务中，双方也一直保持着良好的协调与配合。

中国与东盟关系的发展为"南南合作"提供了一个十分重要的启示，即双方始终坚持"平等互信、合作共赢"的方针，相互尊重而不是彼此对立，相互信任而不是彼此猜疑，相互合作而不是恶性竞争，立足共赢而不是此兴彼衰。[③] 这既是中国与东盟关系发展实践经验的总结，也是指导中国与其他发展中国家合作的基本方针。

第三，开创了地区合作的新模式。

中国与东盟关系发展的重要性还体现在"东盟+中国"合作机制上，该机制在1997年与"10+3"合作机制共同诞

---

① 《深化战略伙伴关系，推进全方位合作——温家宝总理在第八次中国—东盟领导人会议上的讲话》，载《人民日报》2004年11月30日。

② 《共同谱写中国—东盟关系的新篇章——温家宝总理在第十次中国与东盟领导人会议上的讲话》，载《人民日报》2007年1月15日。

③ 《深化战略伙伴关系，推进全方位合作——温家宝总理在第八次中国—东盟领导人会议上的讲话》。

生。“东盟＋中国”代表了地区合作的一种新模式：合作的一方——东盟是由发展中的中小国家组成的地区组织；合作的另一方——中国是最大的发展中国家和最大的社会主义国家。这在世界区域合作史上前所未有，中国与东盟的合作因而也为世界区域合作的发展树立了新的典范。“东盟＋中国”合作机制发展迄今已取得了很大进展，不仅有助于中国的和平发展，有利于中国完全融入地区，同时也使东盟得以在东亚的区域合作中“唱主角”。如前所述，“东盟＋中国”在许多方面都起着“率先”作用，保持着领先地位，双方通过这一合作机制的互动及其产生的效应，推动东亚合作不断向前迈进。

东盟秘书长王景荣先生在展望东盟和中国关系发展前景时指出，东盟需要激励，以便和中国一起迎接更大的挑战。保持与中国的良好关系，将会推动东盟进一步发展。东盟的强大符合中国的利益，中国的和平发展对东盟也是一种驱动力。双方合作潜力巨大，未来主要合作领域包括：第一，非政府组织合作。在全球化的今天，政府已不能包办所有事情。政府与非政府组织是合作伙伴，后者可以处理前者不便出面的事情，这是今后治理的新现象。因此未来 10—15 年，东盟和中国在这一领域有很大的合作空间。第二，公共政策决策方面的合作。东盟和中国在决策时都要对迅速发展的外部世界作出及时反应，否则就会落伍。未来的 10—15 年，东盟和中国在保护环境和资源等公共政策的决策方面应有更多的合作，确保双方更友好地相处。第三，政治与安全合作。东盟与中国就国际和地区事务进行讨论和磋商。[1]

在东盟成立40周年之际，中国和东盟的关系正处于继往开来的新时期。双方将会继续推动互利共赢合作深入发展，共同谱写中国与东盟关系的新篇章。

① 2007年4月27日东盟秘书长王景荣先生与上海国际问题研究所所长俞新天教授的对话。

东盟安全战略的演变与前景*

2007年11月，在东盟第十三届峰会上，各成员国领导人签署了《东盟宪章》，为达成建立安全共同体的目标奠定了法理基础。东盟安全战略经历了冷战前后两个发展时期，透析东盟安全战略的演变脉络，对了解其特点和发展趋向有重要意义。

一

从东盟成立到冷战结束是东盟安全战略发展的第一个时期。其基本内容是防范“共产主义”，矛头针对社会主义国家；主要寻求和依靠美国的军事支持与保护。

东盟诞生于1967年即冷战高潮期间。最初仅有5个成员：泰国、印度尼西亚、马来西亚、菲律宾、新加坡。文莱在1984年加入后，整个冷战时期东盟共有6个成员国。这些国家都是防务力量较弱的中小国家，其所处的东南亚地区战略地位极其重要，是冷战对手的必争之地。在美、苏和东西方之间激烈冷战对抗的形势下，它们无力单独自保，唯有走联合自强

* 本文原载于《国际问题研究》2008年第2期。

之路，才能有效地维护本国的生存与安全。因此，东盟从成立之日起就将政治和安全合作放在首要位置。

在整个冷战时期，东盟把防范共产主义作为其安全战略的主要和核心目标，把靠拢美国和依赖美国的支持与保护作为其安全战略的基轴。这一时期东盟安全战略又分为两个阶段：第一阶段从其成立起到1978年越南入侵柬埔寨；第二阶段从1978年越南入侵柬埔寨始到1991年冷战结束。

在第一阶段，东盟把所有社会主义国家尤其是周边的社会主义国家包括中国和越南在内视为主要威胁，将它们作为其安全战略的主要针对对象。为了对付来自社会主义国家的所谓“外来威胁”，东盟除加强内部安全合作，如让成员国共同维护边界安全、联合军事演习、互通军事情报等外，主要向美国等西方大国寻求支持和保护。美国早在二战刚结束就利用东南亚多数国家的“恐共”心理和“防共”要求，不遗余力地在东南亚构筑所谓的阻止共产主义蔓延的“防波堤”，先后同菲律宾和泰国签订军事协定，并同多个东南亚国家签约成立了“东南亚条约组织”，以图把整个东南亚纳入其防务体系。东盟在1967年宣告成立后，美国立即发表声明予以支持，并鼓励其加入越南战争。所以，在冷战时期，特别是在美国从越南撤出之前，东盟的安全主要依赖美国的保护，美菲和美泰双边军事协定实际上具有对整个东盟提供安全保障的意义，美军在菲律宾的基地更是发挥了监控整个东南亚安全的战略作用。东盟也密切配合美国的战略，成为其军事盟友和伙伴。

在第二阶段，以反对越南入侵柬埔寨为标志，东盟安全战略发生了重大转折。在越南发动侵柬战争之后，东盟大幅度调整安全战略，不再笼统地把共产主义视为主要威胁，也不再把所有社会主义国家作为其反对目标，而是把在苏联支持下的越南地区扩张主义视为最危险的现实威胁。反对和遏止越南的侵略和扩张即成为东盟安全战略的中心与当务之急。

越南入侵柬埔寨，也使东盟与区外大国的关系在很大程度上发生了变化，最突出的是带动了东盟与中国关系的改善和发展。在此之前，双方处于对立状态。东盟出于意识形态及历史原因，把中国视为其安全的一个主要威胁之一。在越南战争中，东盟支持美国，不仅仅是为了防止越共统一整个越南，也有防范中国之意。但随着美国调整战略从越南撤出，中国恢复在联合国的合法席位和国际地位空前提高、结束“文革”十年动乱并对东盟国家政策作出务实调整，特别是同东盟一起坚决反对苏联霸权主义和越南发动侵柬战争，加上中美关系改善，东盟开始积极改善对华关系。在安全领域，东盟虽继续寻求美国在军事上的支持和保护，但同时也重视与中国的战略合作。中国不仅成为东盟反对越南地区霸权主义的重要合作者，还与泰国等东盟成员国在安全领域开展了广泛的双边合作。这为此后中国同东盟及东盟成员国关系的全面发展和建立战略合作伙伴关系奠定了基础。

二

冷战结束至今是东盟安全战略发展的第二个时期。随着苏联解体和越南军队撤出柬埔寨、不再推行扩张路线，东盟所受的外部威胁基本消除，中国陆续同它的所有成员国建交并全面改善与发展关系，东盟对安全战略进行重大调整，不再把社会主义国家视为主要威胁和作为其安全战略的针对对象。它主要通过加强内部政策协调与整合及外部合作来确保自身安全。

这一时期的东盟安全战略分为二个发展阶段：

第一阶段是从20世纪90年代初到21世纪初即“9·11”事件发生之时。在这一阶段，东盟安全战略的主要内容是将东盟6国的安全合作扩大到整个东南亚地区，大力加强与区域外大国的安全联系，与之进行全方位的安全合作，注重在大国中基本保持平衡。

1992年1月，东盟第四次首脑会议在新加坡召开，首次将地区安全合作问题列入议事日程。会议提出，要在后冷战时代谋求“开拓新的安全合作领域”，并通过《新加坡宣言》，决定寻求扩大安全合作领域的途径，希望未入盟的东南亚国家签署《东南亚友好合作条约》。此后东盟作出大胆的战略决策，即先后吸收越南、老挝、柬埔寨和缅甸加入东盟。《新加坡宣言》还提出要在东盟框架内，促进与区外国家特别是区外大国就加强本地区的安全问题进行对话。在内部整合的基础上加强外部合作，从而为后冷战时代的东盟安全战略定下了基调。

在这一阶段东盟形成了“综合安全观”。其主要原则和内容是：（1）独立自主和不结盟。东盟认为如果在安全上依赖某一大国，会使自己受其控制，同时也使东盟与其他大国的关系不稳定，这不利于成员国和地区的安全与发展。（2）互相尊重主权和不干涉内政。东盟安全战略的主旨是增进和平、友谊和在有关东南亚安全问题上的相互合作。但其安全政策的整合是建立在尊重成员国的主权、不干涉成员国内政的基础上的。《东南亚友好合作条约》明确规定成员国“相互尊重彼此的独立、主权、平等、领土完整和民族特征”，“互不干涉内政”。[①]（3）重视军事以外其他影响安全的因素。东盟认为国家安全应该主要依靠经济发展和社会稳定。马来西亚前总理马哈蒂尔曾经指出：“安全不单单是军事能力，国家安全是不能与政治稳定、经济成功与社会和谐相分离的。没有这些，世界上所有的枪炮也不能防止一国被其他敌人所征服，有时在不发一枪一弹的情况下敌人的野心就可以达到。”[②] 泰国前总理差猜也曾指出，“经济的兴盛是长期安全的保证”。[③]（4）安全合作方式的渐进性。东盟坚持协商方式，充分尊重每个国家的利益和要求，在反复协商达成共识后，才采取行动。且无论是内部的安全合作还是外部的安全合作，都是从较低层次开始，即从对话开始，然后逐步深入和扩大。

在这一阶段，东盟安全战略包括内外两个方面：

在内部方面，扩大其安全战略的涵盖范围，即通过接纳其

① Treaty of Amity and Cooperation in Southeast Asia（Indonesia, 24 February 1976）, http://www.aseansec.org/1217.htm.

② 陈欣之：《东南亚安全》，台北生智文化事业有限公司1999年版，第35—36页。

③ Marc Innes-Brown and Mark J. Valencia, “Thailand's Resource Diplomacy in Indochina and Myanmar,” *Contemporary Southeast Asia*, Vol. 14, No. 4, March 1993, p. 343.

他东南亚国家入盟，把东盟6国的安全合作扩大到整个地区，使整个东南亚地区国家整合到统一的东盟安全合作框架之内。东盟认为东南亚的分裂有害于地区的和平与稳定，是冲突的根源，势必会招致大国的干涉。冷战的结束，使两个超级大国在东南亚对抗的局面消失，这为地区整合创造了条件。越南、老挝、缅甸和柬埔寨相继加入东盟，10个东南亚国家第一次结成了统一的组织，被共同纳入了东盟的政治安全框架。东盟遂在本地区安全合作上成为唯一的主角，它在成立初期提出的加强"民族抗御力"和"地区抗御力"以确保各国和地区安全的构想出现现实前景。这开辟了东南亚地区政治安全发展的新纪元，为确保地区永久安全和稳定提供了稳固的组织架构和政策保障。

在外部方面，致力于扩大同亚太地区及世界主要大国和力量中心的安全战略对话与磋商，旨在政治安全领域相互增信释疑，消弭对抗因素，消除可能的外部威胁；维护其所在的亚太地区的和平与稳定，保障其有一个良好的周边安全环境。为此，东盟出台了一个重大战略举措——建立东盟地区论坛。这是东盟及其成员国同亚太及世界政治的主要参与者包括美国、欧盟、俄罗斯、中国、日本、印度等之间的年度安全对话机制。东盟地区论坛的创建，表明东盟采用多边主义的方式来处理地区安全问题，这是东盟安全理念的创新和突破。东盟深感维护成员国和地区安全需要"主要大国之间以及主要大国和东南亚之间的一种平衡"，[①] 因此采取"大国平衡"战略，即

① Ali Alatas' Interview with Far Eastern Economic Review, "Live and Let Live," July 11, 1991, p. 13.

利用东盟地区论坛这样一种制度安排，以平等的身份同各大国共商地区安全大计，并使各大国互相牵制，防止任何一个大国对本地区的支配。因与各大国同处于东盟地区论坛架构之中，东盟格外看重并大力确保自己在该机制中的主导权，而绝不让其旁落任何大国或大国集团之手。为此，东盟规定以《东南亚友好合作条约》的各项原则作为论坛各成员处理相互关系的行为准则、东盟轮值主席国即是论坛主办国，并为论坛确立了三个阶段的发展进程，即促进建立信任措施、发展预防性外交、发展冲突解决机制。东盟地区论坛建立后，其影响超出了东南亚，“已经成为第一个真正覆盖广大亚太地区的‘多边’安全论坛，也是当今世界唯一由国际体系中的所有要角参与的‘地区’安全框架”。这“在冷战后的国际舞台上开创了‘小国领导大国’的崭新范例。东盟不但从中获得了安全利益，而且大大提高了自己的国际地位”。[①]

第二阶段是2001年“9·11”事件发生后迄今。在这一阶段，非传统安全挑战上升为对东南亚地区的主要威胁，东盟安全战略的主要矛头是针对这一威胁。

人类社会进入21世纪以后，和平与发展成为各国的共识和时代的主题。与此同时，国际安全形势出现了一些新的变化，特别是“9·11”事件后非传统安全威胁，如国际恐怖主义、大规模杀伤性武器扩散和跨国犯罪问题凸显等，成为挑战地区和世界和平与安全的新的危险因素。这些问题尤其是国际

① 陆建人编：《东盟的今天与明天——东盟的发展趋势及其在亚太地区的地位》，经济管理出版社1999年版，第5页。

恐怖主义在东南亚尤为突出，该地区是仅次于中东和南亚的恐怖袭击事件多发地。如印度尼西亚“伊斯兰团”活动猖獗，发生过巴厘岛爆炸案和雅加达万豪酒店爆炸案；与“基地”组织关系密切的菲律宾阿布沙耶夫武装不断制造事端；泰国南部暴力袭击事件频仍。东盟成员国对此深切感受到，当前面临的安全问题和安全环境已远远超出传统安全的范畴，单个国家无法独立应对。为了有效处理和消除已经成为现实威胁的非传统安全挑战，东盟需要从地区和国际两个层面提升安全合作。

在地区内部，东盟力求通过增强自身的安全合力，即在更高层次上加强内部的团结合作来维护成员国和地区的安全与稳定。为此，东盟首脑会议提出了东盟安全共同体的构想。2003 年 10 月召开的第九次东盟首脑会议通过《东盟第二协议宣言》（简称《巴厘第二协议》），要求在 2020 年前建成包括经济、安全、社会—文化三个支柱在内的东盟共同体。2007 年 1 月在菲律宾宿务召开的东盟首脑会议，又决定将东盟共同体建成的时间提前至 2015 年。东盟安全共同体建立的宗旨，是通过各成员国更深层次的安全政策整合，逐步走向安全一体化，从而“将东盟政治与安全合作提升到一个更高的平台，以确保本地区国家彼此间及与整个世界在正义、民主、和谐的环境里和平相处”。[①] 这表明东盟作为一个地区组织，对其成员的安全合作提出了更高的要求。

在国际层面，东盟为加强自身安全的依托和基础，致力于

① Declaration of ASEAN Concord II（Bali Concord II），http：// www. aseansec. org/15159. htm.

扩大同区外国家尤其是同周边地区国家的安全联系与合作。为此，东盟倡议和主办东亚峰会，允许对本地区有重要影响的东亚和非东亚国家参加。东亚峰会机制建立于2005年，迄今已召开过3届。其成员是“10+6”，即东盟10国加上中、日、韩、印度、澳大利亚和新西兰。东盟倡导成立东亚峰会机制的战略意图是要将其区域一体化理念扩大到整个东亚和其周边地区，为大东亚地区国家实现政治、安全、经济融合奠定初步框架，最终建立以东盟为核心的东亚共同体。为了确保东盟对东亚峰会的主导，东盟在首届东亚峰会召开前就明确提出参会者必须具备三项基本条件，即：应是东盟的全面对话伙伴；与东盟有实质性的政治和经济关系；已加入《东南亚友好合作条约》。东盟还规定，东亚峰会与东盟峰会同期举行，每次均由东盟轮值主席国主办。这就启动了以东盟为中心的东亚合作进程。

东盟的地区安全合作战略得到了其最大邻国——中国的积极支持。中国作为东南亚区外国家率先正式加入《东南亚友好合作条约》，为中国与东盟在安全领域的合作奠定了政治法律基础。中国还与东盟建立了“面向和平与繁荣的战略伙伴关系”，这是中国第一次与一个地区组织建立战略伙伴关系，双方重申以《联合国宪章》、《东南亚友好合作条约》、和平共处五项原则以及其他公认的国际关系准则为中国与东盟合作的指导原则，强调相互尊重领土主权完整和各自选择的发展道路。更为重要的是，中国积极参与东盟发起的东盟地区论坛、“10+3”和东亚峰会等区域合作机制的活动，并作为其中的一员坚定不渝地支持东盟在所有这些机制中发挥主导作用。这对东盟的安全合作战略的顺利展开和实施是不可或缺的。

三

东盟地区安全合作战略的演变过程，显示了一个由发展中的中小国家组成的地区组织，在大国利益纵横交错的地区中，通过内部联合自强和外部以我为主与区外国家积极开展安全对话与合作，维护了各成员国的独立、主权和安全及本地区的和平与稳定，并牢牢把握了地区安全事务的主导权。展望未来，东盟将坚持既定的安全战略，不断深化内部安全政策整合和外部安全合作，逐步实现东盟安全共同体的目标。但东盟通过实施共同的安全战略使其像欧盟那样执行共同的外交与防务政策，在安全领域完全整合和实现一体化，进而主导东亚地区安全事务的目标，尚存在诸多困难和障碍，是难以达到的。东盟深化安全整合所面临的主要问题和挑战是：

其一，成员国国情差异大。东盟各成员国在联合自强、安全共保和维护本地区持久和平和稳定上有共识和共同目标，这也是它们能走到一起并推出东盟共同安全战略的根本动因。但10个成员国国情差别大：从社会制度看，有基本上西化的民主国家、有社会主义国家、有一党独大的带专制性质的国家、有军政权国家；从宗教传统看，有信奉伊斯兰教的国家、有信奉佛教国家、有多宗教信仰国家；从经济状况看，有发达的工业化国家、有半发达国家、有贫穷国家。这些决定了每个成员国的安全关注和政策取向不同。同时，一些东盟成员国间存在一定的民族、宗教及领土、领海等矛盾和争端，又加大了东盟内部安全整合的难度。

其二，民族主义与区域主义的矛盾。东盟建立安全共同体，深化安全政策整合需要强调区域整体性，要求成员国作出必要的主权让渡。但东盟成员国大多有遭受过西方列强殖民统治的悲惨经历，有着很强的民族主义和国家独立自主意识，难以作出主权让渡。因此，在东盟安全合作机制上，迄今仍以双边为主，在多边层面，主要是进行安全对话与协调，难以达到实行共同安全政策的层次。

其三，东盟的松散性。尽管东盟是世界上仅次于欧盟的整合度较高的地区一体化组织，但其一体化水平主要体现在经济领域；在政治、安全领域，东盟至今还只是一个松散的联盟。在决策方式上，东盟实行协商一致原则，成员国拥有一票否决权。这使得在重大安全问题上，特别是面对突发事件，难以迅速形成合力，作出有效决策。

其四，东盟实力较弱。东盟成员国大多是发展中的中小国家。虽然多年来东盟国家整体上实现了经济持续高速增长，但由于起点低，各国幅员和经济规模不大，东盟经济实力有限。现在东盟全体成员国的 GDP 总和只有 1 万多亿美元，相当于日本的 1/4、中国的 1/2，和印度差不多，仅比韩国多一些。东盟的防务能力也不强，需外部大国来保持地区力量的平衡。一个国家或国家集团在地区的国际战略格局中的地位与作用主要是由其整体实力决定的。受实力所限，东盟的主导作用主要体现在地区论坛性质的机制之中。在东亚地区实质性的安全合作和未来可能以“东亚峰会”为框架而形成的东亚共同体中，东盟难以独力发挥主导作用。

其五，美国因素的影响。由于历史的原因和现实的需要，美国是东盟最重要的安全合作伙伴，也是影响东南亚地区安全的主要外部因素。美国一直把该地区当作其全球战略，尤其是亚太战略的重要组成部分，掌控亚太地区安全大局、觊觎东南亚地区的安全主导权是其既定的政策目标。美国至今拒不签署《东南亚友好合作条约》，对东盟地区论坛持消极态度，就是为了挑战东盟在论坛和东亚合作中的主导地位和作用。美国的目的是要独执包括东亚和东南亚在内的亚太地区安全战略的“牛耳”，最终把东盟置于自己的羽翼之下。这同东盟的安全战略目标相抵触。美国因而成了东盟确保地区安全事务主导地位的主要外部牵制因素。

总之，东盟实施地区安全战略取得了重要成效，今后将继续加强和深化安全政策整合，逐步走向和实现既定的目标。但东盟在展开“高端政治”和高敏感的安全战略领域进行深入整合，最终真正达成安全共同体的构想难度很大，将是一个曲折而漫长的过程。

美国—东盟关系与奥巴马政府的政策调整*

一

从整个地区来看，东盟所处的东南亚相对于东北亚，对于美国的战略价值较轻，处于美国东亚战略的较低端。美国在东亚的战略关注主要集中在东北亚，因为那里有重要盟国日本和韩国，存在台湾问题和朝核问题，尤其是中国正在迅速崛起。相比之下，东南亚由中小国家组成，不存在直接影响美国的重大问题，包括分离主义运动及恐怖活动都在当地政府可控范围之内，菲律宾和泰国的重要性也低于美国在东亚的其他盟国，因此该地区不需要美国太多的关注。这从冷战结束以来美国对东南亚的态度即可看出：美国在20世纪90年代曾接连发表了4个有关东亚的战略报告，东南亚在这些报告中均只是外围性的附带提及；2001年“9·11”恐怖袭击事件发生之前，美国

* 本文原载于《国际问题研究》2009年第4期。

对东南亚是“温和地忽略”（benign neglect），[①] 仅限于对特定的和突发的事件作出反应，因此错失了和东盟及其成员国加强关系的很多机遇。尤其是1997年的亚洲金融危机是美国和东南亚关系的一个分水岭，因为美国通过国际货币基金组织强制遭到金融风暴影响的国家接受苛刻的援助条件，使东盟国家极为不满，加大了它们对美国的距离感。“这场危机动摇了美国在该地区的地位。”[②] “9·11”事件后，虽然布什政府宣称东南亚是反恐“第二战场”，但美国反恐的主战场在南亚和中东，对东南亚的关注和投入不多。

美国和东盟的关系分为两个层次：一是和东盟组织的关系；二是和东盟成员国的关系。这两个层次既有重叠之处，又有明显分野。

鉴于东盟是世界上在政治、经济整合紧密程度上仅次于欧盟的重要区域一体化组织，在地理上又具有重要的战略地位，因而在美国的全球战略棋盘上有其位置。美国早在20世纪70年代就和东盟建立了对话关系，参加了以地区安全对话、磋商为主要职能的东盟地区论坛。但总体来看，美国和作为地区组织的东盟关系进展缓慢。这突出表现在它至今没有形成对东盟的整体战略。究其原因，主要在于美国认为东盟凝聚力还不够强，行动能力较弱，10个成员国处于不同的发展层次以及具

---

① Diane K. Mauzy and Brian L. Job, “U. S. Policy in Southeast Asia: Limited Re-engagement after Years of Benign Neglect,” *Asian Survey*, Vol. 47, No. 4, July/August 2007, p. 622.

② 芮效俭：《中国和美国视角下的东亚合作》，黄姝译，载朱立群、王帆主编：《东亚地区合作与中美关系》，世界知识出版社2006年版，第96页。

有不同的政治制度，难以聚合到一起；每个成员国内部都或多或少地存在问题，各自忙于处理国内问题而无暇全心投入地区整合；更重要的是缅甸问题影响了美国对东盟的看法。美国认为缅甸问题是东盟的“软肋”，东盟在缅甸问题上无所作为而失去可信度。美国认为，只有东盟证明有能力将自己改造成为以法规为基础，而不是一个仅靠协商达成一致和避免采取行动的机构，且能利用《东盟宪章》使自己成为有影响力和目标明确的组织，包括对人权的重视，美国才能将其视为伙伴和地区的一支真正力量，才值得它制定对东盟的整体战略。

随着东亚合作进程的发展，以及东盟不断强化自身整合，美国意识到需要加强和东盟的关系。布什政府因而陆续提出了一些加强与东盟关系的倡议，如召开美国—东盟峰会、任命负责东盟事务的大使、实施美国—东盟贸易和投资框架协议、东盟合作计划、振兴东盟倡议和加强东盟—美国伙伴关系等。但美国的行动却跟不上，除了已落实任命负责东盟事务的大使及“东盟合作计划”中价值900多万美元的20多个项目外，[①] 其余各项至今尚未兑现。

由于美国对东盟的评价不高，导致美国对由东盟领导的东亚合作进程态度冷淡。20世纪90年代，美国公开反对时任马来西亚总理马哈蒂尔关于建立东亚经济论坛的倡议。进入新世纪以后，美国政府不愿签署《东南亚友好合作条约》。美国是亚太地区大国中唯一没有签署该条约的国家。其不签署该条约

① *ASEAN Cooperation Plan Supports Wide Range of Joint Projects.*

的原因是：它认为一旦签署该条约就承担了相应的义务，就会限制自己的行动自由；该条约仅具象征性意义而无实际作用；美国国会对签署这一条约坚持反对立场，美国政府不愿因此和国会发生冲突。同时，东盟提出以签订这一条约作为一个国家参加东亚峰会的先决条件，但美国不愿加入东亚峰会，因而不会接受这一先决条件。美国还认为东亚峰会是意义和目标不明的“清谈馆”，而且同亚太经合组织（APEC）重合，是一个多余的组织，其存在会对由美国唱主角的 APEC 的功能形成干扰和冲击。因此，美国对东亚峰会实际上持否定态度。

美国与东盟组织关系不够密切与它同东盟成员国的双边关系极不平衡直接相关。它主要重视与文莱、印尼、马来西亚、菲律宾、新加坡和泰国这 6 个东盟老成员国发展关系，不太重视与柬埔寨、老挝、缅甸、越南这 4 个东盟新成员国的关系。美国对东盟新老成员国关系的不平衡表现在政治、经济、军事等各个方面。早在冷战爆发初期，美国就组建（东南亚集体防务条约）组织，与泰国、菲律宾等东南亚国家结成密切的政治和军事同盟，还在泰、菲等国建立了庞大的军事基地。冷战结束、苏联解体后，随着东南亚国际关系和安全形势的变化与改善，美国与东南亚国家的原有政治、军事联盟趋于松散，它从东南亚撤出了军事基地和军队，但是仍然同东盟老成员国保持密切的政治和安全关系。

在冷战时期，美国同印支三国（即越南、老挝、柬埔寨）及缅甸的关系则全然不同。它曾发动和进行长达 10 余年的越南战争。由于越战的后果，美国同越、老、柬三国长期处于敌对状态，同缅甸的关系也较疏远。直到1991年柬埔寨和平协议签署后，美国和印支三国的关系才开始实现正常，但至今同缅甸仍龃龉频生，关系不正常。

在经贸领域，美国对东盟老成员国的进出口贸易和直接投资都约占其对东盟10国进出口贸易和直接投资的90%；[①] 美国与东盟新成员国的经贸关系则远不如前者。

近年来，美国和东盟老成员国的双边关系继续稳步发展，在战略和安全领域的合作成果尤为可观。美国利用反恐和防扩散等应对非传统安全威胁等理由，加大了重返东南亚的步伐，并取得显著成效。1999年5月，菲律宾国会批准了《菲美来访部队协议》，规定美军可以临时使用菲律宾的军事基地，美国舰船可以在菲境内22个海港停留。菲律宾在“9·11”事件后给予美军较全面的军事准入，包括使用领空、海军基地，增建专为美国特种部队使用的空军基地等。2000年4月，美国与新加坡签署协议，在樟宜建设大型深水海军基地，建成后可停靠一个航母编队，目前美军第七舰队的后勤司令部就驻扎在新加坡。“9·11”事件后，美军也在泰国扩大了军事准入，包括可以使用泰国的军事基地及美国空军的飞机飞越泰国领空。美国还向马来西亚提出在吉隆坡建立“反恐中心”的建议。2004年年底印度洋海啸发生后，美国向印尼提供人道主义援助，促进了两国关系的改善，美国取消了对印尼的武器禁运，并恢复了培训印尼军事人员的项目。美军还以太平洋美军

① Satu P. Lymaye, "United States-ASEAN Relations on ASEAN's Fortieth Anniversary: A Glass Half Full," *Contemporary Southeast Asia*, Vol. 29, No. 3, 2007, p. 453.

总部为平台，开展与东盟国家军队的人员交流和培训，加强与东盟国家的联合军事演习，演习内容除军事战斗项目外，还包括非军事性使命，如非作战人员撤退和救灾等。美国与东盟老成员国的经贸关系也愈趋密切。到2007年年中，美国同东盟国家的贸易总额达1700亿美元，其对东盟国家的投资达900亿美元，[①] 远远超过它同期对中国的投资，其中90%以上的美国对东盟的贸易与投资发生在它与东盟老成员国之间。

从冷战结束到现在，美国与印支三国及缅甸的关系始终是它与东盟成员国关系中的薄弱环节，没有多大起色。尽管主要出于地缘政治因素，美国与印支大国越南的关系近年来有所发展，如美国给予了越南最惠国待遇，双边经贸关系和美国对越南的投资有显著增长；美国甚至提出过有偿使用金兰湾的港口和机场的设想，意图发展与越南的安全战略合作关系，但美国同越南的整体关系与其同东盟老成员国关系相比，仍有较大差距。

美国与东盟成员国关系之所以严重失衡，明显"厚此薄彼"，是由多种因素造成的：其一，传统因素。它同东盟老成员国关系历史悠长。早在东盟成立之前，它就同不少老成员国建立了密切关系，甚至与其中一些国家结成了政治、军事同盟关系。这些东盟老成员国是美国在亚太地区的重要战略依托和推行亚太战略的基地，它们也把美国当作维护它们本国和地区安全与稳定的主要外部借助力量。基于相互需要，美国同这些

---

① Quoted from Satu P. Lymaye, "United States-ASEAN Relations on ASEAN's Fortieth Anniversary: A Glass Half Full," pp. 457, 458.

国家的双边关系长期以来保持密切和稳定。而美国同印度支那三国则长期处于对立状态。直到冷战结束，越南从柬埔寨撤军以后，美国才先后同该三国建交。缅甸不实行亲美政策，美国对它始终若即若离，关系疏远。其二，意识形态因素。美国认为东盟老成员国大多是亲西方的“民主”国家，其政经制度和价值观同西方的吻合，这是美国与之建立盟友或伙伴关系的政治思想基础。东盟新成员国中的越南、老挝是社会主义国家，被美国认为是共产党“专制”国家，柬埔寨也被它认为是倾向社会主义的国家，美国因此把该三国视为西化演变和改造的对象，而不把它们作为可以密切合作的朋友与伙伴。至于缅甸，美国一直将它列为军事独裁政权国家，而予以制裁打压，谈不上与之发展正常国家关系。其三，安全因素。美国在东南亚地区的安全利益主要集中在濒临海洋的“海上东南亚”。除美国老盟国泰国以外的其余老东盟成员国都是“海上东南亚”国家。首先，“海上东南亚”战略区位十分重要，是连接太平洋与印度洋的海上通道，处于该区的马六甲海峡更是连接两洋的咽喉。这一地区是美国海军从太平洋到印度洋、中东和欧洲的必经之地，美国及其东方盟国如日本、韩国等从中东和非洲进口其必需的原油大多都要经过该地区。该地区对美国有着极其重要的战略意义。其次，地处“海上东南亚”的老东盟成员国是世界穆斯林人口主要集中地之一，世界穆斯林人口第一大国印尼和马来西亚、文莱都是伊斯兰国家，菲律宾也是有大量穆斯林人口的国家。这种情况使老东盟国家成为伊斯兰极端组织和“基地”组织等恐怖组织的重要活动之地，也是美国领导的世界反恐斗争重点地区之一。再次，美国在东南亚可用的军事基地和设施都集中在“海上东南亚”的老东盟国家。而新东盟成员国除越南外都是内陆国家，但越南因离马六甲海峡和印度洋太远，其战略地位稍逊；且这些国家都不是伊斯兰国家，基本上不存在国际恐怖主义袭击活动，同美国的反恐斗争基本上无关联；美国在这些国家中也没有可用的军事基地或设施。因此，这些国家对美国的战略安全意义较小，它们在美国亚太战略棋局中的作用根本无法与东盟老成员国相提并论。其四，经济因素。美国在东南亚的经济利益包括贸易往来和美国在该地区的投资，主要集中在老东盟成员国。它同东盟新成员国的经贸关系不密切，在其中大多数国家的经济利益微乎其微。

二

当前美国在同东盟及其成员国发展关系方面机遇与挑战并存，虽不能说其挑战大于机遇，但它面临的挑战是严峻的。

东盟是一个内部整合日趋紧密的区域一体化组织，但其6个老成员国与4个新成员国之间在政治、经济和相互关系上还是存在较为鲜明的区别。两者的社会制度和经济发展水平迥然有别，前者相互之间的关系比之其与后者的关系更为密切。前者在一定意义上可以说是东盟的主体。在这种情况下，美国同泰国及“海上东南亚”5个成员国的关系保持了较为密切而稳定的发展，这是它在东盟关系上的重要成就，也是它同东盟组织整体关系发展的良好基础。同时，美国同除缅甸以外的东盟新成员国，即越、老、柬的关系基本正常，同印支大国越南的关系发展尤为较快、较好。这些为它同东盟组织及其成员国进一步发展关系提供了有利的条件和机遇。

然而，美国对东盟组织重视不够，迄今拿不出对东盟的整体战略，且同东盟新老成员国的关系严重失衡，折射出其相关政策不符合东盟及其成员国历史发展趋势与潮流，导致其在与东盟国家关系上面临诸多问题和挑战。

第一，美国不顾东南亚局势的演变，坚持冷战思维和谋求该地区事务主导权的政策，加深了东盟对其的不满和离心倾向。

冷战期间，东盟国家在安全上仰赖美国保护，对外政策基本上向美国一边倒。冷战结束、苏联集团瓦解后，东盟国家面临的外部威胁基本消失，它们增强了独立自主和联合自强意识，对美国的安全依赖日渐减低，而实行全方位外交政策和“大国平衡”外交，并力图确立东盟对本地区事务的主导地位和使之在亚太多极格局中发挥独立一极的作用。但美国仍端着“盟主”的架子，竭力维系其在东南亚以至大东亚地区政治与安全领域的主导权。它拒绝签署东盟倡导的《东南亚友好合作条约》，对东盟起主要作用的“10+3”和“10+1”机制及东亚峰会抱冷漠甚至否定态度，在很大程度上是出于对东盟在其中起主导作用的不满和与东盟争夺地区事务主导权的心态。这与东盟的战略意图明显对立，势将增大其对美国的疑虑与戒心。

第二，美国相关政策“软肋”使之难以理顺与东盟的关系。

美国的东盟政策存在两大缺陷：一是对新老成员国的关系失衡。它把对东盟国家关注的重心放在泰国和5个“海上东南亚”国家一边，而轻视甚至歧视越南和3个“陆上东南亚”国家，将新老东盟国家人为分隔开来。这是有违所有东盟国家的愿望的。在地缘上，东南亚地区是一个整体；在机制上，包括10个成员国的东盟组织是一个整体。在区域合作和全球化浪潮席卷全球的背景下，东南亚所有国家加强团结、联合自强和走一体化道路，是该地区国家的发展方向和共同利益所在，这也是泰国及“海上东南亚”国家和越南及“陆上东南亚”国家最终聚合到东盟旗帜下的根本因由和初衷。事实上，在东盟扩大到10国后，其一体化步伐在加快，一体化程度在加深，一体化领域在扩大。特别是在最近一次东盟成员国峰会上通过《东盟宪章》，这在东盟历史上具有里程碑意义，为把东盟建成像欧盟那样的全面一体化组织开辟了道路，奠定了政治与法理基础。在这样的情况下，美国仍坚持冷战逻辑，用两重标准对待东盟不同成员国，无疑是要分化东盟，必将对它与东盟组织及其成员国的关系产生严重的消极影响。二是美国抓住缅甸问题不放。缅甸问题说到底是一个国家的内政问题。一个国家实行什么样的政经制度和政府模式是其固有的主权，只能由该国的人民作出决定与选择。美国以缅甸是军政权和扣押反对派领导人为由对缅甸实施制裁，是对这个国家内政的粗暴干涉；

它反对东盟吸纳缅甸为成员国，并指责东盟对缅甸当局施压不够，受到东盟及其成员国的抵制。美国这种干涉主义政策给它与东盟的关系蒙上了一层阴影。

第三，美国在大国在东南亚扩大影响的竞争中处于不利地位。

东盟10国人口近6亿，GDP超过1万亿美元，是整个亚洲和亚太地区一体化程度最高的区域合作组织。它对内致力于联合自强，不断扩大与深化整合，内聚力空前增强；对外奉行独立自主、和平、中立方针和同所有国家发展友好关系的开放性、全方位外交政策，不但把握了东南亚地区事务的主导权，促进了该地区的和平、稳定与发展，而且成为维护大东亚地区以至世界和平、稳定与发展的重要力量。鉴于东盟愈益增大的力量、作用与影响，及其得天独厚的两洋要冲地位，周边和世界其他地区的大国和力量中心都极其重视东盟，竞相加强与扩大与东盟的关系及在东盟的影响，并取得重要进展。欧盟和东盟建立了合作伙伴关系与领导人对话机制。俄罗斯不但同其传统盟友、东盟重要成员国越南保持和发展了全面密切关系，还同东盟其他成员国的交流与合作也明显增强，有的东盟国家如马来西亚和印尼还同俄罗斯开展了军事领域的合作，大量引进俄罗斯的军事装备。周边大国中国、日本、韩国、印度等与东盟的关系更是得到长足发展。它们都同东盟达成了并稳步落实建立自由贸易区的协议，都与东盟建立了领导人对话机制，都签署了《东南亚友好合作条约》，都参加了由东盟发起并起主要作用的东亚峰会机制等。这些标志着东盟与上述周边大国的关系发展到了一个历史新阶段并处于历史最好时期。而美国与东盟关系相对滞后。在周边大国同东盟取得重要成果的上述几个重大问题上，美国都空白胭如，尚未起步。周边大国与美国在与东盟发展关系中出现如此反差不是偶然的，其关键原因在于前者能放下大国身段，摆正自己的位置，以平等和相互尊重的态度对待东盟及其成员国，从而能与之建立平等伙伴关系；后者动辄以老大自居，居高临下，不能以平等态度对待东盟及其成员国，不愿与之结成平等伙伴关系，而欲与之建立领导与被领导即主子与伙计的关系。美国的这种盘算在冷战时期大体可行，但时移世变，美国现在还执著于冷战时期的做法则难免要碰壁。尽管美国现在东盟的“大国平衡”外交中仍占有重要地位，甚至仍在一定程度上被东盟国家视为地区战略安全形势的主要“平衡器与稳定器”，但随着各大国与东盟关系愈趋密切和美国的东盟政策失误发酵，美国对东盟的影响与重要性及其在东盟“大国平衡”外交中地位下降已成不争之事实。

第四，美国在东亚地区合作中严重滞后。

由东盟牵头的东亚地区合作机制如“10+3”、“10+1”和东亚峰会以及新近由东盟10国和中、日、韩三国共同发起成立的“亚洲外汇储备基金”，是东亚国家为实现地区整合和区域一体化而采取的重大步骤。所有这些组织美国或被排除在外，或自己置身其外。这是反映美国在东亚地区影响下降的重要侧面。

三

美国对东南亚政策的错漏和盲点损害的是其同东盟的关系和其自身的利益。有鉴于此，奥巴马政府将会对东南亚政策进行重新审视和调整，调整的方向是改变单边主义强硬做派，在处理关系时注重运用“软实力”。从奥巴马外交开局看，其政策调整可能有以下趋向与特点：

（一）加强同东盟组织的合作，提升美国与东盟的整体关系

与前国务卿赖斯缺席东盟对话伙伴会议和东盟地区论坛不同，希拉里·克林顿在担任国务卿后对东盟的首次出访中便造访了东盟秘书处，显示了奥巴马政府对东盟的重视。希拉里在和东盟秘书长素林会谈后宣布，美国将正式启动与东盟签署《东南亚友好合作条约》的进程，[①] 素林则高度评价希拉里对东盟秘书处的访问，他在与希拉里会谈后发表的谈话中指出，希拉里的访问有着重要的历史性意义，显示了奥巴马政府对其前任东盟外交疏忽的弥补，以及美国“新的外交”和使用“软实力”外交的开始，东盟非常高兴可以成为这个新的开始

① 人民网，http：//tv. people. com. rn/GB/14645/25060/8835469. html。

的一部分。① 亚太经合组织领导人会议今年将在新加坡举行，这将是推动美国发展和东盟关系的一个好机遇。奥巴马可能在亚太经合组织领导人会议之后与东盟领导人召开已提议多年的首次美国—东盟峰会，并顺访东南亚。奥巴马如能这样做，将有助于提升美国和东盟的整体关系。

但奥巴马政府东盟政策的调整不会一步到位，而将会是有一定限度的和渐进的。如在对待东亚峰会的态度上，它不会改变前任政府不参与的立场，因为这涉及美国主导权旁落的问题。东亚峰会是由东盟主导的，美国如参加进去，就意味着在东盟的领导下与会，这是美国难以接受的。另一方面，美国认为自己已是东亚大国，东亚合作应通过由其主导的亚太经合组织来开展。如果在亚太经合组织之外再搞东亚峰会，将会冲淡亚太经合组织的作用和功能，冲击美国在亚太地区合作中的领导作用。

（二）重点发展和印尼及越南的双边关系

奥巴马政府将在全面推进与东盟国家双边关系的基础上，着重加强与印尼和越南的关系。印尼和越南分别是最大的老东盟成员国和最大的新东盟成员国，美国加强同这两国的关系有利于以点带面，扩大与深化其同老东盟国家的关系，改善其与

① 《希拉里与外长和东盟会谈推行美国新外交路线加强与东盟、伊斯兰友好》，载（印尼）《国际日报》网站，http：//www. guojiribao. com/indexphp？option = com-content&task = view&id = 11778&Ite-mid = 9。

新东盟国家的关系。

奥巴马政府重视印尼，希望尽早与之建立战略伙伴关系，有其战略必要性和可能性：第一，印尼是世界上穆斯林人口最多的国家，且在1997年亚洲金融危机以后成功进行民主化转型，现已成为世界第三大民主政体，其经验对美国在伊斯兰世界及其他地区推进民主具有示范作用。特别是奥巴马政府将反恐重心移向阿富汗，亟须改善和伊斯兰国家的关系。奥巴马在不久前访问埃及时，特地向伊斯兰世界发出友善信号。美国为达到同伊斯兰国家发展友善关系的目的，必须加强同印尼的关系，因为印尼的桥梁作用必不可少。印尼的政策取向以及民主政体的发展，对美国来说具有全球性影响。第二，随着中国和印度的崛起，夹在中、印、日之间的东南亚在地缘战略上的位置越发突出。印尼作为正在崛起中的世界级新兴经济体、20国集团成员国和东南亚第一大国，又是东盟秘书处所在国，在东盟中具有举足轻重的地位和主导型影响。美国与印尼关系的发展攸关美国与东盟整体关系的发展，对美国制衡东盟周边大国也有重要作用。第三，极端伊斯兰组织在印尼仍很活跃，不时制造主要针对西方人的恐怖袭击事件，印尼因而是美国在东南亚地区的反恐中心。特别是靠近印尼而对美国至关重要的马六甲海峡仍存不安全因素。美国同印尼加强安全合作对反恐斗争和维护美国战略利益有重大意义。第四，温室效应和环境恶化是人类和世界各国当前共同面临的最大挑战。与国际社会加强环保合作，控制温室效应恶化，是奥巴马政府“外交新政”的重点要务。印尼是世界上海洋生物多样性第一大国和陆地生物多样性第二大国，也是二氧化碳的主要排放国之一。美国要想在环境外交上有所作为，离不开同印尼的合作。

同时，美国加强与印尼的关系也存在一些有利条件：它在印尼所做的外交努力和倡导的制度改革已取得成效，两国的经济与安全合作有明显进展，为提升双边关系奠定了基础；现在的印尼领导人比较认同西方体制，有向美国靠拢的政治意愿；印尼作为世界人口大国之一和东盟最大的经济体，志存高远，希望其作用和影响能超越次地区范围，在大东亚舞台以至世界上得到发挥和展现。[①] 这就需要得到世界唯一超级大国美国的认同与支持。印尼因而有提高与美国关系层次的愿望与需求；印尼受当前世界金融危机困扰，经济遭遇严重困难，亟需美国和由美国主导的世界金融机构的资金支持，为美国提升与其关系提供了契机。现在，奥巴马政府在加强与印尼关系方面已采取具体行动。如国务卿希拉里·克林顿首次出访亚洲4国中就有印尼，这既表明了奥巴马政府对印尼的重视，也体现了双方提高相互关系水平的愿望与行动。

美国要加强与东盟的关系，需要突破原有“重老轻新”即只重视老东盟国家而轻视新东盟国家的政策藩篱，全面促进

① Mr. Cameron Hume, U. S. Ambassador to Indonesia, delivered the presentation titled “A Strategic Partnership: U. S. -Indonesia Relations in the 21st Century” at Center for Strategic and International Studies (CSIS), Washington, D. C. on 14 January 2009, which co-sponsored by CSIS and the United States-Indonesia Society (USINDO). 笔者根据当时记录整理。

与东盟各成员国的关系。美国在当中可以有重点，但不应轻视甚至歧视某些成员国，否则会影响其与东盟关系的全局。它把加强与越南关系当作改善与发展同东盟新成员国关系的突破口和先行行动。因为越南曾是印度支那三国的“盟主”，至今同另两国即老挝、柬埔寨仍保持极其密切的国家关系，对该两国的内外政策都有较大影响；它同缅甸的关系也很好。美国同越南加强关系可以对其与东盟其他新成员国的关系产生牵引作用。同越南加强关系本身对美国也有较大意义：其一，越南自实行改革开放政策以来，经济持续快速发展，是“VISTA”新兴经济体之一，在不久的将来将成为除印尼以外东南亚最大的经济体。其二，越南同印尼等国一样，也是东南亚濒海国家，地缘战略地位非常重要。因此，奥巴马政府将其视为潜在的战略伙伴。美国发展与越南关系也有一定的有利条件：首先，美越关系有一定基础。目前双方的经济关系已有很大进展，自美国给予越南永久性的正常贸易关系地位后，双方的贸易往来增长了5倍。越南国家主席阮明哲于2007年6月访美期间，两国又签署了双边贸易协定，进一步提升了经贸关系。其次，奥巴马外交比较灵活务实，不像小布什那样过于强调意识形态，这有利于两国关系的正常发展。再次，越南出于经济和地缘政治需要，有大力发展与美国关系的愿望与要求。预计奥巴马政府在扩大同越南的经济关系的同时，为谋求与其开展军事、安全交流与合作，可能向越南重提美国有偿使用金兰湾港口设施的建议。

（三）在缅甸问题上可能改变僵硬的做法，采取较为灵活的态度

布什政府对缅甸推行高压政策，不但严厉制裁缅甸军政府，还对东盟国家施压，要它们在缅甸问题上应和美国的政策与行动。结果美国的非理性强硬政策非但没有奏效，还受到东盟及其成员国以至许多亚洲国家的批评与抵制，使自己陷于被动、尴尬的境地。美国的舆论也批评布什政府对缅政策是不明智的，除了使自己成了缅甸反对派的“人质”，别无所得。奥巴马政府可能会从中吸取教训，改用较柔性手段应对缅甸问题，松动紧绷的对缅关系，改变在缅甸问题上指责东盟和同东盟唱“对台戏”的做法。

（四）同中国既竞争又合作

奥巴马政府调整对东盟的政策在相当程度上是为了使美国在与其他大国对东南亚影响力的竞争中化被动为主动，争占上风。其中主要考虑是要加强对中国的竞争地位。美国一直把中国视为它在东南亚的最大竞争对手。眼看中国近些年来对东盟国家外交取得重大进展，在不少方面走在美国前面，美国新政府心理不平衡，增强了加强与东盟关系的紧迫感和危机感。奥巴马政府调整对东盟政策，加强与东盟及其成员国的关系，尤其是提升与东盟大国印尼和越南的关系，明显含有制衡中国之

意图。它将主要运用“巧实力”外交来同中国竞争，即主要依靠增强美国与东盟关系及其对东盟的影响力，而不是以强行在东南亚地区排挤中国的手段来谋求在该地区的竞争优势。与此同时，美国和中国对东盟政策目标也有重合之处。两国都希望并努力维护地区的和平与稳定，都支持东盟国家在反恐、防扩散、卫生防疫和保护生态环境等领域的斗争与努力。因此，奥巴马政府一方面大力推进美国与东盟及其成员国的关系，以便在与中国的竞争中胜出；另一方面将加强同中国在该地区诸多领域的合作，这种合作将有利于开创东盟、美国、中国都获益的三赢格局。

现在可以初步看出，奥巴马政府比前任政府更重视东盟，更注意照顾东盟及其成员国的愿望与利益，政策更具“柔性”色彩。这些将有助于提升美国同东盟及其成员国的关系。但它的相关政策调整主要是具体领域和问题上的调整和策略手段的变化，而不是总体和根本政策的调整。奥政府不会放弃美国“独超”特权，不会以真正平等态度对待东盟，不会改变在该地区谋取“领导地位”的目标。这同东盟自主本地区事务的政策目标相悖。在奥巴马主政时期，美国与东盟的关系将有所改善，但不会出现质的突破和根本改观。

从中国—东南亚关系的发展看中国睦邻友好政策的演进*

中国是世界上拥有邻国最多的国家，“陆地边界22000多公里，海岸线18000多公里，周边国家多达29个，其中直接接壤邻国就有15个”。[①] 这是中国周边环境的一个突出特点。另一方面，中国的和平发展需要周边地区作为战略依托，始终把和周边国家睦邻友好作为重点。在中国四代领导人持续不懈的努力下，中国和周边国家的关系现已达到历史最好水平，同时也创造了中华人民共和国成立以来最好的周边环境。同样，中国是毗邻东南亚的最大国家，也是陆地共同边界线最长和海域相交面最大的国家。中国和东南亚关系的发展，对中国的和平发展有着极为重要的意义。本文以中国—东南亚（东盟）[②]关系的发展为例，阐述中国睦邻友好政策的演进，分析成功的经验，展望未来的发展。

* 本文原载于《太平洋学报》2011年第10期。

① 王毅：《与邻为善　以邻为伴》，载《求是》2003年第4期，第19页。

② “东盟”全称为“东南亚国家联盟”。东盟成立后，中国—东南亚关系包含了中国—东盟关系。随着柬埔寨于1999年加入东盟，中国—东南亚关系也就是中国—东盟关系。因此，行文将根据上下文的意思用“东南亚”或“东盟”。

一、与时俱进的睦邻友好

中国始终把和周边国家睦邻友好作为重点，特别是自新中国建立后，中国领导人以前瞻的思维和务实的态度，不断顺应时势，调整战略，睦邻友好政策取得了前所未有的成功。

（一）新中国的贡献：和平共处五项原则

毛泽东同志是中国共产党和中华人民共和国的主要领导人，同时也是现代伟大的外交战略家。早在抗战时期，他就明确支持东南亚国家的抗日斗争，并在阐述中国共产党外交政策的基本原则时指出："对于南洋各国——缅甸、马来亚、越南、菲律宾，我们希望这些国家的人民在日本侵略者被打败以后，能够得到建立独立的民主的国家制度的权利。"① 新中国诞生前夕，他又强调："中国人民愿意同世界各国人民实行友好合作，恢复和发展国际间的通商事业，以利发展生产和繁荣经济。"②

中华人民共和国成立伊始，提出了日后举世闻名的处理国

① 毛泽东：《目前的国际形势和中国共产党外交政策的基本原则（一九四五年四月二十日）》，载中华人民共和国外交部、中共中央文献研究室编：《毛泽东外交文选》，中央文献出版社、世界知识出版社1994年版，第45页。

② 毛泽东：《中国人民愿意同世界各国人民友好合作（一九四九年六月十五日）》，载《毛泽东外交文选》，第91页。

家间关系的和平共处五项原则，发展和东南亚国家以及其他邻国的关系。

新中国刚诞生时曾面临东南亚一些国家的猜疑和恐惧，它们担心中国威胁或侵犯自己的利益。缅甸总理吴努就曾写信给印度总理尼赫鲁，表示他十分关注中国在缅甸边界的活动。[①] 为打消这些国家的疑虑，与东南亚国家发展友好关系，创造和平稳定的周边环境，作为新中国外交事业的创始人和奠基者之一的周恩来总理，代表中国政府于 1953 年 12 月 31 日第一次正式而完整地提出了处理国家间关系的准则，即和平共处五项原则。[②] 在 1954 年 6 月周恩来总理访缅期间发表的联合声明中，双方同意以和平共处五项原则作为指导两国关系的准则。毛泽东主席在会见缅甸总理吴努时进一步强调，"五项原则是一个长期方针"，"不论大国小国，互相之间都应该是平等的、民主的、友好的和互助互利的关系，而不是不平等的和互相损害的关系"。[③] 和平共处五项原则不仅为中国和东南亚国家关系的发展奠定了基础，也被国际社会所接受，成为世界公认的国际关系准则。这是中国对世界和平与稳定作出的卓越贡献。

---

① 罗纳德·C. 基思：《周恩来的外交生涯》，封长红译，中共中央党校出版社 1992 年版，第 71—72 页。

② 周恩来总理在 1953 年 12 月 31 日会见印度政府代表团时指出，"新中国成立后就确立了处理中印两国关系的原则，那就是互相尊重领土主权、互不侵犯、互不干涉内政、平等互惠和和平共处的原则"。这些原则后被正式写入两国签订的《关于中国西藏地方和印度之间的通商和交通协定》中。以后在中印两国总理的联合声明中，将"平等互惠"改为"平等互利"。

③ 毛泽东：《和平共处五项原则是一个长期的方针（一九五四年十二月）》，载《毛泽东外交文选》，第 186、192 页。

中国还从东南亚的实际情况出发，采取了相应措施来具体落实和平共处五项原则，其中包括以自愿选择原则处理双重国籍问题和以互谅互让、友好协商原则解决边界问题等。由于中国在处理与东南亚各国关系时严格遵循上述原则，因而赢得了它们的信任和尊重。中国和东南亚国家的关系得到了很大的发展。继越南、缅甸、印尼同中国建交后，柬埔寨和老挝也同中国建立了外交关系，印尼还第一个同中国签订了关于解决双重国籍问题的协议。缅甸政府也与中国政府共同努力，率先圆满解决了边界问题。

中国在这一时期还积极参与了有关东南亚的多边外交活动。以周恩来总理为首的中国代表团在1954年4月召开的日内瓦会议上，促成了恢复印度支那和平协议的签订，结束了8年的印度支那战争。1955年4月，周恩来总理率领中国代表团参加了在万隆举行的亚非会议，提出了著名的“求同存异”方针，为会议的成功作出了巨大贡献，并促成与会国通过了各国“和平相处、友好合作”的十项原则，形成了日后著称于世的“万隆精神”。万隆十项原则实际上是中国倡导的和平共处五项原则的引申和发展。

（二）新时期的创见：“搁置争议、共同开发”

中共十一届三中全会的召开是中国历史的一个重大转折，中国由此进入了改革开放的新时期。而“独立自主的和平外交政策”的确立，开创了中国外交的新局面。尤其是作为中国改革开放总设计师的邓小平同志，高瞻远瞩地提出了“主权在我，搁置争议，共同开发”的和平解决争端方式，对发展中国和东南亚国家的关系具有建设性意义，同时对世界其他国家解决有关争端问题也富有借鉴意义。

东盟成立于1967年，当时中国正处于“文革”时期，由于意识形态的分歧，双方没有往来。与此同时，中国外交受国内“左的”错误干扰出现了一些偏差，致使原本与中国友好的一些东南亚国家也变得疏远。“文革”结束后不久，邓小平同志就访问了东盟创始国泰国、马来西亚和新加坡，这是中国领导人对东盟国家的首次访问。他从中国长远的战略考虑出发，在继承建国初期中国发展与东南亚国家关系的原则的基础上，提出了新时期中国对该地区尤其是对东盟的睦邻友好政策。其内容主要包括：从国家利益出发处理国与国之间关系，不以意识形态的异同来定亲疏；奉行党际关系与国家关系分离原则，从国家总体外交出发建立新型党际关系；全面开放，与由发展中国家组成的东盟建立经济合作关系。东南亚学者对此指出：“中国可以称为第一个支持东盟的共产主义国家。”①

在邓小平同志的推动下，中国与东南亚国家的关系有了长足发展，并“揭开了中国承认东盟独立的新篇章”。② 冷战甫一结束，中国已同所有东南亚国家建立或恢复了正常友好的外交关系，中国与东盟的来往也日趋增加，双方关系的发展越来

① Lee Lai To, “Deng Xiaoping's ASEAN Tour: A Perspective on Sino-Southeast Asian Relations,” *Contemporary Southeast Asia*, Vol. 3, No. 1, June 1981, p. 60.

② （新加坡）《星洲日报》1978年11月14日社论。

越密切：1991 年 7 月，中国同东盟开始对话；1993 年 7 月，中国加入东盟地区论坛；1996 年 7 月，中国成为东盟的全面对话伙伴。中国和东盟还成立了多个对话机制，以构成双方对话的总体框架。这些进展“标志着双方的合作关系迈上了一个新的台阶，为双方在各个领域全面合作提供了新的契机”。[①]

随着形势的变化与发展，东南亚一些国家与中国在南沙群岛领土上的争端日益突出。邓小平同志最早提出了和平解决的新思路，即“搁置争议、共同开发”。[②] 这一倡议给南海问题的解决带来了新的机遇，经过多年共同努力，中国和东盟签署了具有里程碑意义的《南海各方行为宣言》，强调通过友好协商和谈判，以和平方式解决南海有关争议。在争议解决之前，各方承诺保持克制，不采取使争议复杂化和扩大化的行动，并本着合作与谅解的精神，寻求建立相互信任的途径，包括开展海洋环保、搜寻与求助、打击跨国犯罪等合作。《南海各方行为宣言》是中国和东盟签署的第一份有关南海问题的重要政治文件，对保持南海地区和平与稳定，增进中国与东盟的互信有着重要的意义。

① 《钱其琛在雅加达答记者问》，载《人民日报》1996 年 7 月 25 日。

② 1984 年 10 月 22 日，邓小平同志在中央顾问委员会第三次全体会议上谈到南沙群岛领土争端的解决办法时说：“这样的问题是不是可以不涉及两国的主权争议，共同开发。”他强调：“把主权问题搁置起来，共同开发，这就可以消除多年积累下来的问题。”邓小平同志接着还说：“我们中国人是主张和平的，希望用和平方式解决争端。”见《邓小平文选》第三卷，人民出版社 1993 年版，第 87—88 页。

（三）后冷战时代的建树：新安全观

冷战结束后，安全威胁发生了变化，安全形势变得更加复杂，特别是非传统安全威胁开始发展，并与传统安全威胁相互交织。世界各国对安全范围的关注扩大，安全上的相互依赖增强，冷战时期形成的以军事联盟为基础、以加强军备为手段的安全观念显然已不能适应形势发展的需要，时代呼唤新的安全观。在这样的背景下，中国提出了以互信、互利、平等、协作为核心的新安全观，[①] 顺应了世界潮流，突破了传统安全观的旧框架，形成了全新的安全合作理念。

中国首次提出新安全观是在 1994 年 7 月举行的东盟地区论坛会议上，江泽民总书记随后又在俄罗斯国家杜马和联合国裁军会议等国际场合多次阐述了新安全观。在纪念中国共产党成立 80 周年的讲话中，江泽民再次阐述了新安全观的思想，并把“合作”改为“协作”。美国“9·11”事件发生后，中国进一步加强了与东盟在非传统安全领域的合作。中国在

① 新安全观的具体内容为：“互信，是指超越意识形态和社会制度异同，摒弃冷战思维和强权政治心态，互不猜疑，互不敌视，各国应经常就各自安全防务政策以及重大行动展开对话与互相通报；互利，是指顺应全球化趋势发展的客观要求，各国应在维护本国利益的同时，互相尊重对方的安全利益，在实现自身安全利益的同时，为对方安全创造条件，实现共同安全；平等，是指国家无论大小强弱，都是国际社会的一员，应相互尊重，平等相待，不干涉别国内政，推动国际关系的民主化；协作，是指以和平谈判的方式解决争端，并就共同关心的安全问题进行广泛深入的合作，消除隐患，防止战争和冲突的发生。总之，新安全观的宗旨是，通过对话增进相互信任，通过合作促进共同安全。”见《在第五十七届联大一般性辩论上唐家璇发表讲话》，载《人民日报》2002 年 9 月 16 日。

2002年5月召开的东盟地区论坛高官会议上提交了《中国关于加强非传统安全领域合作的立场文件》，接着在同年7月举行的东盟地区论坛外长会议上又提交了《中国关于新安全观的立场文件》，强调应当共同培育一种新型的安全观念，通过对话增进信任，通过合作促进安全。在中国的建议下，双方发表了《中国与东盟关于非传统安全领域合作联合宣言》，将非传统安全合作纳入中国与东盟合作的议题，启动了双方在该领域的全面合作。在现实中，1997年亚洲金融危机爆发后，中国顶住压力，坚持人民币不贬值，并向有关国家提供数十亿美元的援助，体现了一个负责任大国的风范。

新安全观是和平共处五项原则在新形势下的发展，现已成为中国安全战略的指导思想，也是中国睦邻友好政策的重要内容之一。

（四）新世纪的卓识："与邻为善、以邻为伴"

进入21世纪以来，中国综合国力的提升与国际地位的提高已成为当代国际格局的重要现象，中国的发展趋势也因此成为影响当今国际关系的根本性因素之一。中国怎样实现自己的崛起，为世界各国所密切关注。而中国在崛起过程中如何处理与邻国的关系，更是东盟国家的关切所在。中国在"坚持走和平发展道路"的同时提出了"与邻为善、以邻为伴"的新途径，还进一步强调"积极开展区域合作，共同营造和平稳定、平等互信、合作共赢的地区环境”。[①]

本着这一精神，中国与东盟开展了全面合作，成效显著。中国和东盟签署了《全面经济合作框架协议》，中国—东盟自由贸易区于2010年1月1日建成。[②] 一年来，中国—东盟自由贸易区发展迅速，根据中国海关总署2011年1月10日的统计数据，2010年中国和东盟的进出口贸易额为2927.76543亿美元，其中中国出口到东盟的是1382.06703亿美元，从东盟进口的是1545.6984亿美元，累计同比进出口增长37.5%，出口增长30.1%，进口增长44.8%。[③] 东盟也是中国实施市场多元化战略、“走出去”战略的重点地区，双方相互投资额不断扩大，特别是中国对东盟的投资快速增加。中国还与东盟建立了“面向和平与繁荣的战略伙伴关系”，并加入了《东南亚友好合作条约》。

在面临国际金融危机的严峻时刻，为将空前的挑战转化为促进共同发展的机遇，中国推出了深化和扩大与东盟全面合作的举措：签署中国—东盟自由贸易区《投资协议》；中方决定设立规模100亿美元的“中国—东盟投资合作基金”，用于双方基础设施、能源资源、信息通信等领域重大投资合作项目；中方向东盟国家提供150亿美元信贷，其中包括17亿美元优

① 胡锦涛：《高举中国特色社会主义伟大旗帜 为夺取全面建设小康社会新胜利而奋斗——在中国共产党第十七次全国代表大会上的报告（2007年10月15日）》，人民出版社2007年版，第48页。

② 根据双方签署的协议，中国和东盟老成员国在2010年实现自由贸易，和东盟新成员国在2015年实现自由贸易。

③ 中华人民共和国海关总署网站，http://www.customs.gov.cn，2010年12月进出口商品主要国别（地区）总值表。

惠性质贷款；中方考虑向东盟欠发达国家——柬埔寨、老挝、缅甸提供总额为2.7亿元人民币的特别援助；中方已向“东盟基金”捐款10万美元，并向“中国—东盟合作基金”增资500万美元。[①] 凡此种种，无不显示了中国坚持“与邻为善、以邻为伴”，与东盟共同合作，携手发展，实现“互利共赢”。

中国还积极参与包括“东盟+中国”、“东盟+中日韩”、东盟地区论坛、东亚峰会等在内的地区合作机制，扎实推动地区合作向前发展。一方面，中国在地区合作中发挥积极倡导的作用。在东亚合作进程中，中国一直以务实精神推动各项合作方案，并且充分考虑各方的利益和想法。中国积极参与和推动“10+3”合作机制，并逐渐加大了对它的投入，引导了地区合作的发展方向。另一方面，中国作为一个大国，始终支持东盟在东亚合作中发挥主导作用，中国一再在很多场合表示，“中国始终支持东盟在东亚合作中发挥主导作用”。[②] “东盟一直是“10+3”会议的组织者和协调者，这既是东亚合作的特色，也是各方现实和明智的选择。中国将继续坚定支持东盟在区域合作中发挥主导作用。”[③]

---

① 见《中国愿加强同东盟的全面合作》，载《人民日报》2009年4月13日。

② 温家宝：《共同谱写中国—东盟关系的新篇章——在第十次中国与东盟领导人会议上的讲话》，载《人民日报》2007年1月15日。

③ 王毅：《亚洲区域合作与中日关系》，载《外交学院学报》2005年第1期，第58页。

二、把握准确的成功之道

在中国政府和领导人一以贯之的努力下，中国的睦邻友好政策成功地应对了各种挑战，积累了丰富的经验，归纳起来主要有以下方面：

（一）国家利益为处理国家间关系准则

现代民族国家之间的关系是利益关系，国家利益因而是主权国家对外政策的基本出发点，只要国际体系中的主要行为体仍然是主权国家，在国家关系中起决定作用的就必定是国家利益。东南亚邻国由于历史和领土争端等原因，与中国的关系存在一定的复杂性和敏感性，因此“以自己的国家利益为最高准则来谈问题和处理问题”,[①] 就能避免出现随意性和局限性。根据这一准则，中国严肃地以国家利益为考虑标准，处理与东南亚国家的问题，包括对待东南亚的华侨、华人等问题，使国家间关系建立在正常基础之上。这种务实的态度受到了东南亚国家的欢迎，认为中国“建立了这样一个新的信念：即使政治制度不同，但只要有赤诚的意愿，两国就能够和平共处、繁

① 邓小平：《结束严峻的中美关系要由美国采取主动（一九八九年十月三十一日）》，载《邓小平文选》第三卷，人民出版社1993年版，第330页。

荣昌盛”。[①]

中国在强调以国家利益为对外政策出发点的同时，非常尊重他国的利益。中国认为国家利益是平等的利益，即国家不分大小强弱，都有合法的国家利益，不能以损害他国利益为代价来实现自己的利益。“着眼于自身长远的战略利益，同时也尊重对方的利益，而不去计较历史的恩怨，不去计较社会制度和意识形态的差别，并且国家不分大小强弱都相互尊重，平等相待。这样，什么问题都可以妥善解决。”[②] 东南亚邻国都是中小国家，中国在发展和它们的关系时总是考虑其利益和关切。如在“东盟+中国”合作机制中，中国始终从大局出发，在制定和实施有关政策时仔细考虑，顾及对他国可能带来的后果，并有意识地照顾一些发展较为缓慢的国家的利益，积极发起和参加能使它们获益的项目，甚至让利给它们，做到多予少取和先予后取。“早期收获”计划在公布降税计划时，中国在对东盟的果蔬出口中没有提出任何形式的保护条款，却同意越南、老挝和柬埔寨将229种商品列入“例外产品清单”加以保护，不享受税收优惠。“例外产品清单”排除的部分水果属于中国的优势产品，由此也就提高了中国相关产品进入东盟市场的门槛，在一定程度上影响了中国果蔬对东盟的出口。尽管如此，为了促进东盟经济的一体化发展，中国还是坚持实施“早期收获”计划。

① （泰国）《新中原报》1978年11月5日。

② 邓小平：《结束严峻的中美关系要由美国采取主动（一九八九年十月三十一日）》，载《邓小平文选》第三卷，人民出版社1993年版，第330页。

（二）“求同存异”解决国家间的分歧和矛盾

国家利益是现代民族国家的本质属性和固有的正当权益，每个国家都可以根据自身利益来制定对外政策，由此也就决定了各国的国家利益是不同的。但这并不意味着国家之间的利益必然存在冲突，关键是“求同存异”，寻找双方的共同利益，进行协调与合作，在这一过程中力争使分歧和矛盾最小化，共同利益最大化，从而以和平的方式化解分歧和矛盾。在现实中，中国率先垂范，强调以和平的方式，通过平等协商来处理和解决与东南亚国家在南海问题上的争端，使其不影响中国—东盟关系的大局。中国与东盟签署了《南海各方行为宣言》，为和平解决南海争端奠定了基础，并对缓和南海局势发挥了重要作用。此外，《中越北部湾划界协定》和《渔业合作协定》的签署和生效，特别是《中越北部湾划界协定》作为中国与邻国达成的第一个海上边界协议，意义重大、影响深远。而中、菲、越三国石油公司签署《在南中国海协议区三方联合海洋地震工作协议》，联合考察南海协议区内的石油资源储量，切实迈出了“搁置争议，共同开发”的第一步。

除了寻求共同利益外，“求同存异”还要求“在共同的基础上来互相了解和重视彼此的不同见解”，[①] 最终达成共识。

① 周恩来：《在亚非会议全体会议上的发言（一九五五年四月十九日）》，载《周恩来外交文选》，中央文献出版社1990年版，第122页。

这种方式充分体现了中国的哲学思想。众所周知，地区合作的难点就是建立地区认同，但也只有在此基础上，地区合作才能深入、持久和有效。东南亚的政治、经济、社会和文化呈多样性发展，共识的形成难度更大。中国为此在“东盟+中国”、“东盟+3”、东盟地区论坛、东亚峰会等各个合作机制，以及从领导人会议到民间往来的各个层面上均加强与东盟及其成员国的对话和交流，增进相互了解和理解，积极协调各国的不同意见，在这一过程中着力倡导和平、发展、合作、宽容、协商、协调等观念，为奠定地区认同和地区共识作出了贡献，使中国提出的合作发展、“互利共赢”理念日益深入人心，有力地促进了地区合作的进一步发展。

（三）合作发展实现“互利共赢”

冷战结束后，国际关系的主旋律由国际冲突转向国际合作，突出相互之间的共同利益与共同点成为处理国际关系的重点，地区主义由此进入了新一轮的发展高潮。中国顺应时代潮流，以地区合作为抓手，把睦邻友好推向了更新和更高的层次，从主要为自己的发展建立良好的周边环境上升为与东南亚谋求共同发展，目标是营造和平稳定、平等互信、合作共赢的地区环境。中国率先与东盟达成建立自由贸易区的协议，在经济上更大程度地融入东盟，形成“共赢”局面，使后者切实感受到中国经济发展带来的是机遇，而不是威胁。中国也是第一个加入《东南亚友好合作条约》的非东盟国家，缔约之举表明中国接受东盟的行为准则和价值观念，并将依照规则办事，显示了中国作为负责任大国的诚意。中国还通过签署“面向和平与繁荣的战略伙伴关系”联合宣言，率先与东盟建立了战略伙伴关系，这也是中国第一次与一个地区组织建立战略伙伴关系。中国率先在东盟地区论坛提出新安全观，主张地区的安全合作应该平等参与、求同存异、协商一致、循序渐进。中国以地区合作的方式与东盟及其成员国走“互利共赢”的道路，使后者深刻体会到中国认同地区体系，愿意融入地区秩序，和地区内国家互动。时任东盟秘书长的王景荣先生明确表示，“中国的和平发展对东盟是驱动力，要以战略的眼光看待双边关系”。①

合作发展实现“互利共赢”，还意味着中国开放而不排斥，注意和其他大国的协调。全球化的发展使国家之间相互依存度加深，冷战结束后大国间关系变为既合作又竞争，中小国家的地位也在上升，要求把大国都拉进本地区，形成力量平衡。中国顺应世界潮流，在与东盟的合作中始终持开放态度，乐见东盟和其他大国的合作；同时，中国也加强与其他大国的对话和协商，共推地区合作进程，不断寻求和扩大彼此在地区的利益汇合点，使东南亚成为各方合作共赢的平台。

① 时任东盟秘书长的王景荣先生在上海国际问题研究所于2007年4月26—27日召开的“东盟发展与东亚合作——纪念东盟成立40周年暨东亚合作10周年”国际研讨会上的讲话。

三、“和谐地区”的美好前景

在和东盟及其成员国的关系上，中国始终坚持“‘平等互信、合作共赢’的方针，相互尊重而不是彼此对立，相互信任而不是彼此猜疑，相互合作而不是恶性竞争，立足共赢而不是此兴彼衰”,[①] 双方关系的发展达到了历史最好水平。站在时代的前列，中国又适时提出了“和谐世界”与“和谐地区”[②] 的理念，将中国的睦邻友好政策提升到一个新的高度。

“和谐世界”、“和谐地区”与“和谐社会”相互贯通。中国从构建国内和谐社会的理想追求，引申到国际上构建“和谐世界”、“和谐地区”的目标和设想，将国内政策与对外政策、中国发展与地区合作、中国发展与世界进步联系了起来。过去，对外政策的目标是为中国的现代化营造良好的外部环境，这是完全正确的，但在全球化深入发展的今天看来还不够。因为随着中国综合国力的提升和国际地位的提高，“当代中国同世界的关系发生了历史性变化，中国的前途命运日益紧

① 《深化战略伙伴关系推进全方位合作——温家宝总理在第八次中国—东盟领导人会议上的讲话》，载《人民日报》2004 年 11 月 30 日。

② 2005 年 4 月 22 日，胡锦涛主席在为纪念万隆会议 50 周年举行的亚非峰会上发表的题为《与时俱进、继往开来，构筑亚非新型战略伙伴关系》的讲话中，首次向国际社会提出了“和谐世界”的理念，此后又在同年 9 月 15 日纪念联合国成立 60 周年首脑会议上发表的题为《努力建设持久和平、共同繁荣的和谐世界》的演讲中，进一步阐述了“和谐世界”的构想；在 2006 年 6 月 15 日上海合作组织峰会上，胡锦涛主席发表了题为《共创上海合作组织更加美好的明天》的讲话，提出了共建“和谐地区”的理念。

密地同世界的前途命运联系在一起”。[1] 这一历史性的变化不仅对中国，而且对世界来说都意义重大。在中国的发展已成为世界发展一部分的大背景下，中国不能只从自己发展的需求来营造周边环境，而要从对周边的影响来设计和规划自己的发展，“和谐世界”、“和谐地区”因此成为中国外交战略的重要组成部分。

“和谐地区”还是中国睦邻友好政策的主旨。在和平共处五项原则的基础上，“和谐地区”把“搁置争议、共同开发”、新安全观、“与邻为善、以邻为伴”等新观念和新思想构成一个整体，是对新中国成立以来睦邻友好政策的集中概括和提炼升华，也是对邻国的庄严承诺，受到了包括东南亚在内的周边国家的欢迎。

作为中国对周边发展的理想目标，中国将以行动去实践“和谐地区”。首先，中国“始终不渝走和平发展道路”，“将继续贯彻与邻为善、以邻为伴的周边外交方针”，[2] 与邻国在平等的基础上和睦相处、互相尊重、协商共识、合作发展、互利共赢。“和谐”比“和平”的目标更高。“和平还只是不以武力相向，而且不威胁使用武力，但是和谐却要求在和平共处的基础上，互相扶持，共同前进，最终达到一种人类共同体的

① 胡锦涛：《高举中国特色社会主义伟大旗帜 为夺取全面建设小康社会新胜利而奋斗——在中国共产党第十七次全国代表大会上的报告（2007 年 10 月 15 日）》，第 47 页。

② 同上书，第 46、48 页。

境界。”[1] 其次，中国将更加强调寻求与周边国家的共同利益，始终“坚持把中国人民的利益同各国人民的共同利益结合起来”，“扩大同各方利益的汇合点”，“维护发展中国家的正当要求和共同利益”，[2] 为推动睦邻友好奠定更坚实的利益基础。最后，中国将进一步“积极开展区域合作，共同营造和平稳定、平等互信、合作共赢的地区环境”，[3] 通过深入参与地区合作，中国将变为“周边的中国”，而不是要周边变为“中国的周边”。在周边国家接受了中国以后，世界就会接受中国，中国的和平发展道路才会实现，“和谐世界”与“和谐地区”的目标也才会达到。

“礼为用，和为贵”，“亲仁善邻，国之宝也”，这是中国古代思想家早在2000多年前就提出的思想。睦邻友好的理念非但没有褪色，反而经过几十年的完善和创新愈发显示出灿烂的光辉。今年是中国—东盟建立对话伙伴关系20周年，展望未来，“和谐地区”展示了更加美好的前景，激励着中国与周边国家携手共进。

---

① 俞新天等：《国际体系中的中国角色》，中国大百科全书出版社2008年版，第302—303页。

② 胡锦涛：《高举中国特色社会主义伟大旗帜　为夺取全面建设小康社会新胜利而奋斗——在中国共产党第十七次全国代表大会上的报告（2007年10月15日）》，第47—49页。

③ 同上书，第48页。

第二编

地区与全球

论越南革新的发轫*

越南自 1975 年 5 月 1 日实现南北统一后就进入了社会主义革命和建设的新时期。时隔 11 载，越南对社会主义又开始了新的探索，也就是“革新”（doi moi）。虽然零零碎碎的改革早就在越南实行，然而革新却是一个全面的纲领，它在 1986 年 12 月召开的越南共产党“六大”上得到通过。尽管如此，越南的革新却是经过了两次发轫才顺利运转起来的。为什么会出现这种情况呢？这与越南革新的发起与进程有着密切联系。本文拟就此做一分析探讨。

一、革新的背景

越共“六大”召开之际，越南正处于内外交困的窘境之中：在国内由于多年战争，财匮力尽，民不聊生；在国际由于侵柬行径，师出无名，失道寡助。

不过在 1975 年实现统一后的最初一段时间里，越南全国上下曾洋溢着胜利和喜悦的气氛，人们对未来也曾充满了信心。在 1976 年庆祝统一后的第一个新春佳节的讲话中，当时

* 本文原载于《上海社会科学院学术季刊》1997 年第 3 期。

的越共总书记黎笋向全体人民许下诺言，要让他们“在5—10年内过上好日子”，“10年之内，每个家庭将有一架收音机、一台电冰箱和一台电视机”。[①] 然而，由于对国家发展经济的能力盲目乐观，且不顾国情，教条主义地照搬苏联社会主义的传统模式，因此越南政府犯了战略性的错误。越南本是一个落后的农业国，却以优先发展重工业为目标，并在南方匆忙进行社会主义改造，结果导致了经济结构不合理，农轻重比例失调，使国民经济无法正常运转。越南从越战结束后的次年开始就不间断地执行发展经济的“五年计划”，但到越共“六大”召开之前，已执行的两个“五年计划”所定的目标均过高，没有一个能如期完成，严重影响了经济的发展。第二个五年计划到1980年结束时，各项指标的完成数分别为：粮食69%，煤炭52%，电力72%，海洋渔业40%，棉织物39%，纸张37%。[②]“1976—1980年，国民收入只增长了0.8%，人口却增加了9.2%。年均增长率为0.2%，而第二个五年计划确定的目标则是13%—14%。”[③] 1981—1985年第三个五年计划的执行结果虽比“二五”计划要好一些，但粮食、煤炭、水泥、木材、布匹、出口商品等一些主要生产指标仍没有完成计划。同时，“六大”以前采取的零星改革措施很不到位，使局势更加混乱，尤其是进入20世纪80年代以后，通货膨胀率居高不

① （越南）《人民报》1976年2月2日。

② 武尊英：《越南的发展、政策改革与经济增长》，新加坡东南亚研究所1994年版，第5页。

③ 武人志：《1975年以来越南的经济政策》，新加坡东南亚研究所1990年版，第96页。

下，始终保持在三位数。1985 年 9 月的“价格—工资—货币”改革，非但没有止住经济下滑的势头，反而火上浇油，使通货膨胀率进一步上升，1986 年竟然为 774.7%，[①] 达到了最高峰。

表 1　“六大”以前越南主要经济指标的年均增长率（%）

	1976—1980 年	1981—1985 年
社会总产量	1.4	7.3
国民收入	0.4	6.4
工业总产量	0.6	9.5
农业总产量	1.9	5.3
出口	11.0	15.6
进口	6.4	7.2

另一方面，越南的对外贸易长期严重入超。1976 年进出口总额为 10.4 亿美元，其中进口 8.259 亿美元，出口仅 2.15 亿美元，逆差达 6.109 亿美元。进入 20 世纪 80 年代以后，越南的贸易逆差更高，常在 10 亿美元以上。1986 年，贸易逆差创历史纪录，达到 17.674 亿美元。[②] 外汇储备因此而濒于枯竭，仅够维持一个星期的进口。同时，由此而拖欠的债务却不断上升，于是到 1985 年，越南干脆停止偿还国际货币基金组织的借款。越南这时主要依赖苏联的援助，其经济才得以免于

① 《越共八大政治报告》，《越南共产党第八次全国代表大会文件》，越南国家政治出版社 1996 年版，第 11 页。

② 国际货币基金组织：《贸易统计年鉴指南》，华盛顿：1987 年版，第 412—413 页。

彻底崩溃。苏联的经济和军事援助曾占到越南国民生产总值的20%左右。[①]

就在国内经济日趋恶化的同时，越南的对外经济关系也遭到了严重的打击。越南在统一后不久即出兵柬埔寨，这一侵略行径自然遭到了国际社会的严厉谴责。越南除了在道义上极端孤立外，许多国家还停止了对它的经济援助，或对它实行经济制裁，这对其经济更是雪上加霜。因为越南长期是一个受援国，在抗法和抗美战争中曾得到了大量的外来援助，此时虽有苏联每年20亿美元的援助，但由于侵柬，其军费开支每年就要花去国家预算的50%以上，这点援助对越南来说只是杯水车薪，无济于事。在国内生产尚不能自给自足的情况下，越南还要把大量的人力物力投入到对柬埔寨的占领中去，这就使本已一团糟的国内状况更为严峻。20世纪80年代中期，联合国将其列为世界上最穷的20个国家之一。

由于经济长期停滞不前，致使越南人民生活苦不堪言。不少劳动者失业或半失业，人民对物质、文化生活最起码的正当要求也得不到保证。到越共"六大"召开之时，黎笋10年前许下的诺言对绝大多数越南人来说仍是一张无法兑现的空头支票。与此同时，社会上的消极现象却在发展，社会公共道德遭到践踏，法纪不严，一些国家干部、工作人员滥用职权、贪污腐化以及社会上不法分子的各种活动等未受到及时、严厉地惩

① 威廉·S. 特利：《"朋友要多，敌人要少"：越南对印支—东盟和解的政策》，载谢尔登·W. 西蒙编：《后冷战时代的东亚安全》，纽约：M.E. 夏普出版社1993年版，第175页。

处，再加上越南陷入侵柬的泥淖而不能脱身，人们对越战结束后还不能实现和平与繁荣感到失望与不满，心理上普遍疲惫不堪。更为严重的是，所有这些情况都影响了群众对党的领导的信任，影响了生产，降低了工人的勤奋和创造力。人民抱怨贫困和物价上涨，以及缺吃少穿、没有保障的命运。

而就在越南陷于困境的同时，它的很多邻国却在迅速发展经济，同处东南亚的泰国、印尼、马来西亚的经济开始呈增长趋势，与越南经济的停滞不前形成了鲜明的对比。在邻国经济生机勃勃、本国经济极不景气的情况下，越南的国家利益不可能得到可靠的保障。当时任部长会议主席的杜梅发出了警告："如果我们让局势像近年来那样继续发展下去，我们将面临更困难的局面，并在增长率、国民收入和人均生活水平方面更落后于邻国。"① 更甚于此的是，越南的民族自尊心受到了沉重的打击，因为打败世界上最强大国家的骄傲取代不了仍属于世界上最贫穷国家之一的羞辱。

越共这时意识到了经济的落后状况已成为国家发展的沉重包袱，必须调整政策，迎头赶上才行。因而越共在"六大"上发出了呼吁："复杂的社会经济现状，要求我们党必须作出扭转形势的决策，造成一个发展的转机。"② 对越南来说，革新已成为国家发展的迫切要求和生死悠关的问题。在"六大"召开前夕河内的一次党的会议上，当时的总书记长征就指出：

① （越南）《人民报》1988年12月23日。

② 《越共六大政治报告》，载云南社会科学院东南亚研究所与云南国际友好联络会合编：《越南问题资料》，1988年版，第232页。

"只有通过革新我们的思想和行动方式——革新我们的思想，尤其是经济思想，革新我们的工作作风、我们的组织和我们的干部——我们才能够摆脱目前极其困难的局面。"[①] 通过"正视事实，正确地评价事实，说明事实"，越共在"六大"会议上承认了党和政府在工作中犯下的严重错误，着重检讨了不足的一面，深刻地分析了导致错误的原因，并在这基础上提出了"革新"的要求。"六大"提出："改革是适应时代要求的发展之路。只有这样，才能胜利地对付一切挑战，满足人民越来越高的要求。"[②]

正是在这样的背景下，越南开始了革新的进程。

二、革新的阶段

（一）革新的起点

关于越南革新起于何时，存在着不同的看法，产生分歧的主要原因在于是把革新仅仅看作经济领域里发生的一场变革，还是视为总揽全局的一项事业。很多专家学者均侧重于从经济改革的角度来看待这一问题，因此认为经济政策的实施或经济改革措施的提出就是越南革新的开始。

① （越南）《人民报》1986年10月20日。

② 《越共六大政治报告》，载云南社会科学院东南亚研究所与云南国际友好联络会合编：《越南问题资料》，1988年版，第235页。

河内的越南经济研究所研究员武尊英就认为，越南在统一后即开始了改革，其进程分为三个阶段：1976—1979 年为第一阶段，计划经济在全国范围内实行；1980—1986 年为第二阶段，试验和调整经济政策，使国家朝贸易自由化方面发展；1986—1992 年为第三阶段，更新经济政策和维持基本定向。①

中国学者古小松在其《越南的经济改革》一书中提出，越南的经济改革从 1979 年肇端，按采取的措施和步骤分为三个阶段：（1）1979 年下半年—1985 年上半年，新经济政策时期；（2）1985 年下半年—1986 年底，价格、工资、货币同步改革时期；（3）越共“六大”以后，改革进入新阶段。② 另一位学者汪慕恒也认为：“越南的经济改革并不始于越共六大，1979 年 9 月的越共四届六中全会便决定采取以物质刺激激励生产者的生产积极性和给予生产单位以更多的自主权的政策措施，从而开始了越南经济改革的初期阶段。”③

但同样从经济改革的着眼点出发，有人并不同意上述的观点。广西社会科学院东南亚研究所所长赵和曼就认为越南的革新始于越共“六大”，其理由是越南虽然自越共四届六中全会以后颁布了不少新的经济政策，但其出台没有一个总的布局与通盘考虑，是属于在旧的经济体制之下为克服经济困难而采取

① 武尊英：《越南的发展、政策改革与经济增长》，新加坡东南亚研究所 1994 年版，第 3 页。

② 古小松：《越南的经济改革》，广西人民出版社 1992 年版，第 45 页。

③ 汪慕恒：《越南经济改革的进程与背景》，载《南洋问题研究》1996 年第 1 期，第 56 页。

的权宜之计。[1]

丹麦经济学家艾琳·诺伦德、原越南科学管理研究所所长武高民与荷兰阿姆斯特丹大学经济学教授罗林·盖茨也认为，革新始于越共“六大”。他们在共同主编的《在一个变化中的世界里的越南》一书的序中说：“党的‘六大’标志着革新过程的开始，只是随着它在1986年12月的召开，才出现了强化的政治承诺，进行更根本性的和更完整的改革程序，集中强调稳定和结构的变化。”[2] 他们的论据是，在“六大”以前，越南计划经济的特点没有发生变化。

比较而言，应该说革新的框架是在“六大”确立的。即使从经济改革的角度来看，越南的党和政府在1986年以前对改革作出的也仅仅是被动的反映，“六大”以前颁布的一些调整措施，无论是农业中的产品承包制、工业中的国有企业改进管理，还是同步进行的“价格—工资—货币”改革，均治标未治本，只能阻止衰退，有些甚至还起了相反作用，使经济状况更加混乱。如在经济状况有所改善时，越南便欲停止执行某些改革措施，重新加强计划经济，取缔胡志明市的自由市场和加强在南方的湄公河三角洲的合作化运动就是这类举动的典型例子。而“六大”以前的改革措施之所以作用有限，无法扭转困难局面，关键在于没有对经济体制进行改革。正如“六大”的政治报告指出：“集中官僚包干的经济体制，至今还没

① 赵和曼：《越南经济的发展》，中国华侨出版社1995年版，第116页。

② 艾琳·诺伦德、武高民、罗林·盖茨编：《在一个变化中的世界里的越南》，里士满：柯曾出版社1995年版，第1—2页。

有从根本上取消。新的经济体制没有同步地建立起来。”“许多过时的政策、体制没有改变。”[①] 越共的一位高级官员就说，1979 年以来采取的权宜之计都是一些“小手术，而病人需要的是大手术”。[②] 因此，“党的领导人断定，结束危机将需要更激烈的措施和更前后一致的战略”。[③] 正是从“六大”开始，越南不再把经济改革纯粹当作是“头痛医头、脚痛医脚”的一时之计，而是作为革新事业的一个方面来通盘考虑，进行系统的改革，才使经济出现了新的转机。关于这一点，我们不妨引用越南国家社会科学与人文中心经济研究所副所长黎德瑞的话做一概括。他说，虽然 1979 年 9 月的四届六中全会制订了各项紧急措施以克服危机，“然而直到 1986 年底以前，所有这些几乎都只不过是迫不得已采取的增长措施，它们没有根本性地改变经济模式”。“1979—1986 年出现的改革主要归因于在农业中采用产品承包制。”“可是一般的状况却恶化了，因为许多部门和活动面临着成堆的困难，通货膨胀在 1976—1980 年快速上升，并在 1981—1988 年间持续爆发成猛烈的螺旋式上升。生产和经营都没有效益，预算赤字随着每一年的过去而上涨，经济遭受全面衰退。生活水平下降，引起普通劳动人民的担忧。高层领导人面临真正的挑战，因为对他们管理能力的信心已减弱。”从这一点来看，1976—1986 年期间的经济决议

① 《越共六大政治报告》，载云南社会科学院东南亚研究所与云南国际友好联络会合编：《越南问题资料》，1988 年版，第 250 页。

② 陈百当：《革新：实质与表象》，载（越南）《国土》1987 年第 5 期。

③ 威廉·S. 特利与马克·塞尔登编：《重新创造越南的社会主义，比较观察中的革新》，博尔德：西方观点出版社 1993 年版，第 6 页。

没有改革的特征。虽然它们构成了将经济引导出危机的主要努力，但这些决议在性质上只是修补性的。它们不仅未能产生理想的效果，实际上还恶化了局势。政府中的经济学家和领导人得出的最重要的结论是，如果社会主义旧模式中的基本结构性缺点不去除的话，这类措施不可能健康地恢复经济。在党内和社会中，革新的趋势在1986年12月的“六大”上占了优势。于是试验阶段结束了，真正的革新开始了。①

当然，像越南这样一个不发达国家，发展经济无疑应放在中心的位置，经济不稳定、不发展，其他改革也就无从谈起，经济革新自然而然地成为越南革新的重点。然而，革新是一项系统工程。随着革新的深入发展，必然要涉及经济领域以外的其他方面的改革。另一方面，如果没有包括政治革新在内的其他领域的革新，经济革新最终也不可能取得成功。它们之间的关系相辅相成、并行不悖。因而在“六大”上，越共提出了全面改革的要求，开始了革新的过程。“六大”的政治报告指出：“越南共产党第六次代表大会标志着党在政治、思想和组织领导中的重大改革。”“七大”的总报告也强调：“在进行经济改革的同时，我们逐步实现政治体制改革。”

越南共产党自己也认为革新开始于“六大”，革新是一项包括经济、政治等各个领域在内的全面改革事业，这在有关文件中多次提及。“七大”总报告谈到：“四年多来，我们全党

① 威廉·S. 特利、马克·塞尔登编：《重新创造越南的社会主义，比较观察中的革新》，博尔德：西方观点出版社1993年版，第97—98页。

全民落实六大决议，进行了全面的改革事业。”“从六大以来，我们在社会经济的建设、发展方面的观念和路线以及对外的许多大政策都有了方向性的转变。”“七大”通过的《社会主义过渡时期国家建设纲领》也说：“在‘六大’中，我党对所犯错误、缺点进行了自我批评，并提出了社会生活各方面的改革意见。”1996 年 6 月底到 7 月初举行的“八大”再次强调：“从 70 年代末起”，“我们党制定了许多具有部分革新性质的政策”，但直到 1986 年底的“六大”上，党才“制定了全面革新的政策，作为这一政策的结果，我国的社会主义建设进程进入了一个转折点”。[①]

（二）革新的深化

越共虽然在“六大”提出了革新，并由此开始了全面的改革事业，但应该承认，当时对革新的认识还是很粗浅的，无论是革新的理论和思路的提出，还是革新的措施和步骤的制订，都还是粗线条的。随着革新的深入，随着人们对革新的认识的提高，所有这些在 1991 年 6 月 24—27 日召开的越共“七大”上才得到了完善和明确。“七大”的重要意义在于深化了革新，主要表现在以下几个方面：

1. 通过了《社会主义过渡时期国家建设纲领》

正确划定一国所处的社会发展阶段，有利于认清国情，制

① 《越共八大政治报告》，《越南共产党第八次全国代表大会文件》，越南国家政治出版社 1996 年版，第 11 页。

定出切实可行的方针政策，促进整个国家更快地向前发展。在越南共产党的历史上，“七大”第一次通过了《社会主义过渡时期国家建设纲领》。越南是在越共“六大”上提出其目前所处的社会发展阶段为社会主义过渡时期的初级阶段，“六大”政治报告指出：“从资本主义进入社会主义，需要有一个过渡时期，这是必然的客观规律。这个时期的长短，取决于每个国家的政治、经济和社会条件。在我国，由于是直接进入社会主义，没有经过资本主义发展阶段，这一过渡时期自然要长一些，而且很困难。”“我们这次大会，将着重检查不足的一面，深刻地分析错误和缺点，找出原因，提出克服的办法，确定过渡时期第一阶段今后几年的任务和奋斗目标。”越共同时还指出：“这是一个彻底、全面、深刻的革命转变时期，需要从头建设一个包括生产力、生产关系和上层建筑在内的新制度”，但对社会主义过渡时期的进程、特点和这一时期的国家建设没有做进一步的阐述。越共在“七大”完成了这项任务，这次会议通过的《社会主义过渡时期国家建设纲领》，指明了越南在向社会主义过渡时期的基本取向，并规定了在这一时期所要采取的方针政策。同时，对社会发展阶段的估计也直接关系到能否切合实际地制定社会经济发展战略。“七大”通过的《到2000年社会经济稳定和发展战略》，正是在正确认识越南目前所处社会发展阶段的基础上制定的，它规定了越南在这一阶段的具体任务和目标。这些对指导越南在现阶段和未来很长一段时期的建设与发展，对革新的深化都具有重大的指导意义。

2. 确定了建立“由国家管理和社会主义定向的市场经济体制”

如前所述，经济是越南革新的重点，在越共“六大”以后，越南放宽了对个体劳动者和其他劳动者从事生产性经营和各种服务性行业的限制，提出“在发展国有经济、集体经济以及争取外资的同时，必须有正确地利用和改造其他各种经济成分的政策”，但这时仍强调以计划经济为主，要求“形成以计划经济为中心，按照民主集中制原则，实行社会主义经营核算的新的经济管理体系”。[①]

然而在革新的过程中，现实一再地表明原有的经济体制已不适应生产力的发展和经济的发展，必须进行根本性的变革，才能使生产力得到解放，使经济革新进入一个新的阶段，于是到1991年6月“七大”召开时，越南便确立了“遵循社会主义方向多种成分的经济政策”，“废除官僚统包制度，转向由国家以法律、计划、政策和其他工具进行管理的市场机制”，[②]概括起来就是“由国家管理和社会主义定向的市场经济体制”。自这时起，越南制定了有关农村土地经营和城市企业投资的政策法规，刺激了投资的增长和私营企业的发展；开始了国有企业股份化的试点和外贸、金融等改革，加速了向市场经济的转化。“七大”以后，越南还把发展市场经济写进了修改后的宪法，作为国策大纲来贯彻。

① 《越共六大政治报告》，载云南社会科学院东南亚研究所与云南国际友好联络会合编：《越南问题资料》，1988年版，第248页。

② 《越共七大总报告》。

然而，越南决定建立“由国家管理和社会主义定向的市场经济体制”，也是经过了一番激烈的争辩以后，人们的思想才得到统一的。因为就在此次会议召开前夕，在对会议文件草案进行讨论时，有人囿于传统观念，认为市场经济属资本主义专有而与社会主义不相容，把市场经济和资本主义等同起来，反对在越南建立市场经济体制。通过热烈的讨论，越共“七大”确定以市场经济体制为经济革新的目标，并向世人宣告：越南将要建立的是“由国家管理和社会主义定向的市场经济体制”。全党全民经过这次会议对向市场经济转化达成了共识。

但越共“七大”之所以成为革新进程中的重要里程碑，还在于越共在这次会上全面调整了对外政策，打开了对外关系的新局面。

在“七大”会议上，越共不再把与苏联的关系作为其“对外政策的基石”，而是“主张在和平共处各项原则的基础上同政治社会制度不同的所有国家进行平等互利的合作”。阮文灵还在“七大”会议上庄严宣告，本着开放的对外政策，“越南希望成为国际社会所有国家的朋友”。①

越共之所以在“七大”改变原先“一边倒”的对外政策，转而提出“全方位”、“多样化”的外交路线，是由两个原因所致：

首先，东欧剧变和经互会解散，尤其是苏联不再承诺在经

① 《越共七大总报告》。

济上继续支持越南，使越南失去了包括军援在内的重要经济援助。其实，自戈尔巴乔夫担任苏联领导人并全面调整外交政策起，苏越关系就已逐渐发生变化。1987 年 5 月，当时的越共总书记阮文灵在莫斯科会见戈尔巴乔夫以后，双方发表的《苏越联合声明》强调：两国“在社会主义一体化、劳动的国际分工、产品的合作生产与专业化方面进行有效的合作”。[①]用当时的越南外长阮基石的话来解释，这是“将越苏经济关系从贸易关系和单边援助提高到劳动的社会主义分工形式，即为互利而合作生产”。[②] 实际上这是两国经济关系中的一个重要转折点，意味着越南此后要想获得苏联的援助，必须作出更大的努力和付出更大的代价。从 1990 年开始两国又以硬通货而不是以苏联的卢布来结算双方的贸易。尽管如此，在越南 1986—1990 年第四个五年计划期间，苏联还是提供了大量的援助，仅贸易和技术贷款就达 166 亿美元左右。对越南来说，苏联的援助仍然至关重要。但是当“四五”计划在 1990 年结束时，苏联表示不再对越南的下一个五年计划承担具体的援助任务，这是对越南经济的一个沉重打击。

其次，侵柬已日益表现出是对革新事业的一个重大威胁。跨入 20 世纪 90 年代时，越南在世界上没有几个朋友：过去的盟友苏联与东欧国家正在发生剧变，无暇顾及到它；与中国尚未和解；与东盟仍处于对立状态；与美国关系正常化似乎还是遥远之事。越南此时真是“茕茕孑立，形影相吊”。但最重要

① （越南）《人民报》1988 年 5 月 22 日。

② 同上，1988 年 11 月 2 日。

的是，柬埔寨问题对其经济的复兴成了根本的障碍。多年来，越南的国家预算中有25%—30%来自外援，但由于苏联在1990年大规模地减少对越经济援助，致使该部分在越南1991年国家预算中的比例猛然下降至5%。在失去了苏联和东欧国家的援助之后，其他国家的援助对它来说就越发显得重要。但只要柬埔寨问题不解决，越南就不可能指望被国际社会所接受，并获得发展经济所急需的国际援助和贷款。与此同时，越南长期以来与原经互会国家的经贸关系也因经互会的解散而遭破坏。从20世纪70年代末起，越南的主要贸易伙伴就是原经互会国家，其贸易额占越南外贸总额的70%以上，其中与苏联的贸易就占了越南与原经互会国家贸易的80%左右，并占越南外贸总额的60%以上。[①] 在苏东剧变以后，越南与这些国家的贸易额锐减，其中越南与苏联的贸易在1991年上半年只达到其1990年的15%，[②] 越南不得不把对外贸易从苏联及东欧国家转到其他地区。但由于侵柬而遭到贸易禁运，越南一时又难以建立起新的经贸关系，因此柬埔寨问题越来越成为越南革新和经济发展的一大绊脚石。

在这样的形势下，越南如果再不顺时应变，将更会被孤立于世界之外。而没有良好的对外关系，革新也不会在国内取得成功。出于这种考虑，越南提出了“越南希望成为国际社会

① 道格拉斯·派克：《越南与苏联》，博尔德：西方观点出版社1987年版，第140页。

② 迈克尔·C. 威廉斯：《处于十字路口的越南》，伦敦：皇家国际事务研究所1992年版，第54页。

所有国家的朋友”的口号，实行“多样化”、“全方位”的外交政策，从而改变了它在国际社会中的地位与形象。

三、革新的发轫

轫是指支住车轮不使旋转的木头。发轫就是拿掉支住车轮的木头，使车前进。革新的发轫就是去除革新进程中的障碍，在越南尤其是要去除革新思路上的障碍。由于越南的特殊情况，革新经过两次发轫才顺利地运转起来。

越南在最初发起革新时，囿于当时的条件，其革新思路受到了外部环境的很大限制和影响，尤其是苏联的影响。

越南于1978年6月28日加入经互会组织。同年11月3日，越南又与苏联签订了有效期长达25年的“友好合作条约”及6个促进两国经济和技术合作的文件，正式成为苏联“社会主义大家庭”的一员。越南认为自己是社会主义和资本主义两大阵营在世界范围内斗争的一个重要组成部分，发展与苏联及经互会国家的全面和长期的合作便成了越南对外关系的基石。越南的社会主义发展战略也就在此基础上形成。当越南在1986年进行革新时，其思路仍未跳出这一窠臼。越共在“六大”政治报告中就说：“社会主义共同体在各方面的成就，整个共同体在政治、经济、科学、技术、文化以及国防方面的合作力量，是社会主义在世界上两种对立的社会制度斗争中取得胜利的决定因素。”[①] 因此20世纪80年代中期起苏联与东欧地区兴起的改革之风，也就必然会影响到越南。

当时的苏联领导人戈尔巴乔夫在谈到苏联改革对经互会成员国的影响时曾这么说过：“在改革条件下，苏联在大家庭中的作用是由我国的客观形势决定的。不管我们这里的形势是好还是坏，都不可避免地会影响到大家。”[②] 越南革新的主要倡导者、前总书记阮文灵也不否认革新受到苏联的影响这一事实，指出“使革新的意向发挥作用”的越共“六大”，“受到苏联共产党第二十七次代表大会和苏联进行调整的启发”。[③]他在当选总书记后对苏联的首次出访，一个主要的目的就是了解后者的改革情况。在这次访问中，苏联领导人对越南的革新表示支持。革新之初，越南追随苏联与东欧国家的样式。越南语中的“doi moi”（革新）即仿照俄语而来，据使用“doi moi”这个措辞的第一人、越南经济学家阮春莺解释：“doi moi 的意思等于拼拢在一起的 perestroika（俄语‘改革’—笔者注）和 glasnost（俄语‘开放’—笔者注）。”[④] 苏联在经济改革中实行企业经营核算制，越共在“六大”上也提出要“实行社会主义经营核算”。越南在1989年初采取的一系列断然措

① 《越共六大政治报告》，载云南社会科学院东南亚研究所与云南国际友好联络会合编：《越南问题资料》，1988年版，第241页。

② 米·谢·戈尔巴乔夫：《改革与新思维》，新华出版社1987年版，第210页。

③ 阮文灵：《越南：紧迫的问题》，河内：外文出版社1988年版，第130页。

④ 阮春莺称他在1985年为《西贡解放报》撰写的一篇文章中就已使用了这个词。卡莱尔·A. 塞耶：《越南的革新纲领》，见格雷厄姆·哈索尔与长涨编：《越南的基础设施发展和法律变化》，墨尔本大学1994年版，第1页。

施：全面放开物价；除电、汽油、石油和运输费由国家规定外，其余物价全部由市场决定；外汇比价随市场浮动；取消对国有企业的补贴；银行实行经营性贷款；储蓄和信贷利率按物价指数浮动等，从中也可以看到东欧国家“休克疗法”的痕迹。尤其是苏共“二十七大”提出的对社会主义各个发展阶段不能有特别的时间限制这一说法，对越南影响更大。因为越南共产党在其“五大”的政治报告中还明确地说社会主义的初期阶段主要是国家为社会主义工业积累资金，这个阶段在越南将于1990年结束，而在与苏共“二十七大”同年召开的“六大”上，越共就改变了这一说法，认为越南向社会主义过渡的阶段将是一个相当长的时期。此外，越南有上万名学生和数十万名工人在苏联与东欧国家学习和工作，他们把所见所闻传回国内，苏联的电视新闻也每日在越南转播，这些无疑对越南的革新也起到了潜移默化的作用。

在对外开放方面，越南也没有超出苏联“社会主义大家庭”的范围。“六大”的政治报告对越南参加国际劳动分工的要求为：“首先而主要的是，扩大同苏联、老挝和柬埔寨，同社会主义共同体其他国家的分工与全面合作关系。”

由此可见，越南的革新是在冷战格局中属于苏联社会主义阵营的情况下启动的，因而也就仍然沿袭着“世界两大阵营斗争”这一思路而展开。因此，革新的第一次发轫只启动了国内部分。在对外方面，除了苏联与原经互会国家之外，越南未能走出困境，创造一个良好的外部环境来为革新服务。国内与国际本是承载革新的两个轮子，彼此应相辅相成、齐头并进才对。但此时它们之间没有这种联系，造成国内这个轮子经常在空转，因而越南的革新在初期没有取得显著的成效。以经济为例，第四个五年计划到1990年结束时，其仍未使越南摆脱社会经济危机，人民生活所需的消费品生产以及国民收入均未完成计划指标，该年的通货膨胀率也还依然高达67.4%；在吸引外来资金上则收效更微。越南在1987年底通过了《外国在越南投资法》，一经颁布即被外界评为是“该地区最开明的投资法之一”。但由于侵柬遭到国际社会的谴责和抵制，这部条件优惠的外资法并没为越南吸引到大量外资。外资的注册资金1988年为3.628亿美元，1989年为5.377亿美元，1990年为6亿美元，[①] 它们远远不能满足越南对巨额建设资金的需求。

实践证明，闭门革新不可能取得成功。当今世界是开放的世界，一国的发展离不开世界。开放则兴，闭国则衰。对外开放是越南进行革新和建设社会主义的必要条件，而要打开国门、对外开放，革新就必须改变原来的思路，重新设计对外方针政策，摆脱孤立状态。也就是说革新必须进行第二次发轫。

恰在此时，外部环境的变化也促使越南不得不改变原先的思路，全面调整对外政策。这是因为它的盟友苏联大规模地改变了其外交路线：停止卷入阿富汗冲突，并于1989年2月从阿富汗撤军；同年5月又与中国恢复友好关系；在1989年8月关于柬埔寨问题的巴黎和谈失败后，苏联在安理会上改变了以往在这一问题上的立场，与其他常任理事国进行了充分的合

① 武尊英：《越南的发展、政策改革与经济增长》，新加坡东南亚研究所1994年版，第41页。

作，使解决越柬冲突的框架协议得以在1990年8月通过，该协议实际上终止了苏联对越南在柬埔寨问题上的支持。入侵柬埔寨是苏联全球战略的一个组成部分，此时原先的后台撤回了支持，越南也就独木难支，无法继续维持其拒绝考虑全面解决柬埔寨问题的立场了。

1991年5月，当时的总书记阮文灵与部长会议主席杜梅访问莫斯科，希望修补已见罅隙的两国关系，但他们空手而归，因为苏联没有承诺对越援助，也未应允继续支持越南侵柬。这使越南感到再也不能指望苏联的政治支持，更不用说经济支持了。在这次访问回来后不久，经互会也解散了，昔日的盟友一个个都自顾不暇，撒手而去。现实已“证明一边倒的关系导致了政治上的孤立和经济上的困难”。[①] 在这种情况下，越南只有改变思路，走独立自主进行革新这一条最好的也是唯一的道路，表现在对外政策上，就是要从“一边倒”向苏联的“社会主义大家庭”变为“全方位”地向世界开放，广泛结交朋友。

于是，在1991年6月下旬召开的“七大”上，越共“在外交政策上采用了‘新观念’。根据这个‘新观念’，越南希望成为世界上所有国家的朋友，并使其与所有国家的关系多样化，而不管他们的政治与经济制度如何”。[②] 同时越共还提出

① 黄英盾：《越南为什么还没有获得东盟成员国资格?》，载（新加坡）《当代东南亚》第15卷第3期，1993年12月，第289页。

② 阮孟琴：《在按照新方向实施外交政策的道路上》，载（越南）《共产主义评论》1993年第4期，第11—15页。

了“利用扩大对外关系的机会，日益深入地参加国际劳动分工，吸引世界的资金、技术和经验来建设国家”。[①]

一着走好，全盘皆活。在这一对外方针的指导下，越南的外交局面很快改观。越南不久就在巴黎和平协定上签了字，与国际社会一道推动了柬埔寨问题的和平解决；与中国恢复了关系正常化；与东盟各国全面修好。外来投资和援助从此也就源源不断地大量涌入，有力地帮助了越南的经济发展。

从苏联“社会主义大家庭”的一员到“希望成为国际社会所有国家的朋友”，越南彻底改变了对外部世界的看法。越南的革新经过这第二次发轫，终于打开了对外开放的大门，扩大了与世界的交往与联系。至此，革新的对内和对外两个轮子全都转动了起来，它们推动着越南的革新事业和社会主义建设向前发展。

---

① 《越共七大总报告》。

论前苏联与俄罗斯的东南亚政策及其影响*

俄罗斯的东南亚政策，由苏联的东南亚政策演变而来。在经历了最初一段时期的倒向西方以后，俄罗斯调整了对外政策，转而实行东西方兼顾的方针，即所谓的“双头鹰”外交政策。在这一外交思想的指导下，俄罗斯恢复和发展了与东南亚国家的关系。作为一个大国，俄罗斯无疑会在东南亚地区的国际政治舞台上发挥其应有的作用。

一　苏联东南亚政策的演变及影响

要了解俄罗斯的东南亚政策，有必要首先追述苏联对东南亚的政策。在苏联解体前，其东南亚政策大体经历了三个阶段的变化：

（一）斯大林—赫鲁晓夫时期

在二战结束以后相当长的一段时间里，苏联对东南亚事务

* 本文原载于《国际观察》1998 年第 2 期。

采取的是不直接卷入的立场。即使是越南抗法救国，苏联也几乎没有提供过经济的和军事的援助，更不用说出兵相助了。在斯大林—赫鲁晓夫时期，苏联在东南亚有所作为的表现主要体现在1955年11月赫鲁晓夫与部长会议主席布尔加宁对缅甸的访问。这次访问，除了苏、缅两个当事国达成了在经济、文化及科技等诸方面进行合作的协议外，其影响还波及苏联的老对手美国，“迫使美国的政策制定者们，特别是约翰·福斯特·杜勒斯，修正了对中立主义的态度，在此之前他们对中立主义持有怀疑”。①

这一时期，多数东南亚国家正在展开反对殖民统治、争取民族独立的斗争，很少与苏联交往，只有越南以及独立了的印尼和泰国与其建有外交关系。

（二）勃列日涅夫时期

在勃列日涅夫时期，苏联的东南亚政策发生了重大变化，成为其“全球进攻性战略”的一个组成部分。苏联由于在这一时期实力增强，尤其是在军事上达到了与美国相抗衡的力量，便采取了咄咄逼人的攻势，与美国在全球展开争霸。地处欧、非两洲至远东和太平洋交通要道上的东南亚，在苏联全球战略中的地位也就更加突出。而与此同时，以美国为首的西方国家都在军事上和政治上实行紧缩政策，在东南亚地区的影响

① 莱泽克·布辛斯基：《苏联在东南亚：动机、限制和机会》，载（新加坡）《当代东南亚》第4卷第3期，1982年，第273页。

日衰。英国实行的从“苏伊士以东”撤离政策和美国实行的“关岛主义”，就更给了苏联在东南亚扩张势力范围的可乘之机。苏联这时在东南亚的政策是：与该地区的国家建立稳定的关系，争取它们对其政策，特别是其对华政策的支持，削弱美国在该地区的影响。

上述政策在这一时期达到了一定的预期目的。苏联与东南亚的所有国家都建立了外交关系，并且在政治、经济、文化等方面的交往与联系也较前大大加强。特别是“苏越友好合作条约”的签订，更是使苏联第一次在东南亚地区获得了一个立足点。因而东南亚地区原先的战略平衡也就被打破了。

面对苏联在东南亚地区日益加强的攻势，东南亚国家特别是东盟成员国抱着复杂的矛盾心理。一方面，它们现实地承认苏联在本地区的存在。当时的菲律宾外长罗慕洛就说：“我们在亚洲开始感受到苏俄进攻的冲击”，“苏联存在的增长是否认不了的”。[①] 另一方面，它们对苏联的扩张企图及活动始终保持着高度的警惕。时任泰国外长的西提在纽约所做的一次演讲中就明确指出：“对苏联来说，它想在东南亚有一个永久的立足点来抗衡美国在菲律宾及别处的军事存在。主要由于这个原因，苏联进入金兰湾，并将其变成它的一个军事基地。”[②] 为了遏制苏联在东南亚地区扩张的势头，东盟国家在这一时期

---

① 转引自托马斯·威尔伯恩：《苏联与东盟》，载罗伯特·唐纳森编：《苏联在第三世界的得失》，中译本，世界知识出版社1985年版，第258—259页。

② 西提：《泰国对东南亚目前形势的看法》，1985年5月20日在纽约外交关系委员会上的讲话，纽约，第1—2页。

加强了同美国的安全合作，并发展与中国的关系。

总的来说，苏联在东南亚地区气势汹汹的扩张活动，尤其是支持越南入侵柬埔寨，致使它在这一时期与除了印支国家之外的其他东南亚国家之间的关系严重受损。

（三）戈尔巴乔夫时期

戈尔巴乔夫上台后，推出了“新思维”，使苏联的内外政策都发生了意义重大的变化。在对外方面，苏联不再谋求与美国直接对抗，而是寻求缓和。这种变化反映到苏联对东南亚的政策上，就突出表现为：在政治上，苏联刻意改善受损的与东盟国家关系，支持东盟提出的建立无核区的建议；在经济上，苏联为实施“加速发展战略”，加紧开发远东和西伯利亚地区，把发展与东盟国家的经贸关系作为实现这一设想的“突破口”，希望借助这些国家的经济活力来建设“合资经营特区”；在地区“热点”柬埔寨问题上，苏联提出了用“阿富汗模式”解决的办法，并敦促越南从柬埔寨撤军。

苏联在戈尔巴乔夫时期对东南亚政策的调整，促使东盟国家也逐渐改变了对它的态度和立场。东盟国家原先的戒备心理开始减弱，认为苏联对东南亚的军事威胁已减少，加强了同它的政治对话和经贸往来。

由于双方互相接近，因此在这一时期，苏联与东盟国家的联系密切起来，突出的例子就是东盟在1991年接纳苏联为其磋商伙伴国，这是东盟对苏联表示友好的一个正式姿态，也使后者得以第一次出现在东盟的多边会议上。

二、俄罗斯与东南亚地区关系的发展及影响

俄罗斯是解体后的苏联的继承国。苏联解体伊始，俄罗斯的对外政策偏重于西方。然而俄罗斯虽已失去了苏联极盛时期的辉煌，但其文化历史、民族心态和军事实力都决定了其不会甘心做一个依附西方的二流国家。因此近年来它数次调整外交政策，从“一边倒”向西方，转为东西方兼顾的全方位外交，即“双头鹰”政策。

随着俄罗斯外交政策的调整，其对东南亚的政策也做了相应的调整，从最初在该地区收缩力量变为积极参与该地区有关事务。俄罗斯目前的东南亚政策表现为：

（一）恢复与传统盟友的合作

越南是苏联在冷战时期东南亚地区的最重要的盟友。苏联解体后，俄越关系一度停顿疏远，俄罗斯甚至曾经考虑过放弃对维持其在东南亚的军事存在极为重要的金兰湾海军基地。俄罗斯调整了外交政策以后，强调在东南亚地区“不会将过去几十年积累起来的资本拱手让给别人”，遂与越南关系升温。近年来，两国领导人频繁互访，推动了双边关系的发展。1994年6月，越南总理武文杰应邀访问俄罗斯，两国签署了《友好

关系基础条约》，为越俄关系在后冷战时期的进一步发展确立了基本框架。在这次访问中，双方还就俄罗斯继续使用金兰湾海军基地达成了协议。1996 年 7 月，俄罗斯外长访问河内时表示，俄罗斯将进一步发展同越南的“传统合作关系”。俄罗斯总理切尔诺梅尔金于 1997 年 11 月对越南的访问，则更是俄越两国友好合作的“特别重要的标志”。通过此次访问，俄罗斯和越南已完全超越了苏联解体引起的震荡和分歧，从各自的国家利益出发，在互利的基础上重修旧好。切尔诺梅尔金在访问中还强调越南是俄罗斯的“战略性合作伙伴”。

（二）发展与东盟的关系

在戈尔巴乔夫时期苏联与东盟关系改善的基础上，俄罗斯积极发展与后者的关系。在政治上，俄罗斯力图以维护东南亚地区安全和稳定的力量这样一种新面貌出现在东盟面前。俄罗斯自称是东盟的“天然盟友”。其外长在 1993 年的东盟外长会议上发言宣布，俄罗斯在该地区的利益已经改变“从现在起，我们在这里存在的主要象征将是货船取代导弹巡洋舰，联合投资取代核潜艇”。[①] 在经济上，俄罗斯希望加强与东盟的合作。1993 年 3 月，俄罗斯派出了从苏联时代迄今级别最高的代表团访问马来西亚和新加坡。该代表团除由副总统率领外，其成员还包括对外经济关系部部长和农业部长。访问的主

① 《星期日泰晤士报》1993 年 7 月 25 日。

要目的是促进双方的经济合作及寻求联合投资的领域。

俄罗斯实施上述东南亚政策，目的是希望借助东盟的力量恢复其在亚太地区的影响力，重振其大国地位。俄罗斯一度由于国内政治经济上的困难，不得不在外交上收缩力量，其国际地位和影响力日益减弱。俄罗斯欲重振其大国地位，在全球范围内发挥大国作用，亚太地区理所当然地成为其外交政策中的一个中心。正如叶利钦在 1993 年 1 月的一次讲话中所指出的那样，在俄罗斯拥有的1700 万平方公里的领土中，有 1000 万平方公里是在亚洲，“这一简单的算法决定了我们需要在与西方和东方的外交政策关系中保持平衡”。[①] 而在冷战后的亚太地区国际政治舞台上，美、日、中三个大国之间的关系占据了主导地位，俄罗斯若想“重整山河”，恢复其在亚太的影响力，一个重要的途径就是改善和加强与东盟的关系。这是因为冷战结束后，东盟凭借“天时、地利、人和”迅速发展壮大，基本实现了大东盟的构想，成为亚太地区一支重要的力量，在维护地区和平、发展地区经济中发挥了不可忽视的作用，令各大国不敢小觑它。俄罗斯借助东盟的力量，就能跻身亚太事务、扩大影响，最终成为一个真正的亚太大国。

此外，从自身的安全考虑，俄罗斯也必须发展与东盟的关系。苏联解体后，俄罗斯失去了在黑海、波罗的海等出海口，因此在远东地区的港口的作用也就越发突出，而联结太平洋和印度洋的东南亚海上通道对其经济利益和安全利益也就愈加重

① 《基督教科学箴言报》1993 年 2 月 5 日。

要。还有就是俄罗斯除了继续租用越南金兰湾之外，在其本土之外的军事存在几乎没有，而越南已是东盟成员国。所以无论从安全的哪一方面计议，加强与东盟的关系对俄罗斯来说都是大有好处的。

从东盟方面来说，东盟最初曾积极地想与俄罗斯建立较密切的联系，但是由于俄罗斯国内状况不稳及其倒向西方的外交政策，东盟遂热情大减。随着俄罗斯对外政策的调整，东盟又主动地与其加强联系。1992 年俄罗斯继承前苏联成为东盟的磋商伙伴国后，东盟于 1996 年正式接纳其为对话伙伴国。东盟是一个由中小国家组成的区域集团，为了谋求在亚太地区的进一步发展，并进而成为其梦寐以求的重要一极，除了继续实行平衡外交，与亚太地区具有影响力的大国保持友好而又等距离的关系外，它同样也希望借助俄罗斯的力量来牵制和制约其他亚太大国，尤其是美国。正如在东盟中有人指出："虽然俄罗斯要摆脱眼前的国内政治和经济难题，还需要一些时候，亚细安（即东盟，下同—笔者注）却感觉到，莫斯科的影响力依然不小。无论怎么说，亚细安需要一股可靠的制衡美国的力量。""柬埔寨冲突结束后，莫斯科就一直把注意力放在本地区，突出自己成为制衡美国力量的作用。这个趋势继续下去的话，亚细安将能在广义的亚太地区扮演有价值的安全角色。"①在这个意义上，俄罗斯确实是东盟实现其理想的一个重要帮手。

---

① 钟嘉滨：《中俄关系改善对亚细安有利》，（新加坡）《联合早报》1997 年 1 月 1 日。

由于双方互有依赖，可以预想得到俄罗斯与东盟的关系将会越来越密切。俄罗斯的东南亚政策将会配合其整个对外政策，最终取得令其满意的成效。“在维护亚太地区的和平与发展广泛的经济合作问题上，俄罗斯与东盟国家的利益是吻合的。”“俄罗斯决心在亚太地区，包括东南亚地区，起建设性作用，准备与东南亚国家联盟发展积极对话。”① 叶利钦总统在庆祝东盟成立30周年的贺电中的这一段话，对俄罗斯的东南亚政策之内容及目的作了权威的概括性诠释。

① 俄通社—塔斯社1997年12月14日电。

印度与南亚区域合作联盟关系的演变*

南亚区域合作联盟（以下简称“南盟”）是南亚唯一的地区组织，但与其他发展中国家地区组织相比进展缓慢，个中原因与该组织最重要的成员印度有关。冷战时期，由于与其他成员不和，印度与南盟关系若即若离，使后者难有大的作为。冷战结束后，随着对外政策的调整，印度认识到地区合作的重要性，开始积极参与南盟的活动，与后者关系逐渐融洽，南盟也因而出现了令人可喜的发展。

一、冷战时期印度与南盟的关系

南盟是在南亚小国的倡议和推动下成立的。1977 年，孟加拉国首先提出了南亚区域合作的建议。斯里兰卡、尼泊尔、马尔代夫和不丹因此都支持这一建议，显示出极大的热情。它们希望借助南盟共同应对不利的国际和地区形势，通过集体的力量与地区大国印度达成较为有利的协议，因为在一对一的情况下很难解决它们与印度的双边问题。如孟加拉国在 1976 年想把恒河河水分享问题国际化，但没有成功，因此它想通过南

* 本文原载于《南亚研究》2006 年第 1 期。

盟在地区层面上对印度施加压力；不丹认为南盟可以提供一种机制，使其能够在不招致印度反对的情况下扩大对外关系，发展与其他国家的经济联系，以减少对印度的依赖。另一方面，印度置疑南盟的建立为南亚其他国家联合起来对付印度提供机会，因此对这一建议态度冷淡。由于印度的疑虑，几经周折，南盟才于1985年12月宣告成立。

作为南亚大国，印度是南盟最重要的成员，但与其关系若即若离。这主要是因为印度与其他成员都或多或少地存在着双边问题，其中最大的问题是印巴克什米尔争端，印巴关系在很大程度上决定了南亚地区的气氛。[①] 两国持续的紧张状态，不仅严重影响了印巴关系，还影响了印度与南盟其他成员的关系。另外，印度与孟加拉国尽管已就恒河河水的分配达成了协议，但两国在这一问题上的争议依然存在；印度与尼泊尔的双边贸易虽然已有所改善，但两国关系的发展并不顺利；泰米尔人问题则使印度与斯里兰卡的关系不时恶化。印度自忖有充分的实力来对付本地区的紧张局势，没有必要经由南盟来与邻国通融。“印度的自负阻碍了它与邻国的关系。”[②] 南盟其他成员由此担心印度想在南亚扮演地区超级大国的角色，并认为印度提出的集体自力更生和反对外部势力插足都是出自这一考虑，于是寻求外部大国的帮助来抗衡印度，而这又使得印度担心它

① Inam ul Haque, “Keynote Address to the Seminar on Major Powers and South Asia,” in the Institute of Regional Studies ed., *Major Powers and South Asia*, Islamabad: Pan Graphics (Pvt) Ltd., 2004, p. VIII.

② James Clad, “India in 1996: Steady as She Goes,” *The Washington Quarterly*, Vol. 19, No. 4, Autumn 1996, p. 110.

们的这种举动所造成的影响。所有这些都给南盟的发展蒙上了一层阴影，特别是“由于该地区以印度为中心的性质，任何推动合作的企图都含有印度欲改变地区政策的意思。在印度不对邻国采取较灵活和通融态度的情况下，合作进程缓慢”。[①]

为了摆脱尴尬处境，印度提出南盟合作的模式应是“有益的双边主义”，其中包含三个层次：一是高层密切交往，即地区内各国首脑之间的关系应融洽；二是经济调节，即地区内各国应在经济上互相作出调整，以适应各方的要求；三是政治中立和不干涉内政，即地区内各国应保持中立，互不干涉内政。[②] 总之是要维护印度在南亚至高无上的地位。根据这一思路，印度对南盟及其成员采取了不同的策略。

一方面，印度对南盟成员实行双边主义，并认为这是对付邻国的最好模式。[③] 对印度来说，这一策略的好处之一是不确定性，没有一个南盟成员真正知道印度会对直接涉及各国的局势作出何种反应，使它们易于被“各个击破”；另一个好处是能避免在南亚发生的争端国际化，从而防止地区之外的势力插手。然而这种做法导致印度与南盟成员之间的关系陷入一种恶性循环：印度拒绝在南盟框架内讨论任何有争议的问题，这使南盟其他成员担心印度的用意，并对印度有关地区合作的建议

---

① Citha D. Maass, “South Asia: Drawn Between Cooperation and Conflict,” in Eric Gonsalves and Nancy Jetly eds., *The Dynamics of South Asia: Regional Cooperation and SAARC*, New Delhi: Sage Publications India Pvt Ltd, 1999, p. 54.

② Niranjan M. Khilnani, *Realities of Indian Foreign Policy*, New Delhi: ABC Publishing House, 1984, pp. 82 – 85.

③ Harish Kapur, *Diplomacy of India: Then and Now*, New Delhi: Manas Publications, 2002, p. 202.

抱有戒心，而这反过来又使印度怀疑它们是在联合起来对付自己。不丹国王对此指出："我们没有良好的双边关系，要想拥有良好的地区关系非常困难。"[①]

另一方面，印度反对在南盟讨论双边问题。由于南盟其他成员与印度存在着或大或小的矛盾，而它们彼此之间却没有冲突，印度因此是解决问题的关键所在，但印度不愿南盟成为一个多边框架，将双边争端列入其议程。印度提出的理由是，如果将双边问题放到南盟讨论，会使多边合作被搁置，影响地区合作，但实际上印度是担心其他成员国利用南盟作为工具团结起来反对自己，尤其是担心巴基斯坦提出克什米尔问题。如上所述，南盟其他成员最关注的是印度在该组织中的支配地位，对它们来说，印度作为地区大国，是其不安全的主要来源。印度既是问题的制造者，又是问题的解决者。印度不同意让南盟讨论它与其他成员的双边冲突，使南盟的发展举步维艰。

在印度的坚持下，南盟没能成为管理南亚地区冲突的一个机制，双边的和有争议的问题均被排除在该组织的议程之外。《南亚区域合作联盟宪章》第十条第二款明确规定不商议双边的和有争议的问题。[②] 但事实上，一旦双边关系紧张，马上就连带影响南盟的活动。例如，印巴关系的紧张就经常影响到南盟组织的正常运作，有时甚至连首脑会议都暂停或推迟召开。

① Quoted from Harish Kapur, *Diplomacy of India*: *Then and Now*, p. 223.

② Eric Gonsalves and Nancy Jetly eds., *The Dynamics of South Asia*: *Regional Cooperation and SAARC*, Annexure I "Charter of the South Asian Association for Regional Cooperation," p. 253.

印度还采用不参加南盟首脑会议的举措来“惩罚”其他不听话的成员。据统计，南盟成立至今，因印度方面的原因引起首脑会议推迟举行至少已有5次。这使南盟处理地区事务的严肃性和权威性遭到破坏，有损于南盟作为该地区最高级别合作组织的形象。南盟因此不断成为其成员间政治纷争的牺牲品，或者说印巴紧张关系的抵押物，因而使南盟落后于其他地区组织。①

二、冷战后印度与南盟的关系

冷战结束后，随着对外政策的调整，印度认识到地区组织是国际体系的重要组成部分,② 地区合作在多边合作中极为重要。另外就是睦邻政策——“古杰拉尔主义”③ 所产生的效应，印度在实施这一政策的过程中意识到不改善与南盟的关系，就很难改善和发展与邻国的关系。因此，印度改变了原先对地区合作不热心的态度，开始积极参与南盟的活动，尤其是重视发挥南盟在地区经济合作方面的作用，与南盟的关系逐渐变得融洽。

---

① Sumit Ganguly, *Conflict Unending: India-Pakistan Tensions since 1947*, New Delhi: Oxford University Press, 2002, pp. 114 – 129.

② Satish Kumar, “India and the Changing International System,” in M. Rasgotra, V. D. Chopra and K. P. Misra eds., *India's Foreign Policy in the 1990s*, New Delhi: Patriot Publishers, 1990, p. 33.

③ 关于冷战后印度南亚政策的分析，参见拙文《冷战后印度南亚政策的变化》，载《当代亚太》2004年第5期。

印度之所以在南盟着重推动经济合作，主要是因为冷战结束后，经济全球化和地区一体化这两股趋势的迅猛发展给它带来了巨大的压力。印度认识到经济全球化的进程在加快，越来越多的国家开始将其经济融入世界经济体系，对任何一个国家来说，经济已成为外交中更加重要的部分；与此同时，地区经济一体化也在不断发展，全球已形成了若干个地区集团。印度因而必须重视地区经济合作，以便能在平等的条件下应对经济全球化的挑战。[①] 特别值得一提的是，印度在实行“东向”政策[②]后发生的一个重要变化，就是减少了对地区合作的抵制。[③] 其次是因为印度国内经济改革的发展，要求扩大对外经贸往来，而印度与南盟成员的贸易只占其对外贸易总额的2%，大有潜力可挖。南盟的国内生产总值、人均国内生产总值和贸易额仅分别相当于东亚的6.9%、10.8%和4%。除了马尔代夫和斯里兰卡外，其他南盟成员的人均国内生产总值都低于500美元，均属贫穷国家。而南亚进出口额仅为1113亿美元，还不到泰国的一半。这一方面反映了南亚地区整体对外贸易的落后状况，另一方面也揭示了南亚区域合作的潜在发展前景。[④] 印度

---

① Yashwant Sinha, *Facets of Indian Foreign Policy*, Vol. II "Statements and Media Interaction, February-November 2003," New Delhi: External Publicity Division, Ministry of External Affairs of India, 2003, pp. 4 – 5.

② 关于印度“东向”政策的分析，参见拙文《冷战后印度的亚洲政策及其启示》，载《当代亚太》2005年第10期。

③ Stephen Philip Cohen: *India, Emerging Power*, Washington, D. C.: Brookings Institution Press, 2001, p. 253.

④ 张静宇：《南亚自由贸易区呼之欲出》，载《人民日报》2003年12月23日。

外长为此强调，在印度取得经济更大进步的努力中，需要南盟成员成为完全的合作伙伴。①

另外，印度还考虑到从地区经济合作的角度切入，可以收到“事半功倍”的效果。通过地区经济合作，南盟成员加深相互依赖，扩大共同利益，有助于减少彼此猜疑，加强政治互信，形成一个稳定与安宁的地区环境。经济合作的发展，确实在某种程度上为南盟内部形成互信创造了良好的氛围。南盟成员纷纷利用首脑会议这一场合进行对话，磋商协调，提高地区合作的层次和水平。尤其是印度与巴基斯坦借用首脑会议的机会多次进行双边会晤，讨论两国存在的有关问题，缓解了紧张局势。2004 年 1 月召开的南盟第十二届首脑会议，堪称南亚地区合作的里程碑。此次会议在消除贸易壁垒、促进地区社会和文化发展、加强环保及信息通信、同贫穷做斗争等多个领域达成了合作协议。更重要的是，南盟各成员国的领导人就地区合作达成了共识，即：吸取历史教训、求同存异、搁置分歧，不让少数国家之间的矛盾影响整个地区的合作，成为和平与发展的羁绊。其中印度的态度起了关键作用。

由于印度的推动，经济合作成为南盟的主要议题，并达成了特惠贸易协议框架。这是南亚迈向地区合作的重要一步，标志着南盟在地区合作方面从功能性探索转向核心领域。截至 2002 年，各成员国共降低了约 3000 种小宗商品的关税，对促

---

① Paizal Yahya, “SAARC and ASEAN Relations,” *Contemporary Southeast Asia*, Vol. 26, No. 2, May-August 2004, p. 356.

进区域内贸易额的上升起到了一定的积极作用。[1] 紧随特惠贸易安排的便是建立南亚自由贸易区。《南亚自由贸易框架协定》从2006年1月1日开始正式生效，根据该协定，通过分阶段削减关税以及建立共同货币等，10年内在南亚建成自由贸易区。[2] 这一计划如能按期实现，将极大地促进南亚地区的经济发展。区域经济合作的发展，也使南盟成员加强了合作意识，并认识到应在国际论坛上采取共同立场，以保护自己在对外经贸方面的利益。

三、印度与南盟关系展望

以地区经济合作为切入点，印度与南盟的关系得到了改善，而且也对印度与南盟其他成员的关系产生了积极的影响。作为南亚大国，印度在南盟未来发展中理应承担更多的责任。这就需要印度作出进一步的努力。

第一，印度应继续改善和发展与巴基斯坦的关系。印巴关系是南亚重要的双边关系，两国长期处于对抗状态。很长时间以来，印度也在南盟中对巴基斯坦持排斥态度，“印度希望从地区主义中获益，但不允许巴基斯坦获益，并进一步将巴基斯坦与南亚其他国家隔离开来”。[3] 只要印巴互相怀疑，地区合

---

① Paizal Yahya, “SAARC and ASEAN Relations,” *Contemporary Southeast Asia*, Vol. 26, No. 2, May-August 2004, p. 356.

② 《南盟自贸区协议生效》，载《人民日报》2006年1月2日。

③ Stephen Philip Cohen, *India*: *Emerging Power*, p. 242.

作的前景就将相当有限。而且作为南盟两个最主要的国家，印巴分别占南盟经济实力的80%和11%，[①] 印巴合作对整个地区的经济合作至关重要。印度学者明确指出："南亚区域合作联盟仍是一只羽毛未丰的小鸟。除非印度与巴基斯坦之间的问题被解决，否则该组织必定仍是一个清谈馆。"[②]

第二，印度应彻底改变以往对南盟的看法和策略。自南盟建立以后，小成员国都将其视为一个论坛，认为自己独特的个性和利益能在此得到反映。而印度则将南盟视为小成员国"合伙"反对它的一种工具。"只要印度认为多边主义会招致巨大风险，地区主义就不可能在南亚超越边缘问题。""印度的战略是允许南盟在小事情上发挥功能。"[③] 因此，印度应倾听南盟其他成员的意见，对它们关注的问题予以更多的重视。另一方面，印度还应支持南盟负责管理本地区发生的争端和冲突，无论它们是双边的还是多边的，即使这涉及南盟宪章的修改。正如巴基斯坦总统穆沙拉夫所提出的，要解决地区内的不平等、争端和不信任等一切问题，就必须修改南盟宪章，使地区的争端可以在南盟会场上讨论。[④]

第三，印度应努力消除各方在地区经济合作上的疑虑。在

---

① 陈一鸣：《点亮和平合作之灯——第十二届南盟首脑会议综述》，载《人民日报》2004年1月7日。

② S. S. Mehta, *Launching India into the 21st Century*, New Delhi: Minerva Press, 1999, p. 158.

③ Stephen Philip Cohen, *India: Emerging Power*, p. 242.

④ Pervez Musharraf, "Inaugural Address to the Seminar on Major Powers and South Asia," in the Institute of Regional Studies ed., *Major Powers and South Asia*, Islamabad: Pan Graphics Pvt Ltd., 2004, pp. V–VI.

这一点上，印度与南盟的其他成员各有担心。在印度，有人对南盟的特惠贸易安排及自由贸易区的建立能否给印度带来好处表示怀疑。他们认为南亚市场太小，不可能对印度的对外贸易产生重大影响。印度应该努力打入东亚或北美这些更大和更能赢利的市场才对。南盟其他成员则担心，万一取消贸易限制，它们与印度的贸易将产生不平衡的结果；而在南盟的任何自由贸易安排中，它们的经济将受印度的支配，印度还会乘机强化自己在政治和安全方面的主导地位。因此尽管南盟成员之间的双边贸易有所增加，但地区内贸易微不足道。据统计，南盟成员国之间的贸易额每年只有 3 亿美元，还不到各国与南盟之外其他国家贸易额的 5%。[①] 因此印度应在地区经济合作中率先垂范，打消南盟其他成员的疑虑，就区域经济合作提出的任何建议都必须带着最大的小心，以便确保弱国不会受到剥削，而强国不会占据支配地位。[②] 其次，印度应为南盟的经济合作牵线搭桥。由于地理原因，印度以外的南盟其他成员之间没有共同的边界，彼此交通不便，而该地区的海运费用又比世界其他地区高，这妨碍了南盟的经济合作。此外，除印度外，南盟其他成员生产结构类似，专业化程度低，因此南盟的经济合作长期限于一些技术性或者是次要的领域，进展不大。而印度是唯一有能力为南盟其他成员提供运输通道，并向它们提供双边援

① 陈一鸣：《点亮和平合作之灯——第十二届南盟首脑会议综述》，载《人民日报》2004 年 1 月 7 日。

② B. Mohanan, "Regional Economic Cooperation, SAARC and India in the 1990s," in K. Raman Pillai ed., *Indian Foreign Policy in the 1990s*, New Delhi: Radiant Publishers, p. 132.

助、技术转让和建立合资企业的国家，印度积极参与地区经济合作，将使南盟自由贸易区尽早实现。

第四，印度应进一步推动南盟扩大地区合作的领域。如果在地区合作中只强调经济合作，这在现实中很难做到，因为在当今世界，政治和经济互动，政治上的紧张将妨碍经济利益的取得；反之同理，政治关系改善了，经济合作才会有真正的进展。因此在南亚，地区经济合作始终是一个政治问题，尤其是南盟的经济合作主要是出于政治上的考虑。不丹国王就曾一针见血地指出："根据我们地区地缘政治的现实，忽略政治因素的首要性是不现实的。在决定性的分析中，正是地区的政治环境将决定南亚地区合作的形式和范围。"① 在地区经济合作发展到一定程度时，政治合作、安全合作也应提上议事日程，而印度在这方面能起到重要作用。

---

① Bimal Prasad, "Prospects for Greater Cooperation in South Asia: the Political Dimensions," in Eric Gonsalves and Nancy Jetly eds., *The Dynamics of South Asia: Regional Cooperation and SAARC*, pp. 64 – 65.

"9·11" 以来南海通道的安全形势及其影响*

南海亦称南中国海，战略位置极其重要。它介于太平洋与印度洋之间，为东北朝西南走向的半封闭海，周边与6个海峡相通。① 这些海峡不仅是国际通商贸易的海上通道，也是军事战略中的"海上扼制点"，每一个海峡都因其特殊的地理位置及所在的地区和国家而起着大小不等的作用，其中最重要的是马六甲海峡和台湾海峡。人们通常所说的进出"南海"，也就是连通南海与这些海峡。因此在讨论"9·11"以来南海通道的安全形势时，应将与南海相连的东南亚水域的安全形势包括在内。

一、"9·11" 以来南海通道的安全形势

由于南海争端的存在，南海通道的状况非常复杂。同时，

---

* 本文原载于《创新》2008 年第 2 期。

① 这6个海峡由北向南按顺时针方向依次是：台湾海峡（Taiwan Strait）——南北，连接东海；巴士海峡（Bashi Channel）——西东，连接东海、菲律宾海；吕宋海峡（Luzon Strait）——西东，连接菲律宾海；巴拉巴克海峡（Balabac Strait）——南北，连接苏禄海；巽他海峡（Sunda Strait）——北南，连接爪哇海；马六甲海峡（Malacca Strait）——东西，连接安达曼海、印度洋。

受政治、历史和地理等方面的影响，东南亚的海上安全存在着许多不确定因素，特别是马来群岛及其周围海域散布的数千个小岛、狭窄的海峡和隐蔽的河流，是犯罪分子理想的藏身之处，并使在该地区进行有效的海上巡逻成为一桩棘手的任务。而“9·11”以来在南海及其周边水域出现的新情况，更使南海通道的安全形势不容乐观。

一是与过去相比，当前在南海及其周边水域活动的海盗大多受过训练，甚至拥有高速快艇、卫星电话和全球定位系统、自动武器、反坦克导弹和枪榴弹等装备，而且每次袭击前都精心策划，因此海上袭击比以往更有组织性和协调性。国际海事局指出，海盗现在先是侵入船运公司的计算机系统，改变程序以及航运安排，然后才拦截船只。这种情况在南海及印尼周围的水域尤其突出。[①] 这也使在该地区发生的海上抢劫得手的几率提高。据统计，2002 年发生在南海、马六甲海峡和印尼水域的海盗袭击有 170 次，2003 年增加到了 189 次。[②]

二是东南亚水域的海盗、有组织犯罪和潜在的海上恐怖主义三股势力存在着合流的可能。一方面，海盗进行海上掠夺、劫持船只和杀害海员等事件在印度尼西亚、马来西亚、新加坡、菲律宾和泰国的水域时有发生。与此同时，有组织犯罪也扩大了在东南亚的活动网络。目前的发展趋势是海盗和有组织

---

① B. Raman, “Taming Terror on the High Seas,” *Asia Times Online*, June 9, 2005, http://www.atimes.com/a-times/Southeast_Asia/GF09Ae05.html.

② International Chamber of Commerce (ICC), International Maritime Bureau (IMB), “Piracy Takes Higher Toll of Seamen’s Lives,” January 28, 2004.

犯罪日益重叠在一起。另一方面，虽然海盗、有组织犯罪二者与海上恐怖主义之间现在还没有证据确凿的联系，但这三种威胁之间的相差很小，极有可能汇聚到一起。因为海上掠夺可以为恐怖分子购买武器提供资金来源，有组织犯罪如海上走私等可以为恐怖分子提供武器和炸药，而恐怖组织则可以为海盗和有组织犯罪提供避免被执法机构抓获或逮捕的专门技能，这样的一种合作关系对各方都有好处。如果环境允许的话，恐怖分子的基地和藏身之处甚至可以为海盗和有组织犯罪提供必要的保护，从而掩护前者的恐怖活动。而且海盗、有组织犯罪分子和恐怖分子往往都是跨国界进行活动，利用公海逃遁，这使有关执法部门追捕他们非常困难。

三是南海周边地区存在的武装分离主义运动与恐怖组织的联系越来越密切。菲律宾的"摩洛伊斯兰解放阵线"组织在20世纪90年代初就与"基地"组织建立了联系，[①] 并接受其提供的资金。[②] 摩洛伊斯兰解放阵线组织的领导人与"基地"组织的领导人保持着定期的联系。"基地"组织还在棉兰老的阿布巴卡营地为摩洛伊斯兰解放阵线组织和东南亚的其他武装分离主义分子进行特殊培训。[③] 而"阿布·沙耶夫"武装组织与"基地"组织也有着密切的联系，是又一个潜在的海上威

---

① Peter L. Bergen, *Holy War, Inc.: Inside the Secret World of Osama bin Laden*, London: Weidenfeld & Nicolson, 2001, p. 237.

② Andrew Tan, "The Persistence of Armed Muslim Rebellion in Southeast Asia: Implications after September 11," in David Martin Jones ed., *Globalisation and the New Terror: the Asia Pacific Dimension*, Cheltenham: Edward Elgar Publishing Limited, 2004, p. 213.

③ Rohan Gunaratna, *Inside al-Qaeda*, London: Hurst, 2002, pp. 183–184.

胁。本·拉登曾派人培训阿布·沙耶夫组织使用高级的爆炸装置，并为其活动提供资金。[①] 另外，菲律宾军方在 2005 年 3 月的一份内部报告中说，根据最近抓获的恐怖分子交代，阿布·沙耶夫武装组织与在东南亚猖獗的恐怖组织“伊斯兰团”目前正在联合培训潜水员，准备对海上运输发动恐怖袭击。除了海上训练外，这两个组织还在资金、炸药以及恐怖袭击的策划方式等方面进行合作。仅在爆炸训练方面，“伊斯兰团”在 2004 年就已向阿布·沙耶夫武装组织支付了大量资金。[②]

二、有关国家的反应

上述情况严重影响南海通道的安全，并因此而引起了区外大国的关注，它们纷纷借此插足南海，使中国在南海的安全利益面临严峻挑战。

美国是走在最前面的一个区外大国。美国认为，南海航道被破坏的话，不仅会对中国、日本、韩国的经济造成巨大伤害，还会危及美国的经济。[③] 从军事角度讲，这些海上通道对

① Andrew Tan, “The Persistence of Armed Muslim Rebellion in Southeast Asia: Implications after September 11,” in David Martin Jones ed., *Globalisation and the New Terror: the Asia Pacific Dimension*, Cheltenham: Edward Elgar Publishing Limited, 2004, p. 216.

② 王增丽：《恐怖袭击瞄准海上目标》，载《解放日报》2005 年 3 月 19 日。

③ Gal Luft and Anne Korin, “Terrorism Goes to Sea,” *Foreign Affairs*, November/December 2004, p. 76.

于美军从西太平洋到印度洋和波斯湾的机动有着至关重要的意义。[①] 兰德公司在2002年9月的报告中就指出，美国空军在亚洲最大的难题可能就是在南中国海和东南亚缺少足够的基地。因此美国对南海争端的态度已从最初的"消极中立"和其后的"积极中立"转变为现在的"积极关注"，[②] 要求确保船只在南海的自由通行权和运输通道的安全与畅通。

美国为此加强了在南海地区的军事存在。2001年3月，美国"小鹰"号航空母舰第一次被允许进入新加坡樟宜海军基地，在这之前，美国的航空母舰只能停泊在新加坡港口。同时，美国、菲律宾和泰国的海军在南海进行了联合搜救演习，这也是三国海军的第一次联合军事活动。美国还与印尼、马来西亚、新加坡等国也进行了双边军事演习。2001年8月，美国更是单独在南海进行了大规模的军事演习，参演的美军人员达1.5万余名。"9·11"事件发生后，美国进一步通过增强与盟国菲律宾和泰国以及友好国家新加坡的军事联系而加强了在南海地区的军事存在。菲律宾给予美国"无条件的完全支持"，允许美军使用克拉克空军基地和苏比克海军基地。美国派出了包括特种部队在内的军人帮助菲律宾武装部队提高打击恐怖主义的能力。美国同时也分别与马来西亚和越南改善了关系。"9·11"事件后，美国飞机飞越马来西亚控制的空域的

---

① 扎勒米·哈利勒扎德等：《美国与亚洲——美国新战略和兵力态势》，滕建群、林治远等译，新华出版社2001年版，第27—28页。

② Yann-Huei Song, "The Overall Situation in the South China Sea in the New Millennium: Before and After the September 11 Terrorist Attacks," *Ocean Development & International Law*, July-September 2003, p. 236.

数量大大增加。马来西亚不仅允许美国分享其情报，还在马六甲海峡保护美国船只。[①] 2002 年 5 月，美国与马来西亚签订了反恐条约，双方在防务、金融、情报、边界控制、运输、执法等领域开展合作。[②] 越南则支持美国领导的反恐行动，并在美国的要求下协助检查金钱交易，以防止恐怖分子洗钱。2004 年 3 月底，美国海军太平洋司令部司令托马斯·B. 法戈上将在国会众议院军事委员会作证时提出了东南亚地区海上安全合作的动议，其中暗示美军未来将参与保卫该地区重要的水域，尤其是“投入配备高速舰船的特种部队在该地区的全部水域进行有效的拦截”。[③] 美国的上述举动表明南海通道的安全问题在其利益的天平上越来越重，美国介入南海的可能性在加大。

日本约有 90% 的海上贸易通过南海进入马六甲海峡，因此也是南海通道安全的主要关注者。日本通过“周边有事法案”，以法律的形式将日本自卫队的活动范围扩大到了南海。日本海上自卫队近年来重点加强远距离作战能力，购买了能长距离飞行的侦察机及能远距离航行的护卫舰，后者的排水量为

① Yann-Huei Song, “The Overall Situation in the South China Sea in the New Millennium: Before and After the September 11 Terrorist Attacks,” *Ocean Development & International Law*, July-September 2003, p. 257.

② “Malaysia, U. S. Sign Anti-terrorism Declaration,” *The Straits Times*, May 14, 2002.

③ Quoted from Ronald A. Rodriguez, “Enhancing Regional Maritime Security Cooperation: Options for Southeast Asia,” the paper delivered at the international conference “Towards an Integrated Community: China and Southeast Asia in the 21st Century,” organized by Shanghai Institute for International Studies, September 11 – 12, 2004, pp. 3 – 4.

1万吨，而前者的飞行能力达7500英里，可以往返于日本和马六甲海峡之间，因而能飞经南海上空，大大提高了在南海的空中侦察和情报收集能力。除此之外，日本也加强了与东南亚国家的海上安全合作。日本与越南和新加坡就有关南海搜救及军事部门之间的定期磋商进行了讨论。日本还与新加坡签订协议，当日本在需要撤离其国民或执行维和任务需要帮助时，新加坡将允许日本海上自卫队使用其基地。[①] 另外，日本也在"东盟+1"领导人会议上提议，召开由船东协会、海岸警卫队、海事政策当局及其他相关机构的代表会议，讨论应对日益增加的海盗威胁及其他与海事有关的犯罪活动。日本在2000年4月首次举办"打击海盗和武装抢劫船只地区会议"，表明了与东南亚国家合作建立反海盗合作框架的意图。日本随后还派遣"打击海盗和武装抢劫船只代表团"访问菲律宾、马来西亚、新加坡和印尼，寻求与这4个国家制定进一步的协作措施。这次访问产生了一系列的后续行动，如日本海上自卫队与东南亚国家海岸警卫队进行联合演习、日本海上自卫队学院为东南亚国家海岸警卫队培训人员、召开执法研讨会、建立国际紧急报告网络等。日本还提议将海上自卫队的舰艇部署在马六甲海峡，帮助巡逻以打击海盗，但遭到马来西亚的反对。不久之后，新加坡又提议让日本与美国在马六甲海峡联合巡逻，印尼和马来西亚虽不赞成，但同意日本应在地区海上安全方面发

① Yann-Huei Song, "The Overall Situation in the South China Sea in the New Millennium: Before and After the September 11 Terrorist Attacks," *Ocean Development & International Law*, July-September 2003, p. 234.

挥更大作用。日本还与新加坡、韩国、美国一起在南海举行潜艇救援演习。[①] 日本的图谋是以共同打击在南海活动的海盗为由，加强与东南亚国家的军事交流和联合演习，以便在南海通道安全方面发挥主导性作用。

印度现在也非常关注南海。作为南亚大国和印度洋沿岸大国，印度一直将印度洋视为其势力范围，确保控制印度洋是其主要的战略目标。但近年来印度实施"南进"战略，力图控制5个具有战略意义的海峡和通道，其中与南海连通的就有2个，即马六甲海峡和巽他海峡，[②] 时任印度国防部长的乔治·费尔南德斯承认了这一计划的存在。[③] 印度并且声称"从阿拉伯海的北面到南中国海，都是印度的利益范围"。作为"南进"战略的一个组成部分，印度海军的活动区域迅速扩大到了南海，希图借助这一通道，使印度海军最终进入太平洋，以凸显印度在本地区的军事存在。2001年9月，印度在马六甲海峡西部的安达曼—尼科巴群岛建立了战略防御司令部，以便一旦需要，印度海军能迅速封锁马六甲海峡等通往南海的重要航道。为实施"南进"战略，印度还多次主动提议与东南亚有关国家举行联合军事演习、军事人员交流、互换装备、军舰互访等活动，得到了后者的积极响应。在印度与东南亚国家的军事合作中，与越南的联系尤为密切。两国签署了《防务合

① Yann-Huei Song, "The Overall Situation in the South China Sea in the New Millennium: Before and After the September 11 Terrorist Attacks," *Ocean Development & International Law*, July-September 2003, p. 234.

② 其余三个是苏伊士运河、曼德海峡和霍尔木兹海峡。

③ [台北]《中国时报》，2000年9月20日。

作协议》，加强双方在军事交流、情报交换、建造海军舰艇、打击南海海盗等方面的合作。印度海军舰艇编队多次访问越南，并与越南海军在南海进行联合巡逻和军事演习。印度的“南进”战略将对南海的安全现状产生影响，使维护南海通道安全的压力加大。

成立于1971年的“五国联防”，其成员有英国、澳大利亚、新西兰、马来西亚和新加坡，现也把在南海打击海上恐怖主义提上了议事日程，并计划先在成员间进行更多的海上安全演习，然后吸收东南亚其他国家参加。2004年6月，“五国联防”在南海举行了海上安全演习，其重点放在反劫船、监控与维和行动上。[①] 此外，澳大利亚在“五国联防”中是一个重要成员。它不仅在马六甲海峡，而且在整个东南亚地区都有经济和安全利益。因此，澳大利亚建议邀请更多的国家加入“五国联防”，但遭到马来西亚的反对，认为这与“五国联防”的概念不符。尽管如此，澳大利亚仍积极参与东南亚地区的海上安全合作，和东盟签署了“打击国际恐怖主义合作宣言”，在反恐、打击跨国犯罪、运输安全等方面进行合作。“五国联防”的新动向也将会对南海通道的安全产生影响。

东南亚国家在南海及其周边水域的海上安全合作方面对中国存在矛盾心理。一方面，由于南海争端的存在，它们不希望中国在海上安全合作领域发挥突出作用。一些人甚至认为中国与东南亚国家发展密切关系，是蓄意谋划的战略野心的一部

① “FPDA to Focus on Non-Conventional Threats to Regional Maritime Security,” *Channel News Asia. com*, June 7, 2004.

分，即把美国边缘化，使自己成为地区的新管家。[1] 东南亚国家还担心中日关系的恶化将使本地区的海上安全合作前景渺茫。它们认为，中国在海上安全合作方面的任何高姿态，都将迫使美国及其他大国如日本和印度等作出反应，提出它们的权利和要求，这不利于东南亚的稳定，如果不加限制，将有可能把整个地区拖入一场混战，从而对打击海盗、有组织犯罪和海上恐怖主义等压倒性的目标形成冲击。另一方面，东南亚国家也意识到在本地区的海上安全合作，特别是在打击海盗、有组织犯罪和海上恐怖主义等问题上，中国是至关重要的因素，没有中国的合作，任何努力都不可能取得进展。因此东南亚国家面临着两难境地，即希望中国在海上安全合作中该扮演何种角色。[2]

三、中国的立场

确保南海通道的安全关乎中国的能源安全乃至经济安全。中国在 1993 年以前还是石油净出口国，但从 2003 年起已成为仅次于美国的世界第二大石油消费国。随着经济的快速发展，中国对进口石油的依存度将继续上升，现在为 20%，2010 年

① "A Diplomatic Offensive," *Far Eastern Economic Review*, August 5, 2004.

② Ronald A. Rodriguez, "Enhancing Regional Maritime Security Cooperation: Options for Southeast Asia," the paper delivered at the international conference "Towards an Integrated Community: China and Southeast Asia in the 21st Century," organized by Shanghai Institute for International Studies, September 11 - 12, 2004, p. 11.

将增至约40%，2020年将达50%左右。2003年中国进口原油的56%来自中东，14%来自亚太地区，23.5%来自非洲，6.5%来自其他地区。[1] 因此能否保障石油进口安全已是当务之急。而石油进口安全的关键是运输，它又细分为海上运输、管道输送和铁路运输等，其中海上运输是中国石油进口安全的最薄弱环节。中国有4/5的进口原油通过南海通道运输，这确确实实是一条极其重要的能源供应线。除了石油外，中国的对外贸易也主要依靠南海通道输出运进，因而也是经济发展的一个重要命脉。但如前所述，这条通道存在危险性和不确定性，特别是海盗、有组织犯罪和潜在的海上恐怖主义威胁，再加上南海争端、周边一些海峡交通秩序较为混乱等，使在南海航行的船舶安全受到严重影响。因此维护海上安全，特别是南海通道的安全，成为中国面临的重大课题。

睦邻合作是维护南海通道安全的一个重要方面，中国为此做了不懈的努力。中国与东盟签署了《南海各方行为宣言》，为和平解决南海争端奠定了基础，并对缓和南海局势发挥了重要作用。中国还与东盟发表了《关于非传统安全领域合作联合宣言》，以共同维护地区的安全和稳定。而中国作为地区外大国，第一个正式加入《东南亚友好合作条约》，更是为维护南海通道的安全起到了极其重要的作用。此外，《中越北部湾划界协定》和《渔业合作协定》的签署和生效，特别是《中越北部湾划界协定》作为中国与邻国达成的第一个海上边界

① 唐卫斌：《中国石油安全与能源外交》，载《外交学院学报》2004年第2期。

协议，意义重大、影响深远；中、菲、越三国石油公司签署《在南中国海协议区三方联合海洋地震工作协议》，联合考察南海协议区内的石油资源储量，迈出了“搁置争议，共同开发”的第一步。所有这些举措都为维护南海通道的安全创造了有利条件。

为进一步确保未来南海通道的安全，中国还应加强与东盟的安全对话合作。东盟一些成员与中国存在南海争端，因此对中国有一定的防范心理。而“中国威胁论”在东南亚也有一定的市场。为避免大国军事力量进入该地区水域而导致安全形势复杂化，减轻南海的安全压力，中国应与东盟加强安全对话，开展海上安全合作。当前应抓紧落实双方签署的《关于非传统安全领域合作联合宣言》，除加强现有的反恐和打击跨国犯罪方面的合作外，还应把打击海盗、维护海上航道安全提上议事日程，并就情报交流、人员交流和培训、执法合作及联合搜救等有关海上安全的方面提出具体措施，以协商共建海上安全合作机制。

中国还可倡议和发起旨在确保南海通道安全的论坛，邀请东盟以及其他使用南海通道的国家参加，探讨和磋商海上安全合作，力争把海盗、有组织犯罪、海上恐怖主义活动等对南海及其周边水域的影响降至最低。

从长远来看，随着陆上资源的逐渐枯竭和减少，人类将越来越依赖海洋，海上争夺将会加剧。而南海是世界上运量第二大的海上航道，仅次于欧洲的地中海，世界上一半以上的超级油轮及商船队（以载重吨位计）航经南海，每年通过南海水域的各类船只在4万艘以上。经过马六甲海峡进入南海的油轮为经过苏伊士运河的3倍、巴拿马运河的5倍。经由南海运输的液化天然气占世界液化天然气贸易总量的2/3。对中国来说，随着经济发展对进口石油的依赖日益增加，以及对外贸易的日益扩大，保证海上通道安全在国家安全中的分量也将日益加大。因此中国应在南海海域保持适度的海上力量存在，以保障南海通道的安全与畅通。

东亚合作的发展及展望*

新地区主义在冷战结束后的发展，便是在世界范围内形成了欧洲、北美、东亚和南美四大板块。与另外三个相比，东亚的地区合作起步较晚，但却引起了人们的极大关注，这主要是因为东亚合作在较短时间内取得了显著的进展，并具有鲜明的特色。东亚合作的发展将不仅对本地区，也对世界产生重要影响。

一、东亚合作的发展

东亚对地区合作的探索可以追溯到20世纪60年代，本地区的一些学者提出了有关东亚合作的设想，但由于当时的形势以及各种条件的限制，只能束之高阁。

1990年，马来西亚总理马哈蒂尔在会见到访的中国总理李鹏时，提出东亚国家应建立东亚经济集团（EAEG），作为对将于1992年成立的北美自由贸易区及欧洲共同市场进一步一体化的回应。但在当时，马哈蒂尔的这一建议遭到了美国的反对，后者认为自己将被排除在外，有损其在东亚的利益；日

---

* 本文原载于《创新》2010年第1期。

本则因担心冒犯美国而不愿加入，尽管马哈蒂尔的提议将其视为东亚经济集团中的重要国家；东盟一些成员国则担心东盟在东亚经济集团中将受大国支配，“稀释”了东盟的团结和身份。东亚经济集团虽然最终不了了之，但东亚合作的思想开始发展起来。

1997 年爆发的亚洲金融危机，是东亚合作进程中的一个重要里程碑。东盟在这场危机中看到了自身力量的局限性，意识到必须把自己的发展同东亚的发展结合起来，共同应对当下及今后可能还会发生的各种危机与挑战。东亚因此逐渐形成了以东盟为主导的各种合作机制，其中包括东盟，“东盟 +3”，“东盟 +1”，东盟地区论坛，中、日、韩三国合作及东亚峰会。

东亚合作从东盟起步。建立于 1967 年的东盟，在冷战结束后的第一个十年覆盖了整个东南亚，至 2005 年已拥有 5.02 亿人口和 8000 亿美元国内生产总值，[①] 被誉为是“发展中世界最为成功的区域组织之一”。[②] 进入 21 世纪后，东盟加快了地区整合的步伐，第九次东盟首脑会议通过了《东盟第二协议宣言》（亦称《巴厘第二协议》），宣布在 2020 年建成由经济共同体、安全共同体和社会—文化共同体三大支柱支撑的东盟共同体。[③] 以往一直被避免提及甚至被视为禁忌的“共同体”，

---

① *ASEAN Statistical Yearbook 2005*, The ASEAN Secretariat, Jakarta, 2005.

② 阿米塔·阿查亚：《建构安全共同体：东盟与地区秩序》，王正毅、冯怀信译，上海人民出版社 2004 版。

③ 2007 年 1 月在宿务召开的东盟首脑会议又决定将东盟共同体的建成时间提前至 2015 年。

被明确写入了《东盟第二协议宣言》。东盟在2007年成立40周年庆时通过的《东盟宪章》，则使东盟拥有了法人资格，并成为东盟建立共同体的法律依据。《东盟宪章》的主要目标是：缩小新老成员差距，尽快实现东盟一体化；加强地区认同，增强东盟凝聚力；提高工作效率，完善东盟组织和运行机制；保持东盟在东亚合作中的核心地位，促进东亚共同体建设；在国际舞台上扮演更重要角色，在国际事务中发挥更大作用。《东盟宪章》的制定在东盟历史上是一件划时代的大事，它使东盟的发展跃上一个新的台阶。

"东盟+3"的合作机制化水平持续提高。"东盟+3"是指东盟与中、日、韩三个东北亚国家的合作机制。[①] 亚洲金融危机爆发后，东盟寻求中、日、韩三国的帮助。1997年12月，东盟—中日韩（当时是"9+3"）领导人非正式会议在吉隆坡举行，主要议题是亚洲金融危机、21世纪东亚的发展前景等，对加强东亚合作发出了明确的信号。1999年发表的《东亚合作宣言》是"东盟+3"走向机制化的第一步。2007年，"东盟+3"又通过了第二份《东亚合作宣言》，表示要进一步推进东亚合作。"东盟+3"现已形成由东盟主导的地区合作机制，在范围上涵盖了东亚主要国家，在内容上包括了贸易、投资、科技等诸多领域，在机制上建立了从领导人非正式会议到部长级会议的多层架构。

"东盟+3"合作首先体现在金融领域，近年来越发显著，

① 1995年，东盟与中、日、韩三国举行会议，协调将在次年召开的亚欧会议上的立场，由此形成"东盟+3"的雏形。

已取得阶段性成果。东盟与中、日、韩三国密切合作，以有效防范金融风险，其中最重要的是2000年5月通过的《清迈倡议》，确立了以双边货币互换为核心的紧急融资框架。为深化东亚金融合作，增强区域危机自救能力，温家宝总理于2003年10月在“东盟+3”领导人会议上首次提出“推动清迈倡议多边化”的倡议，得到与会领导人的积极响应。截至2009年3月30日，在“东盟+3”框架下，各方已签署了17份双边货币互换协议，总金额1180亿美元。其中，中国人民银行与日本、韩国、印尼、马来西亚、泰国和菲律宾的中央银行签署了6份双边货币互换协议，中方承诺出资165亿美元。随着当前世界金融危机的升级，东亚各国加速了推进《清迈倡议》多边化的步伐。早在2007年5月，“东盟+3”财长会议就提出在《清迈倡议》的基础上成立亚洲外汇储备基金库的设想。2009年5月3日，第十二届“东盟+3”财长会议在印尼的巴厘岛举行。根据会议发表的联合公报，规模为1200亿美元的亚洲区域外汇储备库将在2009年年底前正式成立并运作，这标志着《清迈倡议》多边化进程取得了重大的实质性进展。①

“东盟+1”的合作能力迅速发展。“东盟+1”指的是以东盟为主，分别与中国、日本、韩国、印度的合作机制。以东盟为一方，以某国为另一方，发展“东盟+1”合作，困难较少，条件也较充分，并可推动“东盟+3”合作，进而实现东

① 吴成良：《中国致力于与国际社会一道维护全球经济和金融稳定展示负责任大国形象》，载《人民日报》2009年3月30日。

亚地区的整体合作目标。“东盟+1”始于1997年，其中“东盟+中国”发展最快，带动了其他“东盟+1”的进展。“东盟+1”机制的建立，表明了中国、日本、韩国、印度与东盟关系的深化和发展。“东盟+1”是东亚合作的基础，直接关系到“东盟+3”以至东亚共同体的建设。中国、日本、韩国和印度均为亚洲重要国家，它们与东盟的合作及其发展对东亚合作具有深远影响。

东盟地区论坛在地区安全事务中的作用有所加强。东盟地区论坛是冷战结束后东盟为加快建立安全合作机制而倡导建立的跨地区性安全问题协商会议。东盟规定“论坛”以《东南亚友好合作条约》的宗旨为指导，并主张“论坛”分三个阶段发展：第一阶段是建立信任措施，第二阶段是开展预防性外交，第三阶段是探讨解决冲突的方式。东盟地区论坛采用了“东盟方式”的行为规范，这一方式的主要特点是对制度化持审慎态度，用对话和不具有约束力的承诺等非正式及磋商性的方法来处理问题；另一个特点是“协商一致”原则，即通过讨论和协商把最易于被采纳的意见综合起来形成一致，并且这种一致是自愿而非强制，这就意味着那些可能造成对抗或公开不同意见的争议性问题不被列入议事日程。东盟方式还强调耐心和包容性，主张将持相同观点和不同观点的国家都包括到对话中来。东盟地区论坛现有27个成员国，是目前亚太地区唯一的官方多边安全对话与合作机制。

“东盟+3”框架下的中、日、韩三国合作稳步推进。中、日、韩三国合作指的是在“东盟+3”框架下的东北亚合作。

2003年10月，在印尼巴厘岛召开的“东盟+3”领导人非正式会议期间，中、日、韩三国领导人签署了《中日韩推进三方合作联合宣言》，强调为切实推进实质性合作，三国有必要本着循序渐进、先易后难，不断拓展、日益深化的方式，在贸易与投资、信息通讯、环境保护、防灾治灾、能源、金融、科技、旅游、渔业资源保护等方面拓展并深化合作。同时为增进相互理解和信任，拓宽交流渠道，促进未来三边合作，三国还将加强人员交流、文化、教育、人力资源开发、新闻媒体、公共卫生、体育等诸多领域的合作。[①] 为落实该宣言，三国外长于2004年6月在青岛举行会议，成立了“中日韩三方委员会”，并决定共同制订“三方合作行动战略”。2004年11月，中、日、韩领导人非正式会议在老挝首都万象举行，通过了《中日韩合作进展报告》和《中日韩三国行动战略》，具体规划了今后的合作，重点研究三国自由贸易区的建立、投资安排与能源合作等。在美国次贷危机蔓延扩散成为全球性金融危机以及“东盟+3”会议因故延期的情况下，2008年12月13日，中、日、韩三国领导人在日本福冈首次举行了具有里程碑意义的单独峰会，共同签署了《三国伙伴关系联合声明》，并发表了《国际金融和经济问题的联合声明》、《三国灾害管理联合声明》和《中日韩合作行动计划》。[②] 本次会议确立了三国伙伴关系，并将三国领导人单独举行会议机制化，标志着

① 《中日韩推进三方合作联合宣言》，http://www.people.com.cn/GB/shizheng/1024/2121692.html。

② 《温家宝出席中日韩领导人会议》，载《人民日报》2009年12月14日。

中、日、韩合作进入了新的发展阶段，而且对整个东亚合作进程都将产生深远影响。第二次中、日、韩领导人会议于2009年10月10日在北京举行，中国国务院总理温家宝在主持会议时指出，在携手应对国际金融危机、恢复经济增长的关键时刻，中、日、韩三国领导人齐聚一堂，回顾和总结三国合作的历程，展望和规划三国合作的未来，就共同关心的重大国际和地区问题深入交换看法，对增进政治互信、推进互利合作、促进亚洲稳定与发展具有重要意义。

东亚峰会作为东亚合作进程的新机制潜力巨大。首届东亚峰会于2005年12月在吉隆坡举行，与会者除了“东盟+3”成员外，印度、澳大利亚和新西兰三个在地缘上不属于东亚的国家也获得了参会资格，显示东亚合作已突破了地理的限制，扩大了范围。虽然从严格的意义上讲，东亚峰会迄今只是一个论坛，但正如温家宝总理在首届东亚峰会上所言：“东亚峰会的召开是东亚合作进程中的一件大事，是经济全球化与区域合作加快发展的客观要求，是本地区各国相互依存、共同利益不断扩大的必然结果，标志着东亚合作进入一个新的发展阶段。东亚峰会为与会各国共商发展大计提供了一个新的平台，必将推动东亚合作向更大范围、更广领域和更高水平迈进。”[①] 2007年1月在菲律宾宿务召开的第二届东亚峰会通过了《东亚能源安全宿务宣言》，提出了东亚地区能源合作的具体目标和措施，这表明东亚峰会已朝着务实合作的方向

① 《坚持开放包容实现互利共赢——温家宝总理在首届东亚峰会上的讲话》，载《人民日报》2005年12月15日。

发展。第三届东亚峰会于2007年11月21日在新加坡举行，主要议题是气候变化、可持续发展等。温家宝总理在会上发表了题为《携手合作共同创造可持续发展的未来》的讲话，着重阐述了中国政府在应对气候变化问题上的5点看法和主张。与会领导人签署并发表了《气候变化、能源和环境新加坡宣言》。

东亚合作除了以东盟为主导的各种合作机制外，“六方会谈”机制是否能在解决朝核问题的单一功能性基础上逐步朝着次地区乃至整个东亚地区的安全合作机制转化，也越来越引起人们的关注。尽管“六方会谈”机制目前在朝核问题的“去功能化”的“可核查”等问题上遇到阻碍，但是朝核问题如果能在“六方会谈”机制下得到和平解决，不但为整个地区未来加深合作提供必要的现实基础，而且该机制本身也具备相当的扩展和涵盖整个地区安全的能力。

东亚合作的发展也为培养地区认同和理念提供了必要的条件：第一，提高了东亚经济的相互依存度。区内贸易的份额从1990年的31.7%增长到了2008年的42%。[①] 以中国为例，仅在2007年，与东盟及日本、韩国的进出口贸易额就达到了5984.28亿美元，[②] 东盟国家及日本、韩国对华直接投资则为

---

① Donghyun Park and Kwanho Shin, “Can Trade with the People's Republic of China be an Engine of Growth for Developing Asia?” ADB Economics Working Paper Series, No. 172, Asian Development Bank, October 2009, p. 5.

② 根据中华人民共和国商务部亚洲司：《2007年1—12月对亚洲国家地区贸易统计》数据计算，中华人民共和国商务部网站，http://yzs.mofcom.gov.cn/aarticle/g/date/k/200802/20080205366505.html。

7000万美元（不包括金融领域）。[①] 这些都有助于把地区的经济联结在一起。第二，加强了东亚共同而互补的文化特征。其中包括强调家庭、社区与社会的和谐及责任，尊重权威等，新加坡和马来西亚为此还提出了“亚洲价值观”。这些文化特征的存在一定程度上构成了东亚团结的基础。第三，增强了应对非传统安全威胁的合作。亚洲金融危机的发生，以及众多跨国性非传统安全的威胁，增强了东亚各国合作共同应对的信念。随着全球金融危机影响到东亚各国，以及包括能源安全、气候变化、国际恐怖主义等大量非传统安全和跨国性问题对各国安全的严重威胁，东亚各国希望加强合作，共同应对挑战的需求与日俱增。第四，中国的和平发展促进了东亚合作进程。中国的经济发展对东亚产生了巨大的影响，而且中国积极主动地融入地区，这使东亚各国，特别是东盟成员国备受鼓舞。

二、东亚合作的特点

东亚合作以东盟为核心。自1997年亚洲金融危机至今，经过十多年努力，现已形成以东盟为主导的东亚合作进程。为充分发挥在东亚合作中的“驾驶员”作用，东盟加强了自身建设，即通过《东盟宪章》和宣布建立东盟共同体。这对东

① 根据中国投资指南：《2007年1—12月（外商直接投资）利用外资分国别/地区分析表》数据计算，http://www.fdi.gov.cn/pub/FDI/wztj/wstztj/lywzfgbdqtj/t20080121_89051.htm。

亚合作进程来说至关重要，因为东盟提供了一个强大的基础，得以集中资源和精力应对东亚面临的共同问题；“东盟方式”则为东亚合作进程提供了包括协商达成一致在内的原则，使东亚合作进程能在此基础上以一种对所有参与者都有利的方式运作。无论是“东盟+3”，还是“东盟+1”，抑或是第三届东亚峰会，东盟在其中都发挥了领导作用，是东亚合作进程的“驾驶员”。这使东盟在每个合作机制中都享有决定议程的优势，从而大大地有利于东盟一体化的发展。另一方面，由东盟主导东亚地区合作进程不仅能够充分发挥其积极性，还可以避免大国之间的主导权之争。但这种安排的缺点在于东盟是一个地区组织，其内部首先就需要协调，再加上东盟实力不强，在区内主要国家支持不够的情况下，容易造成议题或议事的主导权旁落。

东亚合作以金融合作为先导。1997 年亚洲金融危机爆发后，东亚国家在发展预防性能力以避免金融危机方面有着共同的利益，并就有效防范金融风险展开了密切的合作，东亚合作也因此显现出金融先行的势头。

双边与多边并举，这在自由贸易方面尤其突出。除东盟自由贸易区外，东亚区内国家已签订或达成多个自由贸易协定（FTA）/经济伙伴关系协定（EPA），如中国—东盟自由贸易区（2010 年建成）、《日本—东盟全面经济伙伴框架》（2003 年 10 月签署）、《韩国—东盟全面合作伙伴框架》（2004 年 11 月签署）、日本—新加坡经济伙伴关系协定（2002 年 1 月签署，同年 11 月正式生效）、日本—菲律宾经济伙伴关系协定

（2004 年 11 月达成协议）、日本—马来西亚经济伙伴关系协定（2005 年 5 月达成协议）、日本—泰国经济伙伴关系协定（2005 年 8 月达成协议）、韩国—新加坡自由贸易协定（2004 年 11 月达成协议）等。

软机制发挥核心作用。国际合作机制主要表现为两种形式：一是固定协调机制，通过一致的协议，依据共同的准则行事。它的载体一般是专门的国际组织，所以又称为机构性协调机制，或者说“硬机制”。二是灵活协调机制，大多表现为多边会议的形式，既可以来自几个国家，也可以来自一个集团，另外还可以是论坛，这一类通常被称为“软机制”。东亚形成的地区合作机制迄今都是软机制。软机制是东亚合作的重要特点之一。

东亚是亚洲地区合作的引领者。东亚合作启动于 1997 年，形成了“东盟 +3”与“东盟 +1”合作机制、“东盟 +3”框架下的中、日、韩合作以及东亚峰会。东亚合作迄今已取得了不少成果，对整个亚洲的地区合作起了引导作用，南亚、中亚和西亚的次区域合作都在向东亚靠拢。

三、东亚合作面临的挑战

自 2005 年首届东亚峰会召开以来，东亚合作步伐变缓，动力减弱，东亚合作进入了一个低速发展、重新寻找动力的转折阶段。表现为：“东盟 +3”与东亚峰会的平行发展导致目标不明；东亚自由贸易区尚未提上议事日程；制度化建设有待达成共识；地区认同亟须加强；东亚共同体建设仍停留在口头上。所有这些都表明东亚合作正面临以下诸多挑战：

一是东亚各国对地区合作的动因及地区认同的理念存在差异。东亚各国对东亚合作的内容存在不同看法，各国侧重点不同。东盟国家多为中小国家，只有联合起来才能共同促进经济发展，才能抵御其他区域组织的竞争压力，也才能提高成员国的发言权。日本要通过东亚合作解决追随美国的不平衡状态。韩国则提出“东亚论”，一方面是国际形势的巨变重新提出了韩国的定位问题，另一方面与南北统一的考虑有关。

二是关于东亚的地域范围至今仍没有形成统一的意见。东亚峰会中的澳大利亚、新西兰、印度已经超出了通常的东亚地理范畴，而日本等国还在考虑将美国纳入合作进程。俄罗斯和一些中亚国家也希望加入东亚合作。

三是东亚各国对一体化还没有形成统一的认识，缺乏统一的目标。民意调查发现，东亚国家对“亚洲人”价值观的认同比例非常低。中日关系如何超越过去，超越历史，也是一个无法绕过去的难题。区内国家与区外国家往往具有更加密切的联系。日本、美国、新加坡、澳大利亚等国之间的合作对东亚合作有一定的离心作用，在某种程度上弱化了东亚合作。

四是地区遗留的传统热点问题如朝核问题，以及地区重要国家围绕领土纠纷的矛盾仍然成为阻碍东亚合作进一步发展的主要挑战。

上述挑战形成的原因是多方面的。首先是东亚合作的历史不长，区内国家对地区合作的理念和认知都还很弱。由经济合作向政治安全合作乃至向集体认同发展的扩溢效益并非一个简单的线性过程。其次是东亚各国经济发展水平差异巨大，既有世界第二大经济体日本，也有世界上最大的发展中国家中国，还有最不发达国家，区内各国对地区合作有各自的利益和诉求，使合作难度加大。第三是东亚的危机驱动力有所减弱。1997 年的亚洲金融危机成为东亚合作机制正式启动的重要契机。但进入 21 世纪以来，亚洲金融危机的驱动势头已相对减弱。2008 年以来全球金融危机的蔓延扩散，在一定程度上加强了东亚金融合作的深度和广度，但鉴于应对此次危机的关键在于全球主要经济体如美、欧、日和中国等新兴大国的协调合作，危机是否能为推动新一轮的东亚合作提供持久的动力尚需观察。第四是东亚大国对地区合作认识不同，特别是中、日两国在地区发展战略等问题的认知上存在差异，阻碍了两国在东亚合作进程中发挥集体领导作用。

同时还应看到，地区合作不是把参与者的力量简单叠加。在以民族国家为主体的当今世界，地区合作只有通过参与者不断协调才能达到目的，而协调产生的效果总是相对和有限的，协调失败或不能达到预期目标的情况经常发生。个别成员的利益和整体利益发生矛盾时，前者往往得到优先考虑。鉴于东亚合作的现实，这种情况在东亚时有发生。

四、东亚合作的发展趋势

为应对上述挑战，东亚合作未来的发展将表现出以下趋势：

第一，东亚合作多种机制并存发展的局面将长期存在。东亚合作进程以发展各国共同利益或共享利益为宗旨，以构建新的地区关系和秩序为目标。东亚多种合作机制并存的局面，表明各参与国利益的多元化，单一的地区合作机制不能代表所有参与者。这些合作机制均起到了对话平台的作用，有助于参与各方增进理解、加强合作、改善关系，从而推动东亚整体合作。

第二，东亚合作主要体现为务实合作，特别是经济领域的功能性合作。加强基础设施建设，形成东亚基础设施网络，促进经济发展，尤其成为当前区内发展中国家的迫切需要。就连定位于战略性合作的东亚峰会，也已表现出越来越具有实质性的合作内容。因此现在及将来的很长一段时间内，东亚合作的重点及重心是在经济合作上，而不是在制度化建设上。

第三，东盟迄今在东亚合作中发挥的主导作用，因其变革而在今后一个时期将有所减弱，而未来东亚地区大国（如中、日、韩）的作用将取决于能否保持相互利益的协调和战略磋商的成功。东盟目前由于面临自成立以来前所未有的全球化和区域化带来的巨大压力，正在进行变革。东盟变革顺利与否的标志是能否如期实现东盟共同体。在这一过程中，东盟将忙于自身建设而无力顾及东亚合作的发展。

第四，“开放”的地区主义是东亚合作的重要基础。东亚的区域化与全球化的关系呈积极互动状态，“反全球化”的负面作用不太严重。东亚实行的是“开放”的地区主义，对世界其他地区都没有排他性，而且还有很强的相互依存性，尤其是依赖于美国和欧洲的资金、技术和管理。当然，美国和欧洲也依赖于东亚生机勃勃的新兴市场、劳动密集型和技术密集型产品，以及大量的人才和人力资源。在融入世界市场的同时，东亚的经济合作正在大力推进，“东盟+1”、“东盟+3”的机制迅速发展，甚至产生了巨大的吸引力，使印度、澳大利亚、新西兰在广义上进入了“东亚”，俄罗斯等国也紧随其后。

第五，东亚的区域性变迁将继续带动和重塑地区各国的经济、政治和社会发展。东亚地区的发展变化不是单个国家变化的简单总和，而是更加复杂的过程。日本在二战后的兴起，为“亚洲四小龙”引路，接着“四小虎”跟上，然后中国“巨龙”苏醒，最后新东盟国家如越南取得瞩目成就。发展如滚雪球般，不是一个国家，而是一批国家互相学习借鉴，互相推动促进，有其内在的逻辑。在某种程度上，历史积累的经济、社会和文化的脉络在新的条件下复活了。尽管每个国家都有其独特性，但是共同发展的现实促进了相互依存的认同。

第六，东亚的地区认同将逐步形成。东亚国家在参与地区合作的进程中，将不仅形成地区的共同利益，同时还建构地区认同。地区认同是地区合作的基础，只有在地区认同的平台上，区内国家才能相互理解和交流，协调和制定共同的行为规范，推动东亚合作向前迈进。

第七，东亚合作进程将遵循由易后难、循序渐进的方式发展。由于东亚国家在政治、经济、文化、社会等方面存在多样性，东亚共同体不可能一蹴而就，其实现将经历极其缓慢的过程。

美国的亚太战略及其影响*

自奥巴马就任总统以来，美国调整了亚太战略。2009 年 11 月 14 日，奥巴马在东京发表演讲时声称，他是美国首位“心系太平洋的总统”，美国作为太平洋国家，要增强并继续保持在太平洋地区的“主导地位”。2010 年 1 月 12 日，美国国务卿希拉里·克林顿在夏威夷就美国的亚洲和太平洋地区政策发表演讲，与奥巴马总统的东京演讲相比，希拉里的演讲将范围从亚洲扩展到亚太，并且在战略定位上再度明确，即发展同亚太地区的关系是美国对外政策的重点。希拉里称：“美国的前途与亚太地区的前途紧密相连；而这个地区的前途有赖于美国。”

亚太地区之所以成为奥巴马政府关注的重点，是因为其上任时，世界和亚太地区的形势已发生了很大变化：美国次贷危机引发的国际金融危机改变了大国和地区力量的对比，美国、欧盟、日本的经济受到削弱，亚洲正在成为世界经济增长的动力源；新兴大国迅速崛起，其中“金砖四国”有三国是在亚太地区，尤其是中国的发展更令人瞩目，其经济在国际金融危机的背景下仍保持快速增长，在世界舞台上的发言权也进一步

---

* 本文原载于《国际展望》2010 年第 4 期。

加大。亚太地区也是美国重要的出口市场和投资地，美国公司每年向亚太国家输出价值3200亿美元的货物和服务，创造千百万份待遇优厚的工作，密切保持与亚太地区的经济联系对美国的国家利益至关重要。特别是亚太地区经济已率先复苏，成为美国借重的力量。

另一方面，奥巴马政府承认，现在的重大国际问题，美国无法单独解决，必须得到国际合作，不仅要靠传统的盟国，还要寻求“新的合作伙伴”。但美国在寻求国际合作方面，并非真正主张多边主义，而是寻求在美国主导下的多边主义。由此可见，奥巴马政府的亚太战略，虽与其前任在理念上和策略上有很大区别，但维护美国领导世界的地位，推行“美国统治下的世界和平”的总体战略目标并未改变，其亚太战略只是“重塑美国领导世界形象”的组成部分。

有鉴于此，美国亚太战略调整的一个重要方面，即谋求参与该地区的多边合作，势必对亚太方兴未艾的地区合作带来诸多影响，主要表现在以下方面：

一、以美国主导取代东盟领导

东亚合作迄今最突出的特点就是以东盟为核心。无论是“东盟+3”，还是“东盟+1”，抑或是东亚峰会和东盟地区论坛，都是东盟在其中发挥了领导作用，东盟是地区合作进程的“驾驶员”。而美国一旦参与东亚合作，必定会把东盟撇在一边，自己主导地区合作。理由是：第一，美国是世界上唯一的超级大国，在国际事务中历来扮演领导角色，在有关地区合作的事项上同样也会发号施令。第二，美国并不看重东盟，认为东盟力量不强，能力较弱，10 个成员国处于不同的发展层次以及具有不同的政治制度，难以聚合到一起；每个成员国内部都或多或少地存在问题，各自忙于处理国内问题而无暇地区整合；更重要的是缅甸问题影响了美国对东盟的看法，美国认为缅甸问题是东盟的“软肋”，东盟在缅甸问题上无所作为而失去可信度。因此美国不会服从东盟在东亚合作上的指挥。

二、以亚太合作覆盖东亚合作

由东盟领导的东亚合作提出将“东亚共同体”作为东亚合作的长期目标，并由三根支柱构成：一是政治合作，建立机制化的东亚峰会；二是经济合作，建立东亚自由贸易区和东亚金融合作机制；三是社会文化合作，发展东亚人民之间的交往和参与机制，同时强调“东盟+3”进程是建立东亚共同体的主渠道。另一方面，美国参加地区合作是有前提条件的：第一，不能损害盟国关系；第二，不能损害美国已参加的国际组织，如亚太经济合作组织和世界贸易组织等；第三，不能损害美国在全球和地区的战略及其利益。从这些考虑出发，美国将谋求以亚太合作覆盖东亚合作，因为目前东亚主要的合作机制，如“东盟+3”、东亚峰会等都不包括美国，而且美国领导人也不可能有时间到东亚参加这么多会议，最好的办法就是以亚太合作覆盖东亚合作，将东亚系列峰会和亚太经济合作组织领导人会议相衔接，既可使美国充分发挥领导作用，又可使美国领导人减少旅途劳顿。

三、以“跨太平洋战略经济伙伴协定”（TPP）引领亚太经济合作

“跨太平洋战略经济伙伴协定”在2005年成立时只有文莱、智利、新西兰和新加坡四个成员，美国于2008年宣布参与，并于2009年启动谈判。跟随美国之后，澳大利亚、秘鲁和越南也宣布要加入，TPP扩大谈判现已举行两轮。奥巴马就任以来实行的是贸易保护主义，之所以看重TPP，是因为经贸政策是亚洲国家对外政策的重要基础，而美国在亚洲没有自由贸易协议，这将会减少其在该地区的影响力。同时，美国前任总统布什提出的亚太自由贸易区倡议，响应者寥寥无几。奥巴马政府以TPP为抓手，通过设立自己的自由贸易标准，并将该协定扩大到所有亚太国家，来引领亚太经济合作。另一方面，随着越来越多的“东盟+3”成员加入该协定，东亚经济一体化进程将会受到削弱，TPP成为美国平衡东亚合作，反对建立东亚自由贸易区的工具。

美国参与亚太合作所产生的上述可能性后果，将会影响中国地区合作战略的顺利实施。首先，东亚合作刚刚起步，各国

之间差距很大，中日、日韩等国之间还有很多矛盾难以克服，东盟中小国家对于大国主导或大国相争十分担忧。因此中国作为一个大国，始终支持东盟在东亚合作中发挥主导作用，认为东盟一直是“东盟+3”会议的组织者和协调者，这既是东亚合作的特色，也是各方现实和明智的选择。美国若主导东亚合作，将使东亚合作进程发生质的变化。其次，中国关于地区合作的理念是与地区谋求共同发展，“互利共赢”，以营造和平稳定、平等互信、合作共赢的地区环境为目标。因此中国欢迎任何有利于地区和平、稳定、繁荣的合作机制，不主张以一种机制覆盖另一种机制。第三，中国已与东盟建立自由贸易区，并和一些亚太国家签订了双边自由贸易协定，将和更多的国家签订自由贸易协定。中国遵照世界贸易组织的原则和标准，更多的是从大局出发，尽可能照顾对方的关切，甚至让利于后者，做到多予少取和先予后取，以实现共同发展、“互利共赢”。中国反对在地区经济合作中设定不同的标准，并将其强加于他人。

试析印度的海洋战略*

近年来对印度洋的研究成为我国国际关系学界的热点之一，印度洋沿岸最大国家印度的海洋战略也由此成为关注的焦点，有称其为“海洋安全战略”或“印度洋安全战略”①，也有称其为“印度洋控制战略”② 等等，不一而足。称谓的差异表明考虑问题的视角不同。本文拟从目标、布局和谋略这些方面出发，对印度的海洋战略进行探讨和分析。

一、主导印度洋——印度海洋战略的目标

印度洋对印度具有重要的战略意义。印度洋是世界第三大洋，东、西、北三面连接亚洲、非洲和大洋洲，有红海、波斯湾、阿拉伯海、孟加拉湾等重要边缘海和海湾。在印度洋地区居住的人口约占世界总人口的1/3。这里还有地球上60%的铀矿，40%的黄金，和绝大部分的锡、橡胶和钻石。据统计，世

* 本文原载于《太平洋学报》2010 年第 6 期。

① 宋德星、白俊：《“21 世纪之洋”——地缘战略视角下的印度洋》，载《南亚研究》2009 年第 3 期，第 42 页。

② 王历荣：《印度洋与中国海上通道安全战略》，载《南亚研究》2009 年第 3 期，第 50 页。

界上约40%的离岸石油产品出自印度洋，65%的石油储量和35%的天然气储量存在于印度洋沿岸国家。[①] 印度洋还是连接太平洋与大西洋的交通枢纽，世界上1/3的散装货和2/3的原油都通过这条国际航道运往各地。印度在马六甲海峡和霍尔木兹海峡之间，大部分国土伸入印度洋，其海岸线长达7000公里，并拥有250万平方公里的专属经济区，每年大约97%的对外贸易物资通过海路运输，石油需求的90%来自海上，或是船运，或是取自离岸地区。此外，印度在印度洋中部还有一个被分配到的15万平方公里的深海采矿区。因此除了地缘外，印度洋对印度还具有经济和生态等方面的多重意义。

任何一个国家的海洋战略都服务于该国的国家战略，印度也同样如此。印度的国家战略是要成为一个世界大国，这一战略从其独立之日起就已确定。印度的开国元勋尼赫鲁（Neh-Ru）认为，印度拥有雄厚的潜在资源，除美、苏、中三大国外，“第四个大国舍印度莫属”。他在《印度的发现》一书中宣称：“印度以它现在所处的地位，是不能在世界上扮演二等角色的。要么就做一个有声有色的大国，要么就销声匿迹。中间地位不能引动我。我也不相信任何中间地位是可能的。”[②] 尼赫鲁绘制蓝图，要把印度建成强大、统一、受到国际社会尊重并发挥重要作用的世界大国，印度也一直在为实现这一战略

① Harsh V. Pant, “India in the Indian Ocean: Growing Mismatch between Ambitions and Capabilities,” *Pacific Affairs*, Vo. l82, No. 2, Summer 2009, p. 280.

② ［印］贾瓦哈拉尔·尼赫鲁：《印度的发现》，齐文译，世界知识出版社1956年版，第57页。

而努力。进入21世纪以来，随着逐渐显露出来的经济发展势头和技术潜能，印度正在崛起之中，成为国际政治舞台上一个重要的角色，实现大国抱负的愿望越发强烈。印度的海洋战略是其国家战略不可或缺的组成部分，理所当然地服从于后者，紧紧围绕它而确立和展开。

为使印度成为“有声有色”的世界大国，印度海洋战略的目标非常明确，即主导印度洋。印度自认为是“印度洋的真正馈赠”,[①]“不应该忘记印度洋之所以被称为‘印度的’(Indian)，是因为印度支配着它”。[②] 除地理优势之外，文化优越感是印度提出的另一条理由。“多少世纪以来，印度是印度洋地区最先进的文明，在波斯湾、非洲和东南亚等印度洋周边的其他地区发挥着影响力。”[③] 印度不仅是陆上大国，还要成为海上大国，才能在国际社会拥有举足轻重的地位。

但纵观历史，特别是近代以来的历史，印度并未主导过印度洋。在欧洲人向东入侵后，英国曾长期独霸印度洋。二战结束后，这一局面虽被打破，印度洋却成为大国间竞相争夺和对抗的场所：英国仍然保持了在印度洋地区的军事存在，自印度独立以来，英国在苏伊士运河以东卷入的大规模军事行动就不下20次；美国于1966年在离印度南端1000英里的迪戈加西

① Maharaj K. Chopra, *India and the Indian Ocean*, *New Horizons*, New Delhi: Sterling Publishers Private Lmiited, 1982, p. 1.

② Rajiv Sikri, *Challenge and Strategy*: *Rethinking India's Foreign Policy*, New Delhi: Sage Publications India Pvt Ltd., 2009, p. 248.

③ Rajiv Sikri, *Challenge and Strategy*: *Rethinking India's Foreign Policy*, New Delhi: Sage Publications India Pvt Ltd., 2009, p. 248.

亚岛建立了通讯机构；苏联也在马来西亚、新加坡、斯里兰卡和毛里求斯等印度洋上的战略险要地区频繁活动。[①] 印度在独立后的最初岁月里百废待兴，无暇顾及印度洋，在当时的印度政治家中只有潘尼迦注意到了印度洋对印度的重要性，认为印度的前途不决定于陆地的边境，而决定于围绕印度的广阔海洋。他还从印度国家安全利益的角度分析指出，“谁控制印度洋，谁就掌握了印度”。[②] 随着美、苏两国在印度洋竞争的日益加大，印度才开始关注该区域，并提议使印度洋成为和平区，以避免超级大国的角逐。印度反复强调，维护印度洋安全的责任，主要应由印度洋沿岸各国承担，其他任何国家都没有必要在印度洋驻军。在印度的努力下，联合国于 1971 年 12 月通过决议，宣布印度洋为和平区，然而该决议没有兑现。冷战结束后，超级大国在印度洋的竞争不复存在，但外部势力并没有退出。1995 年，美国首次在印度洋西北部的永久性军事基地部署了一支独立舰队，迪戈加西亚岛继续承担支援美国军事力量在印度洋行动的任务。进入 21 世纪以后，美国仍是印度洋国际舞台上最重要的角色，法国也继续在印度洋的西南部保持着一支常备海军力量。

与此同时，印度加紧谋求印度洋的主导权。印度在许多场合一再宣称：“从历史和地理来看，印度洋是印度势力范围不

---

① David Burrows, “The Indian Ocean Rim Initiative: A Comparative Indian and Southern African Perspective,” *Strategic Analysis*, Vol. XX, No. 2, May1997, p. 235.

② 潘尼迦：《印度和印度洋——略论海权对印度历史的影响》，德隆、望蜀译，世界知识出版社 1965 年版，第 1—2、81 页。

可分割的一个部分。”[①] 究其原因：一方面，自20世纪90年代以来，印度根据国际形势的巨大变化调整了政策，实行对外开放，与外部交往的增加使印度洋对印度越发重要，“印度的繁荣和海上安全与印度洋紧密联系在了一起”；[②] 另一方面，世界各国对海洋资源的争夺日益激烈，特别是印度洋控制着石油出产丰富的波斯湾之通道，成为当前能源安全的中心地带和主要的贸易要道，而印度在印度洋专属经济区内的渔业资源和矿产开发也随经济的发展变得越发宝贵。印度学者坦言：“印度洋是我们的生命线，不仅因为我们对外贸易的开展，而且因为石油和天然气的连续供应。”[③]

随着印度崛起成为新兴大国，跻身世界大国已是可望也可即的，印度洋遂成为印度对外扩展的最主要方向。印度认为在陆上扩展其影响力的确面临较大难度，因为在其陆上周边的每个方向都存在难以克服的障碍：西面有敌对的巴基斯坦和动荡的阿富汗，北面有竞争的中国和地理上的屏障喜马拉雅山，东面是不合作的孟加拉国和与世隔绝的缅甸。印度要想扮演全球角色，只能寻求经由海上扩大影响力。“印度在印度洋的利益不仅仅是防御性的。印度如果有志于成为大国，那么战略影响力唯一能够扩展的方向就是通过海上。”[④] 印度为此分别于

① John W. Garver, *Protracted Contest Sino-Indian Rivalry in the Twentieth Century*, New Delhi: Oxford University Press, 2001, p. 278.

② S. S. Mehta, *Launching India into the 21st Century*, New Delhi: Minerva Press, 1999, p. 191.

③ Ibid.

④ Rajiv Sikri, *Challenge and Strategy: Rethinking India's Foreign Policy*, New Delhi: Sage Publications India Pvt Ltd., 2009, p. 251.

2004年和2006年发布了《海洋学说》（the Maritime Doctrine）与《海洋战略》（the Maritime Strategy），并在前者中表明了印度主导印度洋的决心。

二、"一点两环"——印度海洋战略的布局

印度将印度洋视为其战略区域，提出"整个印度洋盆地——从北面的波斯湾到南面的南极洲，从西面的好望角及非洲东岸到东面的马六甲海峡及马来西亚和印度尼西亚群岛——都是印度的战略周边"。[①] 它尤其希望控制从波斯湾到马六甲海峡的这部分地区，"自以为是印度洋沿岸国家中唯一对这一水域的咽喉之处具有战略利益的国家，即：红海和霍尔木兹海峡、非洲东部的马达加斯加地区，以及东南亚的马六甲海峡"。[②] 换句话说，印度如果不能决定性地控制其海上周边地区，特别是印度洋北部，就不能成为世界大国。

印度为此谋划以"一点两环"在印度洋建立支点，支撑其海洋战略。"一点"是指安达曼—尼科巴群岛，印度在该群岛建立了强大的军事基地，以图控制印度洋北部。"两环"是指印度洋的西环和东环，印度通过地区合作的方式将其影响力扩大到印度洋沿岸国家，并希望向东延伸到太平洋。

---

① Rajiv Sikri, *Challenge and Strategy*: *Rethinking India's Foreign Policy*, New Delhi: Sage Publications India Pvt Ltd., 2009, p. 249.

② A. Z. Hilali, "India's Strategic Thinking and Its National Security Policy," *Asian Survey*, Vol. XLI, No. 5, September/October 2001, p. 755.

安达曼—尼科巴群岛所处位置对印度的海洋战略，特别是对印度“控制其直接的海上周边地区，即阿拉伯海、孟加拉湾，以及北印度洋”[①] 具有十分重要的意义。这一群岛包括570多个岛屿和露出水面的礁石，岛屿总面积约为8，300平方公里，海岸线总长1962公里，大陆架为16000平方公里，印度约30%的专属经济区和25%的海岸线均在安达曼—尼科巴群岛。[②] 该群岛对印度的重要性体现在以下方面。一是印度陆上的安全屏障。安达曼—尼科巴群岛从北向南绵延450海里，控制着孟加拉湾。以安达曼—尼科巴要塞著称的布莱尔军港，离马六甲海峡只有80英里，更是被喻为“永不沉没的超级航空母舰”。二是印度海上通道安全的保障。安达曼—尼科巴群岛扼守东南亚的西入口，同时还将孟加拉湾和马六甲海峡分隔开来。安达曼—尼科巴群岛到缅甸170海里，到泰国270海里，到马来西亚420海里，到印尼90海里，安达曼海则是通往马六甲海峡的门户。三是印度自然资源的丰富来源。安达曼—尼科巴群岛拥有稀有的柚木、药用植物、红树林和其他林业产品，以及大量的渔业资源、鳄鱼、鲨鱼及各种珊瑚和贝壳。印度为此在安达曼—尼科巴群岛投入重兵，建立了军事基地和三军指挥部。印度学者认为“这是精明的一招”，不仅使安达曼—尼科巴群岛成为印度海洋战略的重要支点，更可以

---

① Rajiv Sikri, *Challenge and Strategy: Rethinking India's Foreign Policy*, New Delhi: Sage Publications India Pvt Ltd., 2009, p. 251.

② Kishore Kumar, "Andaman and Nicobar Islands: Our Gateway to the East," in K. Raja Reddy ed., *India and ASEAN: Foreign Policy Dimensions for the 21st Century*, New Delhi: New Century Publications, 2005, p. 43.

"对其他大国施加潜在的压力"。[①]

在印度洋西侧，印度于1997年联合南非共同发起建立了"环印度洋地区合作联盟"（Indian Ocean Rim Association for Regional Cooperation），成员虽来自亚洲、非洲和大洋洲，但骨干是印度洋沿岸非洲国家。印度在该联盟中发挥主导作用，并希望以这样一种合作框架，将非洲东部国家组织起来，更好地维护印度的国家利益和实现其在印度洋的长远目标。印度外交秘书V. K. 格罗弗在环印度洋地区合作联盟召开的第一次正式会议上指出："印度不单单由于地理的和语源的原因而与印度洋不可分离。我们位于印度洋地区的中心，并是其东环和西环的连接处。在过去很长的时间里，我们做了大量的工作来促进和参与更大的印度洋共同体。在当前情况下，由于全球化的规模和重要性，以及印度外向型的和充满活力的经济现状，我们可以成为成长中的环印度洋地区合作集团积极的——如果不是不可分割的——要素。"[②] 同时，环印度洋地区合作联盟的建立也使印度可以充分利用海外印度人为其海洋战略服务。数百年来，大批印度人穿越印度洋到非洲定居。今天，在南非、毛里求斯、坦桑尼亚、莫桑比克、马达加斯加等印度洋沿岸非洲国家有大量的印度移民后裔，其中一部分人已成为当地成功的实业家、资深的政治家、专业人士、文官、科研人员和公司管

---

① Rajiv Sikri, *Challenge and Strategy*: *Rethinking India's Foreign Policy*, New Delhi: Sage Publications India Pvt Ltd., 2009, p. 252.

② Hari Sharan Chhabra, "Economic Cooperation: The Indian Ocean Rim Concept," *India Digest*, Vol. 2, February/March 1996, p. 7.

理人员，他们不仅和印度保持着密切的文化与经济往来，还为印度提供强大的政治影响力。仅以南非为例，1997 年在由 400 人组成的南非国民议会中，印度裔人士就有 41 位议长、5 名内阁部长及 2 名副部长。海外印度人在印度洋沿岸非洲国家的势力由此可见一斑。

南非是印度在环印度洋地区合作联盟中最重要的伙伴，前者对好望角航线的掌控，使其在印度洋的战略地位十分突出。“印度与南非都是印度洋沿岸国家，海上安全保障是共同关注的事情。”[①] 印度—南非防务合作联合委员会定期举行会议，讨论各自所在地区的安全环境和影响地区稳定的问题。此外，印度与南非之间有关海军的联合演习、舰艇的建造和维修，以及双方军事人员的交流等，都在有条不紊地进行之中。

在印度洋东侧，印度实施“东向”政策，建立了“东盟 + 印度”合作机制。“东向”政策以东盟为重点，其目的有三：一是将与东盟的联系机制化，二是加强与东盟国家的双边关系，三是扩大印度在东南亚以至亚太的影响。在 2003 年举行的第二次“印度—东盟峰会”上，双方签署了 3 份重要文件，即：《印度—东盟全面经济合作框架协议》、印度加入《东南亚友好合作条约》，以及《印度—东盟合作打击国际恐怖主义联合宣言》，奠定了“东盟 + 印度”合作机制的基础。其中《印度—东盟全面经济合作框架协议》规定在 2011 年建

① Ruchita Beri, “Indo-South African Relations in the Post-Apartheid Era,” *Strategic Analysis*, Vol. XXII, No. 2, May 1998, pp. 282 – 283.

立东盟—印度自由贸易区，被认为是深化双方伙伴关系的里程碑。[①] 印度签署《东南亚友好合作条约》，表明它愿意成为促进东南亚和平与稳定的积极因素；《印度—东盟合作打击国际恐怖主义联合宣言》则使双方的安全合作根据形势发展的需要变得更加全面。在第三次印度—东盟峰会上，双方又签署了《印度—东盟建立和平、发展与共同繁荣合作伙伴关系》的文件，为印度和东盟在各个领域的合作制定了路线图。此外，印度还参加了以东盟为核心的东亚合作进程，是东盟地区论坛和东亚峰会的成员。印度的获益还不止于此，“‘东向’政策在使印度成为亚太的一个大国方面发挥了至关重要的作用”。[②] 印度以东盟为跳板，将影响力扩大到了亚太地区。

东南亚在印度的海洋战略中被赋予重要地位。世界上 16 个海上咽喉有 3 个在东南亚，即马六甲海峡、巽他海峡和望加锡海峡，它们是连接印度和太平洋的通道，特别是安达曼—尼科巴群岛在地理上更靠近东南亚而不是印度本土，再进一步考虑到海上贸易和能源安全对印度的重要性，东南亚海上通道的安全符合印度的最大利益。印度通过“东盟 + 印度”合作机制，积极参与东盟的安全合作，介入该地区的安全事务。印度海军凭借与东盟安全合作之机进入南海，多次与东盟国家在南

---

① Nagesh Kumar, Rahul Sen and Mukul Asher, “India-ASEAN Partnership in an Era of Globalization: An Overview,” in Nagesh Kumar, Rahul Sen and Mukul Asher eds., *India-ASEAN Economic Relations: Meeting the Challenges of Globalization*, Singapore: Institute of Southeast Asian Studies, 2006, p. 1.

② G. V. C. Naidu, “Whither the Look East Policy: India and Southeast Asia,” *Strategic Analysis*, Vol. 28, No. 2, April-June 2004, p. 332.

海进行联合巡逻和军事演习，并希望进一步深入到太平洋。

“一点两环”是印度在印度洋的布局，作为其海洋战略的支点，正在逐渐显现它们的作用和地位。

三、多管齐下——印度海洋战略的谋略

印度深知以其目前的国力和地位，难以主导印度洋。为实现海洋战略的目标，印度采取了多种方式。

首先是加快军事现代化的步伐。印度已是世界第四军事大国，但仍认为对实施海洋战略来说还远远不够，近年来加强了军队特别是海军的现代化建设。印度要求把每年国内生产总值的3%用于国防开支，以加强军事装备，提高军队战斗力。印度海军的经费尤其呈增长趋势，1996—1997 财政年度至 2005—2006 财政年度，海军经费每年占印度国防经费的 15%，但在 2008—2009 财政年度已增加到 18%。[①] 在印度的陆、海、空三军中，海军的现代化发展最快，拥有三项关键性装备——具有远距离飞行能力的飞机、航空母舰、核潜艇，成为印度洋沿岸国家中一支实力雄厚的海上力量。印度还计划在 21 世纪的第二个 10 年里建立两个航母战斗群，拥有 140—145 艘舰艇和国产核潜艇，并打算在 2017 年拥有第三艘航空母舰，使海军有远洋作战能力，确保从南海至波斯湾的任何一点上都有两

① Harsh V. Pant, “India in the Indian Ocean: Growing Mismatch between Ambitions and Capabilities,” *Pacific Affairs*, Vo. l82, No. 2, Summer 2009, pp. 283 – 284.

艘航母存在。[①] 同时，印度加紧进行“海鸟”项目建设，该项目包括在西海岸的卡瓦尔建设印度第三个海军作战基地、一个空军机场、一个海军武器库，以及导弹发射井等。[②] 世界上目前拥有潜艇制造技术的国家为数不多，印度是其中之一，印度海军还计划自行建造防空舰艇。除此之外，印度三军武装力量全面现代化也已提上议事日程，包括提高机动能力和火力攻击能力、信息技术与通讯、侦察和夜战能力，以及相应的后勤支援系统。印度空军在轻型战斗机、空中防御雷达、空对地武器的研发上也取得了进展，并升级和集成了具有最先进水平的武器和航空电子设备。[③] 印度于 1998 年 5 月连续进行 5 次核试验后拥有了核力量，并且是世界上第 6 个能生产中远程弹道导弹的国家。核武器与导弹的结合，明显提高了印度的核打击能力。军事现代化的全面发展，提升了印度的海上作战能力。

其次是加强和印度洋沿岸国家的军事联系。印度意识到要主导印度洋，就不能局限在南亚次大陆一隅，必须“走出去”，与印度洋沿岸国家加强军事上的联系和往来。印度在马达加斯加建立监听站，这是它在国外建立的第一个监听站，并与毛里求斯商讨在其国土上安装监听设施的可能性。印度也加强了与莫桑比克及塞舌尔两国海军的联系。印度和新加坡、泰国、印尼及越南进行了海军联合演习，东盟成员国和印度海军

① Manu Pubby, “3rd Aircraft Carrier to Be Inducted by 2017: Antony,” *Indian Express*, May 17, 2007.

② Yevgeny Bendersky et. al., “India’s Project Seabird and Indian Ocean’s Balance of Power,” *Power and Interest News Report*, July 20, 2005.

③ 印度驻华大使馆：《今日印度》2005 年第 7 期，第 42—43 页。

联手在印度洋地区维持秩序，打击海盗、走私和其他对海上通道的威胁。印度还加强了与波斯湾国家海军的联系，派舰艇访问科威特、阿曼、巴林、沙特阿拉伯、卡塔尔、阿拉伯联合酋长国、吉布提等国，并与这些国家的海军进行联合演习。特别是近年来随着经济的发展，东南亚和西亚的一些国家，如越南、印尼、马来西亚、新加坡、卡塔尔和阿曼等，都在加强军事力量，印度已成为它们专门的国防服务提供者，并借此进入了阿拉伯沿海、印度洋及南海的诸多港口。[①] 印度通过这种方式加强了其在印度洋的军事存在，并希望最终能在印度洋适当的地方建立海空军基地，形成一个环绕印度的海上铁壁铜墙。

再次是以多边合作提升印度的国家形象。印度其实并不愿意采用多边方式来讨论有关印度洋的事务，担心会妨碍其实现海洋战略的目标。但在全球化的时代，多边合作与协调已成为国际社会的普遍共识，印度不可能逆潮流而动，因此近年来也开始运用多边手段，与印度洋有关的国家进行合作，以提升印度的国际形象。印度于 2008 年 2 月发起召开了印度洋海军研讨会，近 30 个印度洋沿岸国家的海军首领参加了会议，这是彰显印度在印度洋事务上发挥作用的事例。同样，印度对 2004 年 12 月发生的海啸做出快速反应，这是其海军迄今最大规模的救灾行动，印度希望通过此举向世界表明，它有能力维护印度洋的安全。

最后是“联美抑中”塑造有利于印度的战略环境。印度

---

① Pranab Dhal Samanta，“Start Getting Used to DSP：Defence Services Provider，” *Indian Express*，January 1，2008.

的海洋战略是“确保没有一个敌对的大国在印度洋占主导地位，从而使印度执牛耳于印度洋地区”，[①] 但目前非印度洋国家在印度洋的活动日益增长，势必影响其在印度洋的地位，特别是美国新设立的非洲司令部更是对印度的海洋战略有重大影响。由于海湾地区的能源，以及在阿富汗和伊拉克的战争，美国在印度洋的存在未来将有增无减。以印度目前的实力，难以撼动美国在印度洋的优势地位。有鉴于此，印度采取“联美”手段，试图利用当前印美关系改善之机，为自己在印度洋建立一个有利的战略环境，尽管印度在历史上对美国在印度洋的军事存在非常敏感。美国现在也承认印度在印度洋的重要作用，时任国务卿的科林·鲍威尔认为，对美国来说，支持印度在维护印度洋及其广大周边地区的和平与稳定中发挥作用非常重要。[②] 印美加强了在印度洋的合作，双方海军多次举行联合演习，美国还出售船只给印度海军。此外，印度也和在印度洋地区的英、法等主要西方大国的海军保持联系。另一方面，印度视中国为其主导印度洋的主要障碍，时刻防范中国。随着经济发展对能源需求的增加，中国进口原油的4/5通过海上通道运输，对印度洋的倚重加强。但印度却无端担忧中国，忽视中国在印度洋的利益关切，曲解中国在该地区的举动，强调“印度海军在印度洋更强大的存在，可以增加中国的海上脆弱性，

① 潘尼迦：《印度和印度洋，略论海权对印度历史的影响》，德隆、望蜀译，世界知识出版社1965年版，第92页。

② Colin Powell, “US Looks to Its Allies for Stability in Asia and the Pacific,” *International Herald Tribune*, January 27, 2001.

因而在某种程度上抵消中国在陆地、空中和太空对印度的优势”。[①]

印度将印度洋看作其“后院”[②]，采取多种方式在该地区投子布局，图谋主导印度洋，但目标和现实存在巨大的落差，其中最主要的是：第一，印度的雄心和能力不相匹配。[③] 正如尼赫鲁在论及印度的地位时所指出的那样，“我们在世界上的地位最终取决于国家的统一和实力，取决于我们在解决经济及其他问题上有多大程度的进展”。[④] 印度要实现海洋战略，也同样取决于其综合国力，其中经济力量是重要支撑。印度虽然现已拥有较为强大的综合国力，但仍存在诸多不利因素，对其实现海洋战略形成很大制约。最主要的是印度的经济发展在相当程度上仍受制于传统旧模式的束缚，经济改革的政治阻力和社会压力仍然较大。尤其是人口的急剧膨胀给经济和社会发展带来严重的拖累。印度人口在20世纪高速增长，于2004年年初已超过10亿，占世界总人口的17%，[⑤] 其中生活在贫困线下的人口有2.6亿，[⑥] 这一情况在印度引发了许多社会问题，

---

① Rajiv Sikri, *Challenge and Strategy*: *Rethinking India's Foreign Policy*, New Delhi: Sage Publications India Pvt Ltd., 2009, p. 288.

② Harsh V. Pant, “India in the Indian Ocean: Growing Mismatch between Ambitions and Capabilities,” *Pacific Affairs*, Vo. l82, No. 2, Summer 2009, p. 281.

③ Ibid., pp. 279 – 297.

④ Jawaharlal Nehru, “Independence Day,” in *Jawaharlal Nehru's Speeches*, *1949 – 1953*, Delhi: The Publications Division, Ministry of Information and Braodcasting, Government of India, 1954, p. 7.

⑤ 阿卜杜尔·卡拉姆：《能源独立》，载《今日印度》（印度驻华大使馆）2005年第7期，第3页。

⑥ 同上书，第6页。

成为经济发展和社会进步的沉重负担。第二，印度海洋战略的目标同和平与发展的时代主题相悖。两极格局下，国家关系特别是大国关系表现为零和博弈。冷战结束后，和平与发展成为当今世界的两大主题，国际关系的主旋律由国际冲突转向国际合作，互信、互利、平等、协商是国家间交往的主要方式。争夺印度洋主导权势必引起冲突，不符合和平与发展的时代潮流。第三，“开放的地区主义”使印度难以形成以它为主导的地区集团。全球化时代“开放的地区主义”使世界上的任何地区包括海洋在内，不再可能成为某个国家的势力范围。这是因为“开放的地区主义”的发展，使中小国家能够欢迎和邀请所有的大国介入地区事务，而不是让单一国家来主导地区，以便自己从中获得更大的利益。印度想通过地区合作的方式形成对其有利的地区集团以实现海洋战略恐难做到。

试析东盟主要成员国的海洋战略*

东南亚是一个被海洋所环绕的地区，处于重要的地缘战略位置，世界上16个海上咽喉有3个在该地区，即马六甲海峡、巽他海峡和望加锡海峡，它们是连接印度洋和太平洋的主要通道。在东南亚，超过70%的人口依靠海洋资源为生，其中海上捕鱼分别占亚洲总捕获量的23%和世界总捕获量的约10%。[①] 在地理上，除老挝是内陆国外，东盟其他成员国都与海洋相邻。本文拟分析东盟主要成员国的海洋战略，[②] 包括目标、目的和谋略三个方面。

一、各有侧重——东盟主要成员国海洋战略的目标

由于所处的地理位置和环境的不同，以及国内政治、经济、社会和文化等发展的差异，东盟主要成员国海洋战略的目标都有鲜明特色，各有侧重。

---

* 本文原载于《东南亚纵横》2010年第9期。

① Merliza M. Makinano, "The South China Sea Dispute: Potential Conflict or Impending Cooperation," in Jürgen Schwarz, Wilfried A. Herrmann & Hanns-Frank Seller eds., *Maritime Strategies in Asia*, Bangkok: White Lotus Co. Ltd., 2000, p. 99.

② 本文所指的东盟主要成员国为印度尼西亚、马来西亚、菲律宾、新加坡、泰国和越南。

（一）印度尼西亚：维护国家统一和领土完整

印度尼西亚由17508个岛屿组成，[①]其海洋战略的目标是维护国家的统一和领土的完整。对印尼来说，自国家独立以来就始终受到国内冲突、国家间冲突、跨国犯罪活动三种主要威胁。国内冲突包括亚齐、西巴布亚和马鲁古的动乱以及分离主义活动。国家间冲突虽然发生的可能性很小，但仍然存在，因为印尼与马来西亚、菲律宾等邻国有领土争端和边界水域划分问题。至于跨国犯罪活动，由于印尼在印度洋和太平洋、亚洲和大洋洲之间，所有东西方向和南北方向的海上交通都经过其水域，海上运输又是开放的，可以从各个方向进入除西巴布亚和北加里曼丹以外的印尼所有岛屿，很容易成为贩卖毒品、走私武器等跨国犯罪活动的中转站和目的地。因此，早在1945年，印尼就在制定的宪法里强调建立海权以保护国家的统一和领土完整。

（二）马来西亚：实现工业化国家的重要组成部分

马来西亚的愿景是在2020年实现工业化，海洋是其中的一个重要组成部分。马来西亚为此要求促进海洋经济的可持续

① Robert Mangindaan, "Maritime Strategy of Indonesia in 2000 - 2010," in Jürgen Schwarz, Wilfried A. Herrmann & Hanns-Frank Seller eds., *Maritime Strategies in Asia*, Bangkok: White Lotus Co. Ltd., 2000, p. 326.

发展，建立世界一流的海洋科技。

（三）菲律宾：建成东亚海洋强国

作为群岛国家，菲律宾位于连接东南亚和东北亚的主要国际通道上，全世界一半以上的货运商船经过这些航道。菲律宾海洋战略的目标是建成东亚的海洋强国，利用其地理位置成为东亚地区换乘船只中心和造船、商船人员配置中心以及其他与海洋有关的企业所在地。

（四）新加坡：控制马六甲海峡和新加坡海峡之间的海上通道

新加坡位于世界上最重要的海上通道之一，即马六甲海峡和新加坡海峡的连接处，这条海上通道对其经济繁荣以及由此带来的国内稳定至关重要，因此，虽然领海非常有限，但控制马六甲海峡和新加坡海峡之间的海上通道、维护其安全和自由通航对新加坡不可或缺。此外，新加坡也高度重视其他国际航道的安全和自由通航。

（五）泰国：建立和平的海上环境

泰国的海洋战略是建立和平的海上环境，这一目标的设定由泰国的地理位置所决定。泰国的东西海岸线加在一起大约是

1500公里，但曼谷和其他的主要海港都位于泰国湾，这使泰国70%的进出口货物都必须经过新加坡中转，和平的海上环境对其至关重要。和平的海上环境包括安全和经济两方面内容。在安全上，首先是避免海上冲突，和平解决争端。如果分歧不能解决，尽可能地在有争议地区共同开发或联合巡逻。其次是促进与邻国在各个层面上的海上安全合作。在经济上，确保对外贸易和能源供应通道的安全。

（六）越南：成为“具有强大海洋能力”的海洋强国

2007年1月召开的越南共产党十届四中全会讨论并通过《至2020年海洋战略规划》，要求通过该规划的实施，使越南成为“海洋强国”，并强调“在保卫和建设我们国家的事业中，海洋具有十分重要的地位和作用。与国家经济社会发展、国防安全保障和环境保护有着密切联系，影响巨大”。[①]《至2020年海洋战略规划》是越南海洋战略的纲领性文件，成为具有“强大海洋能力”的“海洋强国”是越南海洋战略的发展方向。

二、异曲同工——东盟主要成员国海洋战略的目的

尽管东盟主要成员国海洋战略的目标各有侧重，但其目的

① 引自于向东：《越南全面海洋战略的形成述略》，载《当代亚太》2008年第5期，第106页。

却大致相同，即获取经济的和战略的利益。

就经济利益来说，东盟成员国均为发展中国家，经济发展是头等大事，并且关系到社会的稳定，因此，不约而同地，东盟主要成员国海洋战略的一个主要目的就是发展海洋经济，进而推动整个国家的经济发展。

开发和利用海洋资源是印尼经济发展的当务之急。在印尼500万平方公里的领海和300万平方公里的专属经济区中，有着包括鱼、石油、天然气等在内的极为丰富的海洋资源。印尼总统瓦希德就任后即宣称“21世纪是印尼的海洋世纪”,[①] 并发布海洋政策，要求更密切关注海洋资源的开发和利用。作为群岛国家，印尼的发展在很大程度上依靠海洋经济的发展。然而印尼的基础设施严重缺乏，开发和利用海洋资源的能力极为不足。对印尼来说，海上运输的作用尤其重要，需要庞大的运输船队，但现在实际拥有的船只有限，难以维持各岛之间的交通运输。目前，印尼亟须进行基础设施建设和海洋能力建设，投资兴建海洋产业。

马来西亚的海洋战略是以海洋经济的发展来帮助实现马来西亚的国家工业化。马来西亚的海洋面积大于陆地面积，对国家经济的贡献相当可观：全国超过70%的人口和75%以上的工业生产能力是在沿海地区，约85%的贸易通过海运实现，石油和天然气也主要产自海上，海洋食品是马来西亚食物的主

① Jürgen Schwarz, Wilfried A. Herrmann and Hanns-Frank Seller, "Introduction," in Jürgen Schwarz, Wilfried A. Herrmann & Hanns-Frank Seller eds., *Maritime Strategies in Asia*, Bangkok: White Lotus Co. Ltd., 2000, pp. 2-3.

要来源之一，有40万户左右的家庭依靠捕鱼为生。[①] 为了促进海洋经济的发展，马来西亚要求扩大商船队，扩建港口，提高海上贸易便利化程度，等等。

菲律宾强调海洋产业为国家发展重点。菲律宾有7100个岛屿，[②] 60%的人口沿着17000公里的海岸线居住，海洋成为人们交往和谋生的主要手段。在菲律宾，国内海上运输通道承担了95%的货物和90%的国内乘客的运输，与渔业有关的人力占全国劳动力的5%，人口所需蛋白质的一半以上也是由渔业提供。菲律宾政府为此提出，由于人口的增加和以陆上为基础的产业发展受限，国家发展必须从以陆上为基础转向以海上为基础，并要求保护海洋生态，管理海洋经济和海上安全，建立适当的基础设施和发展信息技术，生产有竞争力的海洋产品和服务业，以最大限度地谋求海洋利益。特别是为了与东亚海洋强国的战略目标相匹配，菲律宾强调必须强化航海业、造船业和拆船业，建立和保持一支充满活力的综合性商船队，加强符合国际海洋组织标准的海洋教育和培训，增强与航运相关的基础设施建设，以及编撰海洋法大全。[③]

---

① B. A. Hamzah, "Malaysia," in Sam Bateman and Stephen Bates eds., *Regional Maritime Management and Security*, Canberra: Strategic and Defence Studies Centre, Research school of pacific and Asian Studies, the Australian National University, 1998, pp. 56, 51.

② Emilio C. Marayag, "Maritime Strategy of the Philipplines," in Jürgen Schwarz, Wilfried A. Herrmann & Hanns-Frank Seller eds., *Maritime Strategies in Asia*, Bangkok: White Lotus Co. Ltd., 2000, p. 367.

③ Emilio C. Marayag, "Maritime Strategy of the Philipplines," in Jürgen Schwarz, Wilfried A. Herrmann & Hanns-Frank Seller eds., *Maritime Strategies in Asia*, Bangkok: White Lotus Co. Ltd., 2000, pp. 369 – 370.

新加坡的经济发展与海洋密不可分。作为城市国家，新加坡的发展主要依赖国际贸易，并且几乎全部依靠海运。与此同时，作为国际货物的集散地，新加坡的繁荣在很大程度上来自于大量货物经其港口转运和再分发。没有海洋作为支撑，新加坡的发展将难以想象。

海洋是泰国经济发展的重要平台。泰国出口的制成品、农产品和原料中有95%依靠海运，[①] 包括石油和天然气在内的重要进口产品也是通过海上运输而来。同时，海洋也为泰国渔业和旅游业的发展提供了资源。泰国政府因而在1993年决定：遵守和邻国使用、开放和共享海洋自然资源的国际法律；和平解决与邻国在专属经济区重叠问题上的争议；促进和支持有效的海上运输系统，使泰国的产品能在国际市场上具有竞争力；促进在沿海和深海捕鱼，同时高度重视保护在泰国水域的鱼群，政府完全支持在本国和国际水域的合法捕鱼，以及与其他国家的捕鱼合作。

越南“靠海致富”。越南提出了“海洋经济”的概念，并筹划“形成一个结构合理、统一的海洋经济体系”，该体系包括建立与海洋有关的支柱产业、建设海洋经济中心、发展沿海经济走廊、开发岛屿经济等，目标是到2020年海洋经济的产值占国内生产总值的53%—55%，出口额占总出口额的

① Chart Navavichit, “Thailand,” in Sam Bateman and Stephen Bates eds., *Regional Maritime Management and Security*, Canberra: Strategic and Defence Studies Centre, Research school of pacific and Asian Studies, the Australian National University, 1998, p. 79.

55%—60%。[①] 越南海洋经济的发展重点则是石油和天然气的开采，并已使越南从原先的贫油国成为有相当能力的原油开采国和出口国，越南规划在2010年石油天然气的开采量要达到3000万吨。离岸开采的原油现已占越南外汇收入来源的第一位，随着能源需求的增长，离岸开采的天然气也在日益增加。此外，海鱼和其他海洋食品也是越南外汇收入的重要来源。

就战略利益来说，东盟主要成员国由于各自国情不同而相异，但有两点是共同的，即：第一，保护国家的海上主权；第二，关注海上运输通道的安全。在此要特别提到印尼。根据《联合国海洋法公约》的规定，群岛国家有责任为国际使用者提供海上运输通道的安全保障。印尼作为群岛国家，主要战略利益就是在遵循国际法律和法规的同时确保国家主权的完整。《联合国海洋法公约》承认印尼为群岛国家，使其获得了附加的300万平方公里专属经济区，同时也要求印尼接受连接太平洋和印度洋海上运输通道的"友好通行权"。依据"友好通行权"，印尼被"划分"为四个不相连的部分，西边的海上运输通道使苏门答腊成为一个区划，中间的海上运输通道使加里曼丹和爪哇成为一个区划，东边的海上运输通道使苏拉威西和南部岛群成为一个区划，其余的西巴布亚、马鲁古和一些南部岛群成为一个区划。从防务的角度来看，这意味着任何外国船只都能利用"友好通行权"，在印尼管辖范围内"自由"通行，这使印尼在国防上面临重大挑战：一方面，必须保护自己的国

① 《越共十届中央委员会四中全会公报》，引自于向东：《越南全面海洋战略的形成述略》，载《当代亚太》2008年第5期，第107页。

家利益；另一方面，不得不迎合海上运输通道使用者的利益，印尼始终处于兼顾二者的独特境遇中。

三、手段相似——东盟主要成员国海洋战略的策略

为实现海洋战略的目标和目的，东盟主要成员国采取了相似手段，主要有以下三个方面：

（一）建立称职的行政管理部门，有效实施海洋战略

印尼专门成立了海洋勘探和渔业部（Department for Maritime Exploration and Fishery）来推进海洋的开发和利用。马来西亚一度有近 20 个政府部门负责与海洋有关的事务，功能互不相同，而且经常各行其是，对海洋缺乏统一和有效的管理，针对这一情况马来西亚建立了海洋事务内阁委员会，负责制定国家海洋战略，以及监督和协调其实施情况。菲律宾先后组建了内阁海洋事务委员会和国家海上安全协调委员会来贯彻实施海洋战略，内阁海洋事务委员会的主席和副主席分别由外交部秘书与环境和自然资源部秘书担任，成员单位包括司法部、农业部、国防部、贸工部、运输和通讯部、科技部、财政部、能源部、劳工和就业部、内务部、预算和管理部、国家安全委员会、国家经济发展署，以及执行秘书处。越南则成立了由副总理为首，包括政府部门负责人、经济学家、科学家和军事研究

工作者等在内的指导委员会，协调海洋战略的制定和实施。

（二）加强国防力量，特别是海军能力的建设，为海洋战略的落实保驾护航

印尼为其海军确立的责任是：首先，维护东南亚的和平与稳定，由于东南亚2/3的水域在印尼管辖范围之内，东南亚水域的稳定因而与印尼的稳定相一致。[①] 印尼海军为此与所有东盟国家的海军都建立了双边联系，经常进行军舰访问、高级军官互访、双边联合演习，以及双边联合海上巡逻等。第二，通过保障3条海上运输通道的“友好通行权”来确保国家的海洋利益。这两种利益的区分是相对的，往往会有不同的解释，同时现实中使用的法律基础又不充分，如海盗与海上武装抢劫的区别不明晰。这使有关部门执法困难，印尼海军在遇到这种情况时以维护国家主权为首要考量。第三，预防可能出现的任何情况。鉴于海军的现状，印尼倾向于采取小规模但强有力的打击，但动武只是最后一招，尽可能采取和平手段解决争端。同时考虑到海军的力量有限，一方面，印尼在海上实行立体防卫，即除了陆、海、空三军外，交通运输部门、私人所有的设施和设备，一旦发生情况都将成为全国性网络的一部分；另一方面，印尼以外交和法律的手段作为补充来保卫国家利益，外

① RobertMangindaan, “Maritime Strategy of Indonesia in 2000 – 2010,” in Jürgen Schwarz, Wilfried A. Herrmann & Hanns-Frank Seller eds., *Maritime Strategies in Asia*, Bangkok: White Lotus Co. Ltd., 2000, pp. 333 – 334.

交部的责任是建立政治—外交上的防线，减少或使任何侵犯印尼利益的企图最小化，司法部的责任是建立保护印尼利益的法律防线。此外，为了加快海军的现代化建设，印尼制订了“2004—2005年海军力量建设长远规划”，并将海军预算从2004年的1.462亿美元上升到2006年的4.73亿美元，在三军中所占比例最高。[①]

马来西亚制定了优先发展海军的方针，要求在2010年使海军现代化的水平在东南亚达到最高，[②] 为此，在2006年斥资30亿美元从国外引进先进武器装备。

如上所述，菲律宾建立了国家海上安全协调委员会，专门负责制定和实施有关海上安全的政策和计划。菲律宾将海上安全定义为“国家的海洋财富、海上业务、领土完整，以及沿海的和平与秩序得到保护、保存和提升”。[③] 而菲律宾国家安全的新含义将安全从政治和军事方面扩大到社会和经济方面，涉及海洋的有海上监控、防止非法入侵和打击犯罪、实施海上保护项目等。为了完成上述任务，菲律宾于1998年将海岸警卫队从国防部分离出来，并在2000年计划拨款15.45亿比索，以加快海军的现代化，但由于经费的缺乏和行政部门效率的低下，进展非常缓慢。菲律宾与印尼及马来西亚在东盟框架内有

---

① Gordon Arthur, “The Modernization of Indonesia's Armed Forces,” *Asian Military Review*, June/July 2009, pp. 24 – 25.

② Bernara Fook Weng Loo, “Transforming the Strategic Landscape of Southeast Asia,” *Asia-Pacific Defense Report Magazine*, June 2006, pp. 55 – 58.

③ Foreign Service Institute, *National Marine Policy*, Manila: Department of Foreign Affairs, January 1995.

海上合作，菲律宾和印尼主要是在海上边界进行联合巡逻，菲律宾和马来西亚主要是反走私合作。

目前，在东南亚最先进的是新加坡海军，新加坡继续加强海军现代化建设。由于人员和船只相对较少，新加坡更注重使用高新技术来装备海军。同时，除了和印尼、马来西亚海军在马六甲海峡联合巡逻外，新加坡还积极参加“五国联防”的活动，[①] 并将地区合作框架即东盟地区论坛和环印度洋地区合作联盟视为其实现海洋战略的重要手段。

泰国在东南亚率先推出“远洋海军”的计划，以建设一支具有远洋作战能力的海上力量，将海上防务向远洋推进，[②] 为此，计划在2005—2013年期间，每年投入200亿泰铢用于军购。

越南在国家统一后，军事现代化的重点转向海军和空军，以便在海洋特别是在南海问题上占据优势。1998年的越南国防白皮书披露，海军的规模自1975年以来增长了400%。[③] 为了弥补舰艇的不足，越南还建立了所谓的一体化海上防卫结构，即把“岛屿变成战舰”。[④] 此外，越南还寻求外国，主要是昔日的老朋友前苏联的继承国俄罗斯和印度的帮助，以加快

① “五国联防”成立于1971年，成员为英国、澳大利亚、新西兰、马来西亚和新加坡。

② David Fullbrook, “The Royal Thai Navy: Building the Force for the Future,” *Asian Military Review*, May 2003, pp. 13 – 15.

③ Quoted from Gerhard Will, “Vietnam's Navy and Naval Strategy,” in Jürgen Schwarz, Wilfried A. Herrmann & Hanns-Frank Seller eds., *Maritime Strategies in Asia*, Bangkok: White Lotus Co. Ltd., 2000, p. 432.

④ Gerhard Will, “Vietnam's Navy and Naval Strategy,” in Jürgen Schwarz, Wilfried A. Herrmann & Hanns-Frank Seller eds., *Maritime Strategies in Asia*, Bangkok: White Lotus Co. Ltd., 2000, p. 434.

海军现代化。冷战时期，苏联向越南提供了大量的财政和军事支持。苏联解体后，俄越军事合作锐减。2003 年，俄罗斯撤出了在越南金兰湾的苏联海军基地。但近年来俄越军事合作呈渐密势头，俄罗斯在三方面给予了越南实质性的帮助：1. 向越南提供雷达站和高速巡逻船；2. 以合资的方式在越南建造船厂，为越南海军建造船只；3. 出售潜艇给越南。俄罗斯国防部发表的数据显示，近年来，越南购买俄罗斯军火的数额稳定增长。两国签署的军火合同在 2008 年首次超过 10 亿美元，2009 年达到 35 亿美元，2010 年第一季度已超过 10 亿美元。越南与俄罗斯在 2009 年年底签署协议，确定购买 6 艘“基洛”级柴电动力潜艇，协议价值约 20 亿美元。“基洛”级潜艇是全球噪音最小的潜艇之一，以易于维护而著称。在俄罗斯国防部长谢尔久科夫于 2010 年 3 月 22—24 日访问越南期间，越南提出希望俄罗斯帮助修建潜艇基地的要求，以供越南从俄罗斯订购的 6 艘柴电动力潜艇所需。[①] 越南也是第一个与印度签署防务协议的东盟成员国，根据该协议，印度将在越南的军事现代化中发挥重要作用，两国海军还在南海举行联合演习。

（三）以“大国平衡”策略牵制中国，谋取海上利益的最大化

东盟是运用“大国平衡”策略的行家里手，通过这种方

① 《俄罗斯将帮越南建潜艇基地》，载《解放日报》2010 年 3 月 27 日。

式使大国互相牵制，自己则游刃有余地在其间纵横捭阖。一方面，东盟意识到东南亚在战略上处于重要的地理位置，区外大国在本地区均有自己的特殊利益，这就决定了其不可能完全摆脱区外大国的影响。因此东盟积极主动地邀请区外所有大国参与本地区事务，使它们形成竞争态势，借此构建地区均势，防止来自外部的可能挑战。另一方面，美国是东盟重要的战略伙伴，后者出于自身的考虑，欢迎美国继续介入东南亚，并把美国视为东南亚安全的重要力量，希望美军留驻亚太地区，希望借助美国的影响力，制约其他大国在东南亚发挥更大的作用。特别是由于历史、领土争端等原因，东盟对最大的邻居中国仍存在一定的疑虑，希望能够利用美国起到制衡和协调的作用。

东盟主要成员国同样熟稔“大国平衡”策略，并将其运用于海洋战略，特别是与中国有南海争端的相关国家更是希图借助美国来牵制中国。基于这一考虑，东盟主要成员国和美国加强了海上安全合作。1999 年 5 月，菲律宾国会批准了《菲美来访部队协议》，规定美军可以临时使用菲律宾的军事基地，美国舰船可在 22 个海港停留。菲律宾在 2001 年美国发生的“9·11”恐怖事件后给予美军较全面的军事准入，包括使用领空、海军基地、增建专为美国特种部队使用的空军基地等。2000 年 4 月，美国与新加坡签署协议，在樟宜建设大型深水海军基地，建成后可停靠一个航母编队，目前，美军第七舰队的后勤司令部就驻扎在新加坡。2001 年“9·11”事件后，美军也在泰国扩大了军事准入，包括可以使用泰国的军事基地及美国空军的飞机飞越泰国领空。美国还向马来西亚提出在吉隆坡建立“反恐中心”，向越南提出有偿使用金兰湾的港口和机场。2004 年年底，印度洋海啸发生后，美国向印尼提供人道主义援助，促进了两国关系的改善，美国取消了对印尼的武器禁运，并恢复了培训印尼军事人员的项目。美国还以太平洋美军总部为平台，开展与东盟国家军队的人员交流和培训，加强与东盟国家的联合军事演习，演习的重点也开始多样化，包括非军事性使命，如非作战人员撤退和救灾等。美国对南海争端的态度也从最初的“消极中立”和其后的“积极中立”而转变为现在的“积极关注”①，并加强了在南海地区的军事存在。凡此种种，都使南海问题日益复杂化和国际化，而这也正是东盟有关国家所希望的，以便最大限度地从中谋取海上利益。

综上所述，东盟主要成员国海洋战略的目标互有区别，但目的大致相同，重点是在经济和战略利益。为了实现海洋战略的目标和目的，东盟主要成员国都加强了对海洋的行政管理，推进军队特别是海军的现代化建设，并利用“大国平衡”策略来谋取海上利益的最大化。中国是东南亚最大的邻国，有必要认真检视东盟主要成员国的海洋战略，使“和谐海洋”的愿景能顺利实现。

① Yann-Huei Song, “The Overall Situation in the South China Sea in the New Millennium: Before and After the September 11 Terrorist Attacks,” *Ocean Development & International Law*, July-September 2003, p. 236.

当前世界海洋的发展趋势及其对中国的影响*

21世纪是海洋世纪，与此同时中国也在和平发展与崛起。作为一个海洋大国，中国越来越受到当今世界海洋发展趋势的影响。本文拟探讨当前世界海洋的发展趋势及其对中国的影响，并提出相关的应对之道。

一、世界海洋发展趋势：错综复杂

地球表面近3/4是海洋，世界上4/5的国家是沿海国，2/3以上的人口生活在临近海洋的地区。当今世界海洋对人类社会的影响越来越大，呈现出以下主要趋势：

（一）激烈争夺海洋资源导致各国对海洋权益的强化

海洋是人类的第二生存空间，它所形成的巨大海上区域，影响着世界各地人们的生活。海洋连接着世界各国，包括内陆国家，因为海域及其之上的天空维系着90%以上的世界贸易，

* 本文原载于《国际观察》2012年第4期。

是联系各国的生命线，全球化趋势的加快则使海洋对人类生存与发展的重要性进一步凸显。同时，海洋蕴藏的资源也比陆地丰富。其中，海洋石油蕴藏量约1100多亿吨，目前探明储量约200亿吨；海洋天然气储量约140万亿立方米，目前探明储量约80万亿立方米。[①] 随着陆地资源的大量消耗以及人口的增加，尚未得到完全开发的海洋资源就成了各方竞相争夺的对象。

技术的进步和经济的发展促进了对海洋的应用，人类开发海域和海洋资源能力大幅度提高。越来越多的国家将目光转向海洋，寻求人类生存所需的基本物质资源。因此，各国都在寻找各种途径强化自身的海洋权益，许多国家还力图扩大自己所管辖的海域，并强调将与海洋有关的调查和科技力量、资源开发力量、保护环境的管理能力等都增加为海洋权益的构成要素，以求获取更多的海洋资源。这些内容，特别是强化本国的海洋权益都已体现在多数国家制定的海洋战略和海洋法制之中。

（二）《联合国海洋法公约》某些条款内容的模糊造成诸多问题

《联合国海洋法公约》（以下简称《公约》）于1994年11

---

① 孙志辉：《提高全民族的海洋意识，促进海洋事业全面发展》，载国家海洋局海洋发展战略研究所课题组著：《中国海洋发展报告》，海洋出版社2007年版，“代序”，第1页。

月16日正式生效，标志着对海洋的利用和管理进入了一个新的时代，同时也标志着新的海洋法律制度和国际海洋新秩序的确立。特别是《公约》在很大程度改变了有关大陆架界限和通过国际海峡及多岛海的国际法规则，建立了200海里专属经济区，以及形成了有关科学研究及海洋环境保护的新原则。无论国家是否批准该公约，它的很多规定都已成为国际上的习惯法。总之，《公约》对世界产生了包括政治、经济、军事、文化，以及空间利用等在内的全方位影响，对各国的海洋实践也具有深远影响。

另一方面，毋庸讳言，由于《公约》中某些条款内容模糊，不可避免地带来了一些不容回避的问题：第一，国家间的海上矛盾加剧，特别是海域狭窄的闭海和半闭海地区，由专属经济区和大陆架划界引发的矛盾日益突出。“设立200海里经济区主要与石油和鱼类有关。它包括了世界4/5的渔场和几乎所有可开采的浅海石油。”[①] 第二，关于海上岛屿和岛礁的主权争端剧增。第三，对海洋空间的占有和资源的争夺日趋激烈。第四，海洋权益纠纷和各种涉海案件频繁。第五，海上管辖范围扩大，使沿海国的管辖能力受到不同程度的挑战。第六，《公约》对专属经济区剩余权利的归属欠缺明示，由军事海洋学调查、沉船打捞和高技术海洋学观测等活动引发的专属经济区管辖权问题已经成为有关国家争论的新焦点。[②] 这些问

① “Scramble for the Sea,” *The Economist*, March 3, 1976.

② 薛桂芳编：《〈联合国海洋法公约〉与国家实践》，海洋出版社2011年版，“前言”，第2页。

题产生了很多不确定性，引发了国家间的诸多矛盾。

（三）海上安全威胁催生海洋治理

以《公约》的生效为起点，一直以来对海洋及其资源的开发、利用、管理及保护，已由依靠军事力量为主的武力控制和自由使用，转向综合管理海洋与合作解决海洋问题。这主要因为：一方面，国家之间对海域的管辖权及海洋资源的取得权的对立明显化，致使海洋安全保障环境很不安定；另一方面，无序开发及污染加快了人类对海洋生态系统和环境的破坏，加剧了气候变化问题。世界范围内若出现资源和能源不足问题时，国家之间针对海洋权益的争端和冲突有可能无法避免。因此在海洋资源和海洋环境保护、海洋科技发展等方面加强国家之间的合作，比以往更为重要和紧迫。

与此同时，国际政治的结构在进入 21 世纪以后发生了深刻的变化，因争夺资源和战略通道而导致的冲突越来越转向海洋。许多安全关注，如海盗、石油溢出造成的污染、海上运输通道的安全、非法捕鱼等，都属于海上安全。特别是全球化加强了国家间的相互依存，大量的贸易往来，尤其是能源靠海上运输通道实现，海上运输通道已成为很多国家的生命线，其安全越发重要，但任何一个国家都没有充分的能力来独自保护海上运输通道的安全。上述种种都说明了海洋治理（oceans governance）的必要性和重要性，它是全球治理的重要组成部分，并和海上安全密不可分。除了传统安全外，更涉及非传统安全。

（四）美国将海洋作为战略调整的重点加剧世界海洋不平衡格局

美国认为海洋属于当代国际政治的一部分。二战中，美国在太平洋和大西洋取得的决定性胜利，为其在二战结束后成为超级大国奠定了基础。“概言之，第二次世界大战结束之际，美国的海军力量强于其他国家之和。”① 冷战结束后，美国成为唯一的超级大国，世界海洋也进入了美国独霸时期。奥巴马就任总统后，美国将保持在太平洋的主导地位置于战略调整的重点，使世界海洋格局更不平衡。其实很久以来，太平洋地区就是美国的主要关注点，美国前国务卿海约翰早在20世纪初就预言，“地中海是过去之洋，大西洋是现在之洋，太平洋是未来之洋”。② 从那时至今的100多年里，太平洋一直被美国看做是重要的机遇地区，在克林顿总统第二任期内负责东亚和太平洋事务的助理国务卿斯坦利·罗斯指出：“如果历史是指南的话，（美国）亚洲政策演变的特点更多的是连续而

---

① 罗伯特·基欧汉、约瑟夫·奈著：《权力与相互依赖》（第三版），门洪华译，北京大学出版社2002年版，第153页。

② Quoted from Ali Wardhana, “The Pacific Rim Challenge,” in Hadi Soesastro ed., *Indonesian Perspectives on APEC and Regional Co-operation in Asia Pacific*, Jakarta: Centre for Strategic and International Studies, 1994, p. 175.

不是变化。”[①] 另一方面，美国的亚太政策始终受到两个因素的影响：一是将太平洋视为美国天然的势力范围，美国早在19世纪末就声称太平洋是“我们的湖”；二是认为美国之所以在亚太拥有主导地位，概因其具有在太平洋的海上优势。美国并且认为这种优势现在比二战后显得更为重要，因为该地区潜在的军事行动在性质上基本都将是海上的，除了朝鲜半岛，美国的军事力量不太可能卷入大规模的地面行动。另一方面，新的安全环境引起的主要地缘政治变化，已使亚洲的大国之争更多地聚焦于海上而不是陆地。

作为超级大国的美国一直以来都支配着海洋。美国亚太战略的一个重要内容就是牢牢掌握太平洋地区的海上强权，这既是其海上交通和经济繁荣的前提，也是防止其他国家对其挑战的条件。随着中国的崛起，美国担心其迄今在海上无与伦比的支配地位会受到挑战。

二、对中国的影响：严峻挑战

随着中国的发展，海洋在中国的国家发展战略中占有越来越重要的地位。今后将有更多的经济增长来自海洋，有更多的利益来自海外，有更多的企业向海外发展，有更多的安全诉求

① Stanley O. Roth, “U. S. Policy toward Asia: Where We've Been, Where We need to Go,” Remarks to the Asia Society, Washington, DC, January 11, 2001, http://www.state.gov/www/policy_remarks/2001/010111_roth_uspolicy.html.

与海洋有关。当今世界海洋的发展趋势必然会对中国产生影响，主要表现在以下方面：

（一）海洋权益受到侵犯

1974年，出席联合国海洋法大会的荷兰代表团在统计了146个参会国的海洋地理状况后，将其分为4类：地理有利国家34个，地理既有利又不利国家15个，地理不利国家68个，内陆国29个。中国属于不利国家之列，人均海区面积只有美国的1/15，日本的1/10，韩国的1/5；人均占有近海渔业资源和大陆架沉积盆地面积分别只有世界平均数的1/30和1/42。[①]因此，维护海洋事业的可持续发展是中国的重要课题。

另一方面，根据《公约》的规定，中国属于半闭海沿海国，在行使和履行《公约》所规定的权利和义务方面应与邻国互相合作。与中国隔海相邻的国家有8个，并且均宣布建立专属经济区和大陆架制度。由于海域狭窄，情况复杂，中国维护海洋权益有很大难度。按照《公约》的有关规定，中国也建立了领海、毗连区、200海里的专属经济区和大陆架，所主张的管辖海域面积约为300万平方公里，但其中有近一半的海域与海上邻国存在争议。[②] 中国海洋资源（主要是油气和渔业资源）被掠夺的情况也相当严重，渔民生命财产安全更是受

---

① 转引自徐质斌著：《海洋国土论》，人民出版社2008年版，第152页。

② 薛桂芳编：《〈联合国海洋法公约〉与国家实践》，海洋出版社2011年版，第221页。

到直接威胁。

（二）海上争端复杂难解

在黄海、东海和南海三个海区，中国与邻国都存在海上争端，既有涉及岛屿主权的国家海洋主权问题，也有涉及资源开发和利用的海域划界矛盾（专属经济区和大陆架）。

另一方面，当今任何国家即使是弱小国家都不会在领土争议问题上放弃要求。全球1/3的国家都存在海洋争端，但没有一个国家愿意主动放弃自己的主权。同时，强国也不可能像二战前那样依靠武力强行夺回有争议的地方，单方面重新划界。人类社会发展的趋势是将更多地诉诸外交和谈判、国际法等来解决问题。对中国来说，中国不可能在有主权争议的地方丧失权利。与此同时，面对诸多的海上争端，中国不能简单依靠武力解决，必须通过谈判和协商来解决，这是艰巨而又复杂的任务。

（三）海上通道安全脆弱

作为世界第一大货物出口国，中国的对外贸易依存度已超过80%，而对外贸易的90%以上通过海运实现，中国的贸易伙伴也绝大多数是濒海国家。海上通道畅通与否，直接关系到中国的进出口贸易和整个国民经济的发展。随着能源需求的不断增长，中国对于原油的需求在1995—2005年的10年间翻了一番，2009年的石油进口依存度达到56%。在接下来的15年中，这个数字预计将再翻一番。中国进口的原油绝大部分通过油轮经由西行航线运输。从地理上来看，马六甲海峡、巽他海峡等航道狭窄，容易被武装力量控制；东南亚的海盗、恐怖活动和小武器扩散也十分活跃。海盗和恐怖分子可以利用复杂的地形轻易威胁航道上的船只，而且易于逃逸。这条航线集中了世界五大海盗多发区，一旦海盗或恐怖分子发动攻击，有可能造成整条航线受阻，影响中国的经济安全。

（四）中美海上事务存在歧议

全球化的发展及中国走向世界步伐的加快，相隔万里的中美两国在海上的联系越来越多，互动越来越频繁，由此产生了一系列的海上摩擦和矛盾。主要是因为双方存在分歧和差异。第一是认知差异。由于中国的崛起和对海外利益的拓展，美国认为中国将是对其包括其海上等霸权地位的主要挑战者，担心中国日益增长的海上实力会削弱美国的影响力。中国认为美国保持冷战思维，把中国视为战略对手，试图控制中国周边海域，限制中国的海上利益。第二是对国际法解读不同。《公约》代表了现代海洋法律制度，反映了世界上大多数国家的共同利益，但美国借口《公约》第十一部分不能满足其要求，至今拒绝签署，更谈不上实施。中国是《公约》的缔约国，按照其规定处理海上相关事宜。第三是实力失衡。美国海上实力超群，远洋海军在全球首屈一指。中国的军队处于现代化进程之中，海军的装备和技术仍很薄弱。第四是目标相异。美国是要建立一个由其主导的全球海洋体系，中国提出构建“和谐海洋”[①]，以共同维护海洋的持久和平与安全。

三、中国的应对：维护世界海洋的安宁与安全

面对当前世界海洋的发展趋势及其影响，中国作为一个海洋大国，有必要也必须采取措施加以应对。

（一）“和谐海洋”是中国海洋发展的一个重要目标

近年来，中国除提出“和谐世界”与“和谐地区”[②] 的理念外，还提出了构建“和谐海洋”的倡议，它们一起构成了中国和平发展的核心外交理念，彼此呼应又相互贯通。“和谐

① 2009年4月23日，胡锦涛主席在青岛会见应邀前来参加中国人民解放军海军成立60周年庆典活动的巴西等29国海军代表团团长时说，这次多国海军活动以“和谐海洋”为主题，推动建设“和谐海洋”，是建设持久和平、共同繁荣的“和谐世界”的重要组成部分，是世界各国人民的美好愿望和共同追求。见《胡锦涛会见参加中国人民解放军海军成立60周年庆典活动的29国海军代表团团长》，载《人民日报》2009年4月24日。

② 2005年4月22日，胡锦涛主席在为纪念万隆会议50周年举行的亚非峰会上发表的题为《与时俱进 继往开来构筑亚非新型战略伙伴关系》的讲话中，首次向国际社会提出了“和谐世界”的理念，此后又在同年9月15日纪念联合国成立60周年首脑会议上发表的题为《努力建设持久和平、共同繁荣的和谐世界》的演讲中，进一步阐述了“和谐世界”的构想；在2006年6月15日上海合作组织峰会上，胡锦涛主席发表了题为《共创上海合作组织更加美好的明天》的讲话，提出了共建“和谐地区”的理念。

海洋”的提出，是中国“和谐世界”理念在海洋领域的具体化，体现了中国对海洋问题的新认识和新要求，标志着中国对《公约》的新贡献和新成就。

“和谐海洋”要求维护合理的海洋权益，和谐的海洋秩序则是确保世界各国正当海洋权益的有效途径。海洋秩序不是一个静态的概念，而是一个发展的观念，不仅体现在主要海上强国力量分布的变化和海上贸易的发展上，更重要的是体现在海洋资源的开发和利用上。现代海洋利益的争夺已从历史上通过海洋争夺陆地变为争夺海洋本身。各国海洋观念也发生了重大变化，对海洋权益也更加重视。人类开始进入全面和大规模地开发利用海洋的新阶段。随着海洋意识和海洋开发探索的进一步发展，海洋秩序还会根据有关各方的利益和要求做出更完善、更合理的调整。[①] 中国为此反复强调指出，中国在维护和拓展合法的海洋权益的同时，并不排斥其他国家合理地追求各自的国家海洋利益。

同时，“和谐海洋”的建设需要所有海洋国家的支持和参与，否则将难以实现。自2008年年底以来，中国政府应索马里政府和联合国邀请派出舰队到亚丁湾执行护航任务，就是维护“和谐海洋”秩序的有力证明。而“和谐海洋”的实现，还要求国际社会切实履行并不断完善《公约》和其他相关的海洋制度。

---

① 宋德星、程芬：《世界领导者和海洋秩序——基于长周期理论的分析》，载《世界经济与政治论坛》2007年第5期，第104页。

（二）“合作共赢”是中国海洋发展的主要方式之一

海洋资源的丰富性和广袤性，以及海上通道的重要性，要求包括中国在内的世界上所有国家合理正确地认识、开发、利用和保护海洋及其资源，为全人类造福。海洋作为人类共同利益之所在，也是国际合作的重要舞台之一。因此中国在发展自己海洋事业的同时，还应强调国际合作的必要性，致力于与海洋沿岸国家发展长期稳定的友好合作关系，与后者在合作中实现共同发展，这是中国的既定方针，也是中国海洋战略的一个重要组成部分。

中国为此应积极参加海洋治理，参与各种海洋管理的合作机制。除了追求本国的海洋利益，还应兼顾对包括海洋资源保护和海洋环境保护等在内的其他更广泛的人类共同利益。在海上安全方面，中国应倡导将“新安全观”作为指导海洋安全合作的理念，强调在“互信、互利、平等、协作”的基础上，通过对话增进相互信任，通过合作促进海上安全。同时中国应加强与有关国家的海上安全磋商与对话，进一步制定或完善有关海上安全的具体规则和操作程序。加强与海上通道所经海域国家的战略合作，努力促成海洋国家就保护海上通道达成总体框架。

（三）谈判解决海上争端是中国遵循的一项基本原则

中国一贯主张以公认的国际准则、国际法，包括《公约》

确定的基本原则为基础，坚持“主权归我，搁置争议，共同开发”的方针，处理各项海上争端，制止对中国岛礁和海疆的侵占与蚕食。本着尊重历史的务实态度，公平合理地划定海洋管辖权界限。同时，中国还主张通过谈判解决边界和海域划界问题，按照公平原则划定与海岸相向相邻国家的海域界限，反对使用武力或采取激化事态的行动。中国和越南于2000年12月签订的《北部湾划界协定》，就是中国与邻国达成的第一个海上边界协议，其意义重大，影响深远，充分表明中国严格遵循这一原则，和平解决海上争端。

（四）加强中美海上合作是维护世界海洋秩序的一个可行路径

中美关系作为世界上最重要的双边关系之一，在很大程度上影响着世界海洋的发展，因此尽管两国存在海上分歧和差异，仍应加强海上合作。

首先，中美海上利益和关切的交集决定了双方可以在海上开展合作：

第一，维护海上通道安全及自由通航。随着中国对外开放的深入、经贸总量的增加，以及对海外能源和资源需求的扩大，中国日益需要安全通畅的海上通道。作为世界上唯一的超级大国，美国同样也需要维护海上通道的安全。确保航行自由、保护海上通道特别是能源供应线的安全，符合中美双方的经济和安全利益。第二，维护贸易自由。中美两国是世界上数一数二的贸易大国，贸易自由是共同的期望与诉求。亚太地区是美国重要的出口市场和投资地，通过在海上密切保持与亚太地区的经济联系对美国的国家利益至关重要。第三，应对传统和非传统安全威胁，打击包括武器扩散、海盗、走私等在内的海上犯罪等。

其次，海洋是双方合作的平台及发挥和体现中美两个大国作用的舞台：

第一，保护海上运输通道的安全。当今世界没有一个国家具备足够的资源独自确保整个海域的安全，中美合作不仅可以实现双赢，还能使世界其他国家也受益。合作的范围包括海上联合搜救、海上维和行动等，共同打击来自海上的传统安全和非传统安全威胁。第二，建立海上安全合作机制，中美就海上安全问题协商和协调，共同应对和处理有关海洋的事务。第三，设立中美海上安全论坛，以“二轨方式”就海上安全展开讨论，以求达成共识。第四，中美在地区和全球层面共同倡议海洋治理，将海洋问题列入现有多边合作机制的议事日程，如二十国集团、亚太经合组织等。

总之，加强中美海上合作，不仅有利于促进两国关系的发展，也有助于世界海洋的和平与稳定。

（五）当务之急是制定中国的海洋战略

海洋战略是当今世界直接或间接依赖海洋的每个国家和平与繁荣的基石之一。环顾全球，无论是大国还是小国，世界上众多国家都制定了各自的海洋战略。作为最大的发展中国家，以及正在和平崛起的大国，中国完全有必要提出自己的海洋战略，以便统筹规划，把自己从海洋大国建设成为海洋强国。中国的海洋战略服从于中国和平发展的总体战略，以“和谐海洋”为理论指导，全面、均衡并符合中国国情，在内容上应包括海权、海洋权益、海洋合作和海洋治理等方面，以促进中国海洋事业的发展和实现海洋强国的目标。早在100多年前，伟大的中国民主革命先行者孙中山先生就指出：“自世界大势变迁，国力之盛衰强弱，常在海而不在陆，其海上权力优胜者，其国力常占优胜。”[1] 中华民族五千多年的历史已充分说明海洋对中国的重要性，当代中国这艘大船正扬帆出海，乘风破浪，驶向海洋强国的既定目标。

① 《孙中山全集》（第二集），中华书局1956年版，第79页。

第三编

理论与政策

试论邓小平同志东盟三国行的重要意义*

邓小平同志1978年11月对东盟三国的访问，是他在中国历史进入大转折前夕的一次重要访问，其意义不仅在于邓小平同志在访问中的一些谈话对中国在新时期实行全面对外开放具有重大的指导作用，还在于这次访问本身向东盟国家乃至世界发出了明确的信号，即中国要化解与东盟国家之间存在的矛盾与对立。从此次访问开始，中国与东盟国家关系的发展走上了快车道，并带动了中国与世界其他地区和国家友好关系的发展，从而打开了中国对外关系的新局面。因而这次访问的影响极为深远。本文拟从国家关系、党际关系，以及对外经济关系三个方面来探讨中国与东盟国家从互不信任甚至对立走向友好与合作的发端。

一、从国家利益出发处理国与国之间的关系

泰国、马来西亚和新加坡是东盟的创建国，而邓小平同志1978年11月对这三国的访问，则是中国领导人对东盟国家的

* 本文原载于《东南亚》2005年第1期。

首次访问，其意义极不寻常，它向世界传递了这样一个信息，即中国将改变过去的某些“左”的做法，在与第三世界国家的关系上，不再以意识形态的异同来定亲疏。

在此之前，中国虽然提出了“三个世界”的理论，并认为第三世界是“推动历史前进”的主要动力，但由于受“左”的错误影响，致使理论与实践脱节，对外工作出现偏差，表现出浓厚的意识形态色彩。对于第三世界国家，中国虽强调其反霸作用，却又以意识形态的异同来划线定亲疏，把世界明确分为“自己人”和“外人”、“朋友”和“敌人”，使国家关系过于简单化；特别是对第三世界国家的上层统治者持有怀疑和警惕，用国内阶级斗争的眼光去看待，将他们分成所谓“进步”的或“反动”的。“文化大革命”期间，意识形态更是在国与国关系中被抬高到了不适当的位置。

然而，以意识形态划线的做法不符合国家关系发展的准则。这是因为：

首先，在国与国之间的关系中，意识形态只是一个敏感因素，但不是一个决定因素。意识形态是由一国的社会经济制度所决定，并随其变化而变化，具有可变性。一个国家在其不同的社会发展阶段有不同的意识形态，不同的国家在同一个社会发展阶段可以有相同的意识形态。如果强调意识形态的异同，并在此基础上建立国家关系，这不仅不利于国与国之间关系的正常发展，甚至还有干涉他国内政之嫌。

其次，在国家关系中起决定作用的应该是国家利益，具体来说就是现实的经济、政治、安全和文化等方面的利益。因为国家利益是现代民族国家的本质属性和固有的正当权益，不受意识形态的制约，为国际社会所公认。意识形态不同的国家，在国家利益上是对等的，因此以国家利益为出发点来发展国与国之间的关系，“以自己的国家利益为最高准则来谈问题和处理问题”，[①] 就能避免出现随意性和局限性，避免产生矛盾和冲突。

再次，从意识形态的属性来看，也不能过于强调它。中国学者阎学通在《中国国家利益分析》一书中说，国家利益按内容分类，可分为政治利益、安全利益、经济利益和文化利益。其中文化利益又分为物质的和精神的两个方面，意识形态仅是精神文化利益，是文化利益中的一部分。而文化利益又是较难实现的国家利益。由此可以看出，意识形态在整个国家利益中所占位置很少，且较难实现，因而在发展对外关系上不能强调太多意识形态的异同，如果把意识形态置于至高无上的地位，只会严重损害整体国家利益。

最后，从现实来看，超越意识形态的异同发展国家关系是可行的。冷战期间，虽然东西方处于严重对峙状态，但在不少重大国际问题的处理上，由于各种原因，意识形态不同的国家却采取了相同的对策，形成了超越意识形态的联合。

上述分析表明，不能以意识形态划线的方式来发展国家关系。对中国来说，这种做法的结果是，不必要地刺激了许多第三世界国家，使中国与它们的关系一度趋于紧张甚至中断，更

---

① 邓小平：《结束严峻的中美关系要由美国采取主动》，载《邓小平文选》第三卷，人民出版社1993年版，第330页。

严重的是自设障碍，极大地限制了中国外交的回旋余地。因而中国虽有“三个世界”的理论，“但是这种把第三世界看得非常重要的新观点，并没有使中国在这个地区取得任何戏剧性的突破”。[①]

正因为如此，作为中国领导人，邓小平同志出访东盟三国，这一访问本身就冲破了以意识形态划线的框框，为“文革”结束后不久的中国外交打开了新的局面。邓小平同志在马来西亚举行的午宴上说道：“我们都主张在和平共处五项原则的基础上发展国与国之间的关系。”[②] 这句话不仅重申了中国政府以和平共处五项原则为基础发展国家关系的原则立场，而且也表明了中国将不再以意识形态划线来处理国家关系的态度。因此邓小平同志的东盟三国之行受到了这些国家的热烈欢迎和各国舆论的热情称颂。时任泰国总理江萨·差玛南称这次访问“建立了这样一个新的信念：即使政治制度不同，但只要有赤诚的意愿，两国就能够和平共处、繁荣昌盛”。[③] 新加坡的学者则指出：“中国可以称为第一个支持东盟的共产主义国家。”[④] 还有人评价邓小平同志的此次访问扭转了中国与东南亚的关系：“中国是在联合国发表了著名的讲演，以“三个世界”的理论概括了中国外交政策四年之后，在曼谷开始落

---

① 哈里什·卡普尔：《中国和第三世界》，载哈里什·卡普尔编：《开放中的中国》，光楚、劲军、卫列译，国际文化出版公司 1988 年版，第 135 页。

② 《人民日报》1978 年 11 月 12 日。

③ 泰国《新中原报》（泰国）1978 年 11 月 5 日。

④ Lee Lai To, “Deng Xiaoping's ASEAN Tour: A Perspective on Sino-Southeast Asian Relations,” *Contemporary Southeast Asia*, Vol. 3, No. 1, June 1981, p. 60.

实对东南亚的新政策，这样说错不了。”[①]

邓小平同志的东盟三国行，不仅揭开了中国与东盟国家关系发展的新的一页，更重要的是纠正了中国对外交往中曾经存在的偏差，拉开了我国在新时期实行全方位外交的序幕。就在邓小平同志访问东盟三国后不久，中国把加强与第三世界国家的团结作为中国对外工作的基本立足点。中国明确表示：第三世界国家根据自己的情况，同这个或那个超级大国保持密切关系和接受其援助，这并不影响中国与它们发展正常关系。由此为中国发展同第三世界国家的关系开拓了广阔的前景，中国在双边、地区和全球三个层次上加强了与第三世界国家的联系。到 1996 年，在与中国建交的 160 个国家中，第三世界国家就有 107 个，占其总数的 66% 左右。[②]

在加强与第三世界国家联系的同时，中国还完全超越意识形态，从国家利益出发，以和平共处五项原则为准则，与世界上其他不同类型的国家发展关系，真正做到了邓小平同志在访问东盟三国时所说的“同一切国家发展经济、文化等方面的友好关系”。[③] 外界对此评论道，“中国第一次实行了全方位的外交政策”。[④]

全方位外交不仅扩大了中国对外交往的范围，更为中国争

① 钟嘉滨：《邓小平扭转了对东南亚关系》，载《联合早报》（新加坡）1997 年 2 月 25 日。

② 根据中华人民共和国外交部政策研究室编：《中国外交》1996 年版统计。

③ 《马来西亚总理侯赛因在欢迎邓小平同志来访的宴会上的讲话》，载《人民日报》1978 年 11 月 11 日。

④ 哈里什·卡普尔：《中国和第三世界》，载哈里什·卡普尔编：《开放中的中国》，光楚、劲军、卫列译，国际文化出版公司 1988 年版，第 147 页。

取到了有利于和平与发展的国际环境，使中国经济发展突飞猛进。

二、从国家总体外交出发建立新型的党际关系

在中国与东南亚一些国家的关系发展中，曾长期受到中国同当地共产党之间关系问题的困扰，这是导致中国与这些国家关系一度紧张的一个重要原因。在访问东盟三国期间，邓小平同志坦诚地谈到了这一问题。他在曼谷的记者招待会上说："在我们同东南亚国家的关系中，不仅是在和泰国的关系中，都存在一个同共产党的关系问题。这样的问题是历史形成的。就中国来说，这个问题不仅涉及中国同泰国的关系，也是一个国际的问题。"① 邓小平同志的这段话，实质上提出了在一国对外关系中，党际关系与国家关系孰轻孰重的问题。

从现代国家关系的发展来看，党际关系日益成为其中的一个不可忽视的组成部分，并在国家关系中发挥着重要的作用。但是党际关系不能取代国家关系，因为二者之间存在本质区别，属于不同的范畴，具有不同的内容。党际关系只是各国政党之间的关系，政党交往只是国家交往的一个方面。而国家关系是国与国之间的关系，除了涵盖党际关系外，还包括政治、经济、外交、军事、文化等各个方面，比党际关系的内容广泛

① 《邓小平在曼谷记者招待会上的讲话》，载《人民日报》1978年11月9日。

和丰富。因此如何处理好党际关系与国家关系二者之间的关系，是各个国家特别是共产党执政的国家面临的一个重要问题。

对中国这样一个社会主义国家来说，党际关系包含了三个方面的内容，即与执政的共产党的关系、与非执政的共产党的关系，以及与其他各类政党的关系。在很长一段时间内，由于受到国内“左”的错误影响，中国没有摆正党际关系和国家关系的位置。在处理与执政的共产党的关系时，由于中国在同苏共的大党主义和前苏联的大国沙文主义斗争中，用自己的实践经验和理论观点去评论其他社会主义国家执政党的内部事务及政策是非，违背了马克思主义同各国实际相结合的原则，因而伤害了这些党的感情，损害了党际之间的正常关系，进而累及了与这些国家的关系。在处理与民族独立国家非执政的共产党的关系上，中国出于履行国际主义义务的职责，曾把支援兄弟党的革命活动放在第一位，这时的国家关系实际上服从于党际关系，结果是引起了这些国家的强烈不满，同时也削弱了中国外交的和平性质。在处理与资本主义国家非执政的共产党的关系上，中国曾轻易地对它们的性质作了不切实际的错误判断，有些还被戴上了“修正主义”的帽子，因而断绝来往。至于其他各类政党，如前所述，由于以意识形态划线，中国与它们基本上没有联系和接触。

总之，在处理党际关系和国家关系二者之间的关系方面，中国有失误和教训。正如邓小平同志在一次谈话中指出的那样：“我们在处理党与党之间的关系时，总的来说是清醒的。

但是回过头看看，我们过去也并不都是对的。”[①]

由此，邓小平同志在访问东盟三国时谈了他对党际关系和国家关系的看法。他说：“我们历来认为，把党同党的关系和国家之间的关系区别开来，使这样的问题不影响我们发展国家之间的关系。”[②] 邓小平同志的这番话包含了两方面的内容。首先，党际关系和国家关系二者之间是有区别的。各国共产党之间的关系是建立在一定的共同理想和思想基础上的关系，它们之间相互往来是正常的现象。其次，党际关系的发展不应阻碍国家关系的发展，换句话说，国家关系是对外关系中的最高层次，党际关系要服从国家关系。邓小平同志的这段讲话摆正了党际关系和国家关系二者之间的位置，为我国在新时期建立新的党际关系指明了方向。

根据邓小平同志的这一讲话精神，中国从解决与东南亚地区共产党的关系入手，开始了调整党际关系的进程。在邓小平同志访问东盟三国后不久，中国即调整了对东南亚地区共产党的政策。1981 年 8 月，当时的中国总理赵紫阳在访问菲律宾、马来西亚和新加坡时代表中国政府宣布：“各国共产党是各国社会的产物，中国同他们的关系只是政治和道义上的关系。各国政府同该国共产党的关系是他们国家的事务，我们不干涉别国的事务。各国共产党的政策和活动，是他们自己的事情，中

① 邓小平：《处理兄弟党关系的一条重要原则》，载《邓小平文选》第二卷，人民出版社 1994 年，第 319 页。

② 《邓小平在曼谷记者招待会上的讲话》，载《人民日报》1978 年 11 月 9 日。

国也不干预。至于历史遗留下来的问题，我们已经作了极大的努力加以解决，使它不至于成为我们发展同东盟国家关系的障碍。”[①] 这一讲话经媒体传开后，在全世界引起了极大的反响。舆论广泛评论道，中国将在不放弃共产党人原则立场的前提下发展国家关系，同时也将不会以损害国家关系来发展党际关系。

在邓小平同志的直接领导下，中国共产党最终形成了一套处理党际关系的原则，将党际关系的发展置于中国外交的总体战略之中。中共在十二大的政治报告中提出了处理与各国无产阶级政党关系的四项原则，即“我们党坚持在马克思主义的基础上，按照独立自主、完全平等、互相尊重、互不干涉内部事务的原则，发展同各国共产党和其他工人阶级政党的关系”。[②] 这四项原则还被写进十二大通过的党章。1987 年 10 月召开的党的十三大又进一步明确，上述四项原则不仅适用于同外国共产党的关系，还适用于同外国其他各类政党的关系，并提出在党际关系上也要“超越意识形态，谋求相互了解和合作”。党的十四大对党际关系又作了更加完善的阐述，这就是“按照独立自主、完全平等、相互尊重、互不干涉内部事务的原则，同各国政党建立和发展友好关系，本着求同存异的精神，增进相互了解和合作”。[③]

① 《人民日报》1981 年 8 月 13 日。

② 《中国共产党第十二次全国代表大会文件汇编》，人民出版社 1982 年版，第 50 页。

③ 同上书，第 44 页。

至此，按照邓小平同志建立党际新关系的思想，中国不仅完全理顺了党际关系，更重要的是摆正了党际关系和国家关系之间的位置，使二者有机地统一起来，互相促进，更好地为中国的全面对外开放服务。现在，中国已经同世界上120多个国家的280多个政党保持着不同形式的联系，在它们中间，既有无产阶级政党，也有其他各种类型的政党；既有执政党，也有在野党。这表明中国在党际关系上也与国家关系一样，超越了意识形态的异同，广交朋友，使党的对外友好交往带动国家关系的发展，从而使党际关系成为中国全方位外交中的一个重要组成部分。

三、从现实需要出发建立与所有国家的经济合作关系

作为中国改革开放的总设计师，邓小平同志从一开始就高瞻远瞩地提出，中国的对外开放应建立在全面开放的基础上，即不仅对发达国家开放，也对广大第三世界的发展中国家开放。

早在十一届三中全会召开前夕，邓小平同志在访问东盟三国时就已明确表露了这一设想。他在曼谷的记者招待会上指出："东盟国家，差不多比我们还发达一些。我们的水平不如东盟。中国和东盟应该建立互相援助、互相支持的关系。"①

① 《邓小平在曼谷记者招待会上的讲话》，载《人民日报》1978年11月9日。

他还进一步说明，中国将在力所能及的范围内同东盟国家发展贸易和科技方面的交往。

这说明早在十一届三中全会召开之前，邓小平同志就已为中国的全面对外开放设计了蓝图。邓小平同志提出的中国向发展中国家开放，一方面可以推动“南南合作”，另一方面又能促进各自经济的发展，因此具有深远的战略意义。

从推动“南南合作”来说。在二战后风起云涌的反帝反殖民族解放运动中，绝大部分的发展中国家都在政治上获得了独立，掌握了国家主权，但在世界经济领域中仍然处于不平等地位。发展中国家要想改变国际经济旧秩序，建立新秩序，就必须团结起来，依靠集体的力量，采取“南南合作”的方式，来实现共同的愿望。中国是最大的发展中国家，中国向发展中国家开放，并与它们合作共同发展经济，将会更有力地推动发展中国家的联合斗争，促使国际经济新秩序早日建成。

从促进中国与发展中国家各自的经济来说。二战结束后，原先的殖民地半殖民地国家在赢得民族独立的同时，大多走上了资本主义的发展道路，其中有些国家无论是在经济发展的速度上，还是在经济实力的增长上都取得了惊人的成绩，有的已成为新兴工业国。相比之下，中国由于“左”的错误影响，尤其是“文化大革命”，使经济发展严重滞后。因此向发展中国家学习取经就显得格外必要。邓小平同志在访问马来西亚时就说，“要借此机会了解和学习马来西亚人民建设国家的经验”。①

① 《马来西亚总理侯赛因在欢迎邓小平同志来访的宴会上的讲话》，载《人民日报》1978年11月11日。

经过多年的发展，发展中国家的经济已明显地出现了多层次性，新兴工业国的发展层次高于中国；有些发展中国家的发展水平与中国相似，但它们可能在某一方面比中国强，或者比中国差；另有一些欠发达国家的发展层次低于中国。因此，中国与发展中国家的经济有很大的互补性，彼此合作的成效并不亚于同发达国家的合作，从而为平等互利、互通有无的经济合作开辟了广阔的前景。这正如邓小平同志在会见马来西亚总理马哈蒂尔时所说的那样，中国向发达国家开放，但更重要的是向第三世界开放。第三世界国家人口众多，地大物博，技术上也各有特长，在很多方面都可以相互帮助，进行合作。这对彼此的经济发展有好处，也有利于克服我们各自国家的困难。[①]

邓小平同志对中国向发展中国家开放还有更深的立意。一是可以借此打破发达国家在经济上对发展中国家设置的重重壁垒和障碍，壮大自己的经济实力。他在一次谈话中就强调指出，发展中国家加强合作，相互变成对方的市场，这样它们就会成为世界上最大的市场。[②] 二是可以借此增进中国与发展中国家的友谊和了解。当今的国际政治中更多地掺进了经济的因素，中国与发展中国家开展经贸合作，不仅会促进各自的繁荣，还能为双边友好关系的发展奠定更加坚实的基础。在邓小平同志提出的全面开放方针的指引下，中国与广大发展中国家加强了经贸合作，尤其是周边的东盟国家所占比重极大。1990年以来，中国—东盟贸易额以年均约20%的速度递增，东盟

① 《人民日报》1978年11月23日。

② 同上。

已连续11年成为中国第五大贸易伙伴。中国在2003年提出的使双方贸易额在2005年突破1000亿美元的目标，已经在2004年实现。与此同时，中国不仅与东盟所有成员国的双边关系都达到了历史最好水平，并分别与它们签署了着眼于双方21世纪关系发展的政治文件；而且与东盟的合作也具备良好的基础，即政治上建立了“面向和平与繁荣的战略伙伴关系”，经济上启动了中国—东盟自由贸易区计划，安全上确认了通过合作实现地区安全。

总而言之，自邓小平同志对东盟三国进行访问后，中国与东盟及其成员国的关系有了根本性的改变和长足的发展。双方在政治、经贸、科技、文化等领域的合作发展迅速，形成了政治上相互尊重、经济上相互促进、安全上相互信任的良好关系，并共同致力于建立面向和平与繁荣的战略伙伴关系。从国家利益出发，调整党际关系，加强经济合作，中国与东盟关系的发展经历了从互不信任甚至对立到友好与合作的历程，为世界上国与国之间和平共处、互利共赢提供了一个杰出的范例。

东盟与南盟之比较*

在亚洲有两个重要的地区组织，一个是成立于1967年的东南亚国家联盟（Association of South-East Asian Nations-ASEAN，简称“东盟”，下同），另一个是1985年成立的南亚区域合作联盟（South Asian Association for Regional Cooperation-SAARC，简称“南盟”，下同）。它们地缘邻近，历史、文化和社会联系密切，其成员都是发展中国家。但两相比较，东盟和南盟虽同为地区组织，前者取得的成就却无疑大于后者。日本国际大学教授莱塞克·布西恩斯基曾这么评价道：“几乎没人会质疑东盟是欧洲以外区域主义最成功的例子。”① 原因何在？除了东盟的建立早于南盟外，是否还有其他因素在起作用？本文拟对此做一比较分析。

一、组织成立的动机不同

当初东盟的建立主要是为了对付地区外部的因素，即防止

---

* 本文原载于《太平洋学报》2005年第5期。

① Leszek Buszynski, “ASEAN's New Challenges,” *Pacific Affairs*, Vol. 70, No. 4 (Winter 1997 - 1998), p. 555.

共产主义影响的渗入，尤其是防止超级大国苏联扩大其在东南亚的势力范围。而在东盟成立之后，成员国对外“用一个声音说话”，尤其是在柬埔寨问题上体现了集体的力量，并因此而赢得了国际声誉，“成为一个公认的国际行为者”。[①]

而南盟的建立主要是为了对付地区内部的因素，即阻止印度在本地区坐大。孟加拉国首先提出了南亚区域合作的建议，斯里兰卡、尼泊尔、马尔代夫和不丹表示支持。对它们来说，南盟的建立不仅提供了一个合作的平台，还使它们可以借此通过集体的力量与印度达成较为有利的协议，而通常在一对一的情况下它们很难解决与印度的双边问题。举例来说，孟加拉国在1976年想把恒河河水分享问题国际化，但没有成功，因此它想通过南盟在地区层面上对印度施加压力。不丹则认为南盟可以提供一种机制，使其能够在不招致印度反对的情况下扩大与其他国家的外交关系，发展与其他国家的经济联系，以减少对印度的依赖。另一方面，印度则视南盟为南亚邻国“合伙”反对它的一种工具，因此“印度的战略是只允许南盟在小事情上发挥功能”。而且“只要印度认为多边主义会招致巨大风险，地区主义在南亚就不可能超越边缘问题”。[②] 这使南盟从成立起，成员之间对地区组织发展目标的想法就不一致。

① Machael Leifer, *ASEAN and the Security of South-East Asia*, London: Routledge, 1989, p. 125.

② Stephen Philip Cohen, *India, Emerging Powe*, Washington, D. C.: Brookings Institution Press, 2001, p. 242.

二、地缘结构的不同

东盟由东南亚10国（1967年成立时其成员为5国）组成。东南亚由一系列嵌入海洋中的半岛和岛屿组成，地形颇为破碎，大体可分为中南半岛和马来群岛两部分，后者为世界上最大的岛群。该区域幅员辽阔，陆地面积达460多万平方公里，海域面积为750多万平方公里，位于亚洲、大洋洲两大陆和太平洋、印度洋两大洋之间，海陆交错，战略地位十分重要，经济资源极其丰富。其中马来西亚与其他所有的东盟创始国都交界，但它在规模上没有大到足以阻碍地区成员间的接触，在实力上也没有强大到足以成为邻国的威胁。马来西亚实际上充当了“缓冲国”的角色，将两个最强大的成员印尼和泰国隔离开来，并且自身十分稳定，不会屈服于它们的任何压力。由于成员之间在国家独立后没有发生过战争，也就不存在痛苦的历史记忆，而这种历史记忆往往会损害地区合作。

南盟由南亚7国组成。南亚以南亚次大陆为主，面积不到420万平方公里。它东濒孟加拉湾，西接阿拉伯海，南临浩瀚的印度洋，是联结欧、非两洲至远东和太平洋的交通要道。该地区国家的地理构成十分独特，印度处于中心位置，其他国家居其东西南北。因而印度与南亚每个邻国都交界，但其邻国除了与印度外互不交界。从国力来说，印度的国力远远超过南盟其他所有成员国力的总和，这使南盟其他成员长期存在疑虑。而印度发展得越强大，它们的不安全感也就越大，因为“对其小邻国来说，印度始终是一个大国。它对它们的文化、它们的经济，甚至它们的个性都有强大的影响”。[①] 这是导致印度与南亚邻国之间关系紧张与发生冲突的因素之一。[②] 印度和巴基斯坦这两个南亚主要国家独立后就曾兵戎相见，发生过三次战争，至于冲突和摩擦则不计其数，严重影响了地区合作的进程。

三、组织中最大成员发挥的作用不同

就国土和人口来说，印尼在东盟成员中排名第一，但它没有以“老大”自居，而是自我约束，在东盟中有意采取低姿态，从而促进了地区的和谐。印尼的这种低姿态一直贯穿东盟的整个发展进程。无论是 1968 年与新加坡的“海员事件”，还是后来与马来西亚的领海争端，印尼始终从维护东盟的团结出发处理相关事宜。由于印尼的这种态度，使东盟在遇到内部危机时能渡过难关，免于分裂。人们一致认为，印尼在东盟扮

---

① Stephen Philip Cohen, *India, Emerging Powe*, Washington, D. C.: Brookings Institution Press, 2001, p. 1.

② Gowher Rizvi, “The Role of the Smaller States in the South Asian Complex,” in Barry Buzan and Gowher Rizvi, *South Asian Insecurity and the Great Powers*, London: 1986, pp. 129 – 130.

演的角色并不与其规模和实力相一致。[①] 印尼对东盟的支持和在东盟中的作用，被普遍认为是东盟成功的一个重要因素。巴基斯坦总统齐亚·哈克有一次曾问印尼总统苏哈托，为什么东盟能取得如此大的进展？后者的回答是，印尼作为最大的成员，审慎地扮演了一个温顺的角色。[②]

在南盟，成员之间国土面积和人口的巨大差异是一个显著特点。印度国土面积不到300万平方公里，占整个南亚的3/4；人口和国民生产总值也在该地区分别占到3/4。而印度仗着地广人多，经济较为发达，军力强大，一直想主导南亚。因此与东盟不同的是，对南盟的其他成员来说，印度作为地区大国，是它们不安全的主要来源，是地区所有问题的产生者。尤其是印度与巴基斯坦之间持续的紧张状况，不仅严重地影响了两国关系，而且还影响了印度与南盟其他成员的关系，这样就给南盟的发展前景蒙上了一层阴影。另外，印度担心其他成员国利用南盟作为工具团结起来反对它，并担心巴基斯坦利用该组织提出双边问题，如在1990年的南盟外长会议上，巴基斯坦就提出了克什米尔问题。同时，印度也利用南盟来“惩罚”不听话的小成员国，如它在1991年就拒绝参加在科伦坡召开的南盟首脑会议，并说服不丹也不到会，使那次会议无法举

① M. S. John and G. P. Ramachandra, “Regional Organizations in Conflict Management: Learning from the ASEAN Experience,” in Baladas Ghoshal ed., *ASEAN and South Asia, Development Experience*, NewDelhi: Sterling Publishers Private Limited, 1998, pp. 34–35.

② Quoted from Imtiaz M. Bokhari, “South Asian Regional Cooperation: Progress, Problems, Potential and Prospects,” *Asian Survey*, Vol. 25, No. 4, 1985, p. 385.

行。这些行为使印度在南亚形象不佳。人们经常将印度对南盟成员目空一切的态度与印度尼西亚顺应东盟成员的做法进行比较，指出“与印度尼西亚不同，印度的自负阻碍了它与邻国的关系”。[①]

四、组织机制的不同

东盟的成功还在于它有独特的协商机制，亦称“东盟方式”：其核心突出强调成员国无论大小强弱，一律是“平等的和伙伴的关系”；其具体表现就是“全体一致”原则，这使每个成员国都享有否决权，不会受到压制，维护了它们在合作中的地位与权益，杜绝了合作的收益偏向任何成员的可能性，从而确保了它们对合作的持久积极性。而达成全体一致的途径，就是采取协商的办法，在努力寻求共同利益的同时，充分尊重每个国家的利益和要求，在反复协商达成共识后，才以集体的名义采取行动。这种做法首先强调所有成员一律平等，因而有效地防止了任何成员在组织中占支配地位；第二，它是一种信任建立措施，使原先彼此缺乏信任的成员养成集体行动的习惯；第三，它有利于加强地区组织的团结，消弭分歧和对立；第四，它使持不同观点的成员最后能将各自的观点综合起来，达成共识。东盟成立至今，成员之间没有动用过武力，即使是

① James Clad, “India in 1996: Steady as She Goes,” *The Washington Quarterly*, Vol. 19, No. 4, Autumn 1996, p. 110.

冒犯性的语言和言辞也很少使用，就连马来西亚和菲律宾关于沙巴的领土争端也都通过调解解决。因此新加坡资政李光耀在评价东盟成立20年的成就时就指出：“东盟在过去二十年内所取得的成就虽然没有惊人的突破，但通过不断协商，各成员国之间对所有重大问题都达到一致意见和正确决定。”[①] 另外，由于各国利益和要求的不同，有时即使经过协商，也难于达成一致，于是在全体一致原则的基础上，又衍生出另外两个原则：一是不反对但可不参与原则，即当议案被多数成员国接受时，如果少数成员不表示反对，而只是表示无法参与时，该议案可以作为东盟决议通过并实施；第二个衍生的原则是，在涉及东盟以外的国家和组织的问题上，东盟的立场向在该问题上利害关系最大的成员国靠拢。[②] 上述三项原则的确立，保证了东盟组织的正常运转。

南盟恰恰与其形成了鲜明对照。南盟没有有效的协商机制，它也不被认为是地区冲突的管理机制，双边的和有争议的问题均被排除在南盟的权限之外。《南亚区域合作联盟宪章》明确规定不商议双边的和有争议的问题。但事实上，一旦双边关系紧张，马上就连带影响南盟的活动。例如印巴关系的紧张，就常常影响到南盟组织的正常运作，有时甚至连首脑会议都暂停或推迟召开。南盟因此不断地成为其成员间政治纷争的

---

① 陈岳、陈翠华编著：《李光耀——新加坡的奠基人》，时事出版社1990年版，第172页。

② Seiji Naya and Michael G. Plumer, “Economic Co-operation after 30 Years of ASEAN,” *ASEAN Economic Bulletin*, Vol. 14, No. 2, November 1997, p. 119.

牺牲品，或者说印巴紧张关系的抵押物，这使南亚在经济发展方面落在其他地区组织的后面。[①] 另外在南盟，成员国最关注的是印度在该组织中的支配地位，印度是解决所有问题的关键和中心。但印度不同意让南盟讨论它与其他成员的双边冲突，要求把双边问题放在一边，只进行经济合作。然而这在现实中很难做到，因为在当今世界，政治和经济互动，并互相影响，尤其是南盟的经济合作主要是出于政治上的考虑，而不是理性选择的结果。因此只有印度与其他成员国，特别是与巴基斯坦的关系改善了，地区合作才会有真正的进展。正如不丹国王所说，“我们没有良好的双边关系，要想拥有良好的地区关系就非常困难”。[②] 同时，其他成员国对经济与政治在地区合作中孰轻孰重与印度有着不同看法，如斯里兰卡和巴基斯坦就强调军事和政治合作的必要性。上述这些情况都不利于南盟的发展。

五、对国家和地区二者关系的理解不同

东盟成员对国家和地区二者关系具有共同的理念。它们都认识到互相冲突不仅会招致外来干预，并且直接影响到经济发展，而后者是保持国家和地区长期稳定的基础。在这一意义

① Sumit Ganguly, *Conflict Unending*, *India-Pakistan Tensions since* 1947, New Delhi: Oxford University Press, 2002, pp. 114 – 129.

② Quoted from Harish Kapur, *Diplomacy of India*, *Then and Now*, New Delhi: Manas Publications, 2002, p. 223.

上，东盟成员认为彼此的安全是不可分割的和相互依赖的，促进地区合作是减少冲突的手段，因此东盟提出了“民族抗御力”和“地区抗御力”的概念及二者相辅相成的思想。民族抗御力最先由印尼总统苏哈托提出，它是指一国抵御各种威胁和挑战的综合能力，“涉及增强一个民族在其全部发展中所有的组成要素，由此构成在意识形态、政治、经济、社会、文化和军事等领域里的抗御力。”民族抗御力是地区抗御力的基础和有机组成部分，后者随前者的增强而增强。“如果每个成员国形成了自己的‘民族抗御力’，‘地区抗御力’就能逐渐出现，例如，成员国联合解决它们的共同问题和携手寻求它们的未来与福祉的能力。”[①] 地区抗御力是地区组织集体力量的显示。地区抗御力的增强，反过来又加强了各成员国的民族抗御力。两者相得益彰，促进国家和地区共同发展。同时，东盟的发展促进了地区的稳定和安宁，这使成员国能集中精力从事国内发展，而不必分心于外部的干扰；另一方面，地区的稳定和安宁也为外资的流入创造了一个有利的环境，成为东盟国家经济迅速发展的一个关键因素。

与东盟不同，南盟成员对国家和地区二者之间的关系尚未有一个清醒的认识。由于成员国之间的矛盾及各成员国内部政治、宗教和种族等冲突，使南盟进展不快。与东盟一样，南盟成员内部也都是多个种族、多种宗教、多种语言，但它们动荡的国内局势却互受影响，因此所有成员在国内政局不稳时便互

---

① Center for Strategic and International Studies, *Regionalism in Southeast Asia*, Malang: the Paragon Press, 1975, p. 8.

相指责对方插手。南盟成员之间的关系紧张状态是导致该地区分裂的主要原因。除了马尔代夫以外，印度与所有成员国或多或少地有双边问题，因此是地区合作道路上的一个障碍。其中问题最大的是印度与巴基斯坦在克什米尔问题上的争端，至今仍未解决。印度与孟加拉国在恒河河水分配上的争议依然存在，尽管两国已就这一问题达成了协议。印度与尼泊尔的关系发展也并不顺利，虽然在20世纪90年代双边贸易关系已有所改善。泰米尔问题则使印度与斯里兰卡关系不时恶化。这些小成员国不满于印度扮演地区超级大国的角色，因此与印度在许多问题上不能达成一致，致使组织涣散。另外在地区经济合作方面，各方也都心存疑虑。早在1980年，南盟的倡议者、孟加拉国总统拉赫曼在给南亚各国领导人的信中就表示了这种担心："在南亚与在世界其他地区一样，我们有处于不同发展层次上的国家，一些国家较另一些国家不发达。就区域经济合作提出的任何建议都必须带着最大的小心谨慎，以便确保弱国不会受到剥削，而强国不会占据支配地位。各地区应该只做这样的选择，即合作将无视现存的经济不平衡而自然地有利于所有国家。"[①] 南盟其他成员担心的是：万一取消贸易限制，它们与印度的贸易将产生更不平衡的结果；在南盟的自由贸易安排中，它们的经济将进一步受到印度的支配；印度还会利用经济上的支配地位来加强自己在政治和安全领域里的主导地位。而

① B. Mohanan, "Regional Economic Cooperation, SAARC and India in the 1990s," in K. Raman Pillai ed., *India Foreign Policy in the* 1990*s*, New Delhi: Radiant Publishers, 1997, p. 132.

印度的考虑则不同，它主要怀疑南盟的特惠贸易能否真正为本国带来好处。一些人认为南盟市场太小，不可能对印度的外贸产生重大影响，印度应该努力打入东亚或北美这些更大的和更赢利的市场才对。由于各自的出发点不一致，尽管双边贸易关系有所改善，但南亚地区内贸易微不足道。据统计，南盟成员之间的贸易额每年只有3亿美元，还不到各国与南盟之外其他国家贸易额的5%。[①] 因此在南盟，经济合作始终是一个政治问题，政治上的紧张妨碍了经济利益的共享。这些都造成南盟经济合作发展缓慢。

另外，东盟要求其成员在解决冲突时采用和平、妥协和说服的方式。例如在解决马来西亚与菲律宾在沙巴问题上的冲突时，双方因为东盟的存在进行了妥协。因此东盟的成功还在于成员坚定地承诺和履行地区合作的义务，不让双边的冲突和争端影响东盟的发展进程，这显示了东盟在成员国心目中的地位。而在南盟，两个主要成员印度和巴基斯坦，对该组织的作用并不看重，反而是其他小成员国显示了更大的热情。除了印度外，定期会面的结果在南盟其他成员中形成了政治上较大的一致，可是这种一致对南亚地区冲突的管理并不重要，因为其他成员都不想彼此发生冲突，印度则不愿意其他成员干预其争端。印度不希望南盟成为一个模仿东盟的多边框架，能够进行广泛的讨论，并且有可能的话，将包括解决双边争端在内的各种问题也列入议事日程。另外非常重要的是，印巴关系是南亚

---

① 陈一鸣：《点亮和平合作之灯——第十二届南盟首脑会议综述》，载《人民日报》2004年1月7日。

地区国际关系的主线，它们长期处于对抗状态，这种紧张关系直接影响了南盟的发展。正如印度学者 S. S·梅塔所说，“南亚区域合作联盟目前仍是一只羽毛未丰的小鸟。除非印度与巴基斯坦之间的问题被清理掉，否则该组织必定仍是一个清谈馆”。[①]

概而言之，“区域化迎合了小国的愿望，即在一个由它们占多数的框架内牵制和制服大邻国；同样，区域化也符合这个大邻国的愿望，即为自己建立一个受拥戴的范围”。[②] 如何把握和拿捏这两个互相矛盾的愿望，使小成员国和大成员国在某种程度上都能实现自己的愿望，对地区组织的发展极为重要。东盟较好地处理了这一问题，因而取得了成功。而南盟因为没能处理好这一对矛盾，于是发展迟缓。当然每个地区都有自己的特殊性，东盟的经验不可能被完全复制到南盟，但后者可以从中学到一些有益的东西。

① S. S. Mehta, *Launching India into the 21st Century*, New Delhi: Minerva Press, 1999, p. 158.

② Donald K. Emerson, “Organizing the Rim: Asia-Pacific Regionalism,” *Current History*, December 1994, p. 437.

浅析中国与东盟安全合作的必要性*

今年是中国与东盟建立对话伙伴关系 15 周年，回顾双方关系发展所走过的历程，中国已与东盟在政治上建立了“面向和平与繁荣的战略伙伴关系”，经济上启动了中国—东盟自由贸易区计划。展望未来，中国—东盟关系除了应继续保持良好的发展势头外，还要拓展合作的领域，特别是双方的安全合作。本文拟在分析国际社会安全观变化和演进，以及比较中国与东盟的安全观的基础上，阐释中国与东盟开展安全合作的必要性。

一、安全观的变化和演进

随着冷战的结束，尤其是 20 世纪 90 年代中期以来世界所经历的重大转折，即经济因素明显上升，区域一体化过程加速，国家间相互依存日益加强，以及跨国性的问题和更大范围的危机逐渐成为国际社会和民族国家共同关心的焦点，世界政治和国际关系的性质正朝着“全球化”的方向发生变化，因而也预示着人们的安全观念及对国际安全理论的研究出现了重

* 本文原载于《东南亚》2006 年第 2 期。

大的转变。

在国际关系领域，“安全”是一个内涵很不确定、模糊不清的概念。有的学者给安全下了这样一个定义：“所谓安全，就是客观上不存在威胁，主观上不存在恐惧。”[①] 这个定义笼统地解释了安全概念的基本内涵，但人们对客观的“威胁”和主观的“恐惧”有不同的认识和解释。同时“安全”这一概念并非一成不变，而是在发展变化的。传统上，“安全”主要是指以国家为中心的军事安全，其要点是：国际关系始终是无政府状态的，这给各国带来了现实或潜在的威胁，如对领土边界、民族生存、国家主权等的威胁。在这种情况下，各国主要依靠自身的力量并根据“自助”的原则，展开“寻求权力与和平的斗争”。[②] 因此，以国家的军事安全为核心的传统安全成为安全观的基本内容，并是迄今为止仍在国际社会中占支配地位的安全思想。冷战结束后，由于军事威胁的相对减轻和非军事性威胁的出现，孕育和推动了一种新的安全观的逐渐形成，其主要观点认为安全既分为个体、国家、地区和全球等不同层次，也包含了经济、社会、环境、政治和军事等不同门类。它更关注于全球化时代国际环境的和平与稳定，以及促进各国国内和平与发展的这样一种国际关系的演变。

具体而言，何谓新安全观？以下是人们一般认同的方面和

① 李少军：《国际政治学概论》，上海人民出版社2002年版，第150页。

② 美国学者汉斯·摩根索认为，国家间政治的主题就是“寻求权力与和平的斗争”，见汉斯·摩根索：《国家间政治——寻求权力与和平的斗争》，中国人民公安大学出版社1990年版。

内容：

首先，安全是全面的或综合的，包括传统安全和非传统安全。传统的安全是指国家的生存不受威胁，这也是国家安全的最低要求。没有安全，其他的一切活动都难以存在。因此“安全”这一概念在国家政治中向来被用于国家主权、领土的捍卫，军事集团的对峙，势力范围的护持等方面，其手段是以军事实力为基础，所以人们一提“安全战略”往往便是指军事。冷战结束后，由于国际安全形势的变化，军事在安全问题中的比重相对减少，其他威胁安全的非传统因素则更加突出和发展，跨国界、跨地区乃至全球性的安全问题越来越多。因此，“安全”的概念不再是单一的、纯军事意义的，而是一种复合概念。它不仅包括政治、军事、外交，还包括经济、科技、文化，以及资源、环保、通讯等领域。安全也不再限于一国主权之内，还包括人类社会共同的安全。[①]

其次，安全是相互依赖的，是共同安全。从历史和现实来看，没有一国可以在牺牲他国安全利益的情况下增强自己的安全感。特别是在当今相互依存的时代，安全建立在共同生存的基础之上，各国的安全在某种程度上依赖于他国，这就提醒人们有必要谋求共同安全。因为“非传统安全中的许多因素，如自然资源、生态、移民、贩毒以及核扩散、国际恐怖活动等，并非一国或几国力量所能解决的，它涉及人类的生存和世

① 汤广辉：《冷战后安全问题断想》，载《世界知识》1996年第19期，第8页。

界的可持续发展等国际秩序的建立”。[①] 因此，一国的安全不仅仅是自己的事情，而是以他国的安全为条件，离不开他国的支持与合作。

再次，安全必须是合作安全。合作安全是指一个地区或全球所有国家在安全事务上的合作，使各个国家的安全都得到保障。人类面临的环境污染、资源匮乏、核战威胁、贫困等问题，是跨国界的，也是传统的军事手段不能解决的，需要各国以及国际社会通过合作而不是冲突、协商而不是对抗、多边而不是单边来共同解决。因此合作安全内容广泛，且合作各方地位平等。

最后，安全感的获得主要是通过一定的组织、机制和制度建设，而不是依靠实力的对比。[②] 出于在安全问题上共同利益的考虑，越来越多的国家意识到建立安全合作机制的必要性，认识到合作、协商甚至妥协才是互利互惠的更好选择。

经济安全是新安全观的主要内容之一。经济安全是指维持国家经济正常运转，不受内外环境干扰、威胁、破坏的一种状态。它既包含一国抵御各种风险的能力，也包含该国为确保经济持续发展而确立的战略目标以及为此而采取的策略和措施等。由于经济全球化和区域化的趋势在加快，一国经济的生存和发展受国际政治、经济、军事等方面变化的影响越来越大，

① 陆建人编：《东盟的今天与明天——东盟的发展趋势及其在亚太地区的地位》，经济管理出版社 1999 年版，第 173 页。

② 周丕启：《安全观、安全机制和冷战后亚太的地区安全》，载《世界经济与政治》1998 年第 2 期，第 58 页。

主权国家对本国经济的运行和发展实施有效控制、保护的能力实际上在削弱，经济安全因此成为各国急迫的战略问题。

新安全观也强调环境安全在国家安全中的地位和作用，认为环境问题的性质已随着全球化的发展而发生了根本变化，它不再是一个单纯的自然问题，也不仅仅是单个国家的问题，而是关系到整个人类生存与发展的重大国际问题，其影响和冲击已渗透到国际政治、经济、文化、社会各个领域。由于地球环境是人类赖以生存的最宝贵条件，因而环境安全是最基本的安全问题。1987 年召开的第 42 届联合国大会一致通过了题为《我们共同的未来》的报告。该报告明确指出，安全的定义必须扩展，不仅包括原有的对国家主权的政治和军事威胁，还要包括环境的恶化和发展条件遭到破坏。

新安全观认为，实现安全的基础是共同利益和相互信任。共同利益是维护国家之间友好关系的基础及合作的基石，彼此没有共同利益的国家很难走到一起。而建立在共同利益基础之上的相互信任，是维护和平的保证。只有相互信任才能解决彼此存在的分歧与矛盾，进行合作，从而实现和平与安全。而解决国家之间矛盾的重要方式是平等协商，它有助于消除分歧与矛盾，使争议各方达成共识。

二、中国与东盟安全观的趋同

冷战结束后，中国的安全观念逐渐发生变化，新安全观被越来越多地提及。钱其琛副总理对中国的新安全观有一个明确的阐述。他在东盟私营部门庆祝东盟成立30周年大会上讲话时说："总结过去的经验和教训，面向未来的机遇和挑战，我们应当有新的安全观念和寻求维护和平的新途径。"钱其琛指出，冷战时期以军事联盟为基础，以加强军备为手段的安全观念和体制已被证明不能营造和平。在新的形势下，扩大军事集团，加强军事同盟更是有悖于时代的潮流。要争取持久的和平，就必须培育新型的安全观念，寻求维护和平的新方式。这种观念和方式应包括以下几个方面：第一，在相互尊重主权和领土完整、互不侵犯、互不干涉内政、平等互利、和平共处五项原则基础上建立国与国之间的关系。这是全球和地区安全的政治基础和前提。在这方面，大国之间建立健康、稳定的关系，对地区以至世界的和平与安全至关重要。第二，各国应在经济领域加强互利合作，相互开放，消除经贸交往中的不平等现象和歧视政策，逐步缩小国家之间的发展差距，谋求共同繁荣。这是全球和地区安全的经济基础。最近发生的东南亚金融风波表明，经济安全是稳定和发展的重要组成部分。维护正常和良好的经济、金融秩序，不仅要有完善的宏观经济管理体制和健全的金融体系，而且要加强地区和世界的金融合作，共同防范国际游资的投机冲击，创造稳定、安全的外部经济环境。第三，各国应通过对话与合作增进相互了解与信任，承诺以和平方式解决国家间的分歧和争端。这是确保和平与安全的现实途径。安全是相互的。安全对话合作旨在促进信任，而非制造对抗，更不应针对第三国，不能损害别国的安全利益。[1] 时任国务委员的李铁映在一次研讨会上也表述了类似观点，指出“在新的形势下，应有一种新的安全观，历史正反两方面的经验证明，安全不能依靠增加军备，也不能依靠军事同盟，安全只能依靠相互之间的信任和共同利益的联系。通过对话增进信任，通过合作谋求安全，相互尊重主权，和平解决争端，谋求共同发展是新时期各国维护自身和地区安全的正确途径”。[2]

中国的新安全观以合作安全为核心，其特点是：第一，其方式主要是通过在地区或全球范围内所有国家在安全事务上的合作，使各国安全都得到保障。第二，其内容是全方位安全或全面安全。安全不仅仅是指政治和军事安全，经济发展、环境保护、国家建设等也都是安全的重要内容。第三，其手段是通过渐进方式建立多边安全合作机制，强调获得和维护安全的非军事手段。第四，参加安全合作机制的成员关系平等，互不干涉内政。总之，合作安全顺应了时代发展的要求。

东盟较早提出了安全合作，1992 年的东盟第四次首脑会议就强调，要在冷战后时代谋求“开拓新的安全合作领域”，促进东盟内部安全问题的会谈。同时此次会议还认为《东南亚友好合作条约》将为“更加广泛的地区合作提供一个共同

---

① 《在庆祝东盟成立 30 周年大会上钱其琛阐述新安全观》，载《人民日报》1997 年 12 月 16 日。

② 李铁映：《东亚正在改变世界格局》，载《战略与管理》1998 年第 1 期，第 4 页。

的框架”，并谋求联合国承认该条约。[①] 东盟在地区安全合作中逐步确立了“综合安全观”，其核心是强调通过建立“民族抗御力”（national resilience）来实现“地区抗御力”（regional resilience）。这是因为东盟成员地理上相连，相互易受干扰，一国内乱，往往造成四邻不安，结果不仅国家利益受损，也殃及整个地区的利益。民族抗御力最早由当时的印尼总统苏哈托提出，是指一国抵御各种威胁和挑战的综合能力，“涉及增强一个民族在其全部发展中所有的组成要素，由此构成在意识形态、政治、经济、社会、文化和军事等领域里的抗御力”。民族抗御力是地区抗御力的基础和有机组成部分，后者随前者的增强而增强。“如果每个成员国形成了自己的‘民族抗御力’，‘地区抗御力’就能逐渐出现，例如，成员国联合解决它们的共同问题和携手寻求它们的未来与福祉的能力。”[②] 地区抗御力是东盟组织集体力量的显示。地区抗御力的增强，反过来又加强了各成员国的民族抗御力。两者相得益彰，实际上是通过建立多边安全机制，确保国家和地区的共同安全。东盟因此将其作为政策主张郑重写入了《东南亚友好合作条约》，该条约的第 11 条和第 12 条分别规定：“缔约国应当根据它们各自的理想和愿望，努力加强各自在政治、经济、社会文化以及安全方面的民族抗御力，摆脱外来干涉和内部颠覆活动，以保持它

---

① 默文·南比亚尔：《东盟保证扩大合作范围》，法新社新加坡 1992 年 1 月 28 日英文电。

② Centre for Strategic and International Studies, *Regionalism in South-East Asia*, Jakatar: 1975, p. 8.

们各自的民族特征”；“缔约国在努力实现本地区的繁荣和安全方面，应当在各方面进行合作，根据自信、自力更生、相互尊重、合作和团结的原则，增强本地区的抗御力”。[①] 冷战结束后，民族抗御力和地区抗御力继而成为覆盖整个东南亚的重要原则。1994 年召开的东南亚 10 国非正式会议，在发表的“2000 年后的东南亚——关于一项设想的声明”中强调指出，为了实现东南亚共同体的设想，其中必须遵守的首要原则就是“国家的和地区的抗御力”。1994 年东盟地区论坛的成立，就是“综合安全观”的具体反映。这一安全观也被 2003 年 10 月举行的第九届东盟首脑会议写入《东盟第二协议宣言》（简称《巴厘第二协议》），成为将在 2020 年前建成“东盟安全共同体”的主要内容。

“综合安全观”的特点是：1. 倡导独立自主和不结盟原则。东盟认为如果在安全上依赖某一大国，会使其操纵自己，同时也使东盟与其他大国的关系不稳定，这不利于东盟国家的安全与发展，因此东盟实行独立自主和不结盟政策。2. 强调相互平等和相互信任原则。1976 年东盟国家首脑会议通过的《东南亚友好合作条约》就明确规定了这一准则：“增进和平、友谊和在有关东南亚问题上的相互合作”；“相互尊重彼此的独立、主权、平等、领土完整和民族特征”；“每个国家有权保持其民族生存，不受外来的干涉、颠覆或压力”；“互不干

① 托马斯·艾伦：《东南亚国家联盟》，郭彤译，新华出版社 1981 年版，第 415 页。

涉内政”等。[①] 东盟国家长期以来一直遵循这些准则。3. 重视军事以外其他影响安全的因素。东盟认为国家安全应该主要依靠经济发展和社会稳定。马来西亚前总理马哈蒂尔曾经指出，“安全不单单是军事能力，国家安全是不能与政治稳定、经济成功与社会和谐分离的。没有这些，世界上所有的枪炮也不能防止一国被其他敌人所征服，有时在不发一枪一弹的情况下敌人的野心就可以达到”。[②] 泰国前总理差猜也曾指出，“经济的兴盛是长期安全的保证”。[③] 4. 强调安全合作方式的渐进性和对话性。东盟坚持协商方式，充分尊重每个国家的利益和要求，在反复协商达成共识后，才采取行动，这样就确保了成员国对合作的持久积极性。而由东盟主导的东盟地区论坛采取的也是类似方式，即由有关国家独立地就地区事务表达自己的看法，互相交流和磋商安全事宜，不做强制性的决定或协议。

由此可见，中国与东盟在安全观方面有很多共识。中国对东盟推行的“综合安全”给予积极肯定，中国提出的以互信、互利、平等、合作为核心的新安全观也日益为东盟所接受。双方并且日益重视在非传统安全领域的合作。“9·11”事件的发生给全世界敲响了警钟，宣告非传统安全威胁日益上升，更

---

① 托马斯·艾伦：《东南亚国家联盟》，郭彤译，新华出版社 1981 年版，第 415 页。

② 转引自陈欣之：《东南亚安全》，台北生智文化事业有限公司 1999 年版，第 35—36 页。

③ Marc Innes-Brown and Mark J. Valencia, Thailand's Resource Diplomacy in Indochina and Myanmar," *Contemporary Southeast Asia*, Vol. 14, No. 4, March 1993, p. 343.

加突出了合作安全的重要性。因此自“9·11”事件以来，双方进一步加强了在打击国际恐怖主义、跨国犯罪及维护经济安全等方面的合作。中国还与东盟先后签署了《南海各方行为宣言》，发表了《关于非传统安全领域合作联合宣言》，并宣布建立“面向和平与繁荣的战略伙伴关系”，进一步密切双方的关系。此外在双边层面上，中泰、中越、中马已建立了安全对话机制，文莱、印尼和新加坡也表示了与中国建立类似机制的意向。

三、中国与东盟安全合作的必要性

在世界上，没有一个国家像中国这样拥有如此众多的邻国，这是中国安全环境最突出的一个特点。在21世纪，中国的安全环境又注入了新的因素：一是随着中国的崛起，中国的安全利益在扩大；二是随着非传统安全威胁的加大，威胁中国国家安全的来源也增多。与此同时，中国是一个大国，但又是一个发展中国家，因此主要关注点还是自己所在的地区。东南亚毗邻中国，该地区是中国经济、政治和安全利益的交会点，因此这个地区的发展与地区关系的走势如何对中国影响巨大。无论从哪个角度来说，东南亚都对中国的发展有着极为重要的意义。从地缘政治上来说，东南亚是中国通向外部世界的最重要的海上通道。从经济利益上来说，东南亚有着丰富的自然资源和潜在市场。密切与东盟国家的关系，对于中国构建一个稳定、和平、发展的周边安全环境具有特别重要的意义，从而凸显出中国与东盟进行安全合作的必要性。这使双方的合作除继续以经济合作为重点外，还以非传统安全合作作为切入点，逐步拓展安全领域的合作。

其次，中国要走出近海进入大洋，必须经过由日本列岛、琉球群岛、台湾岛和东南亚诸群岛组成的“岛链”。但这一“岛链”的北部为美日同盟控制，正面受台湾地区阻隔，从国家安全角度来看，这两个地区在战时极易被封锁。目前只有东南亚是中国进出大洋受牵制较小、比较安全的通道。通过这一通道，中国可以东出太平洋，西进印度洋，对中国在未来开发和利用海洋空间极为重要。东南亚因而成为中国海上地缘战略的重要组成部分。南海地区是扼守太平洋和印度洋的咽喉，在世界航运业中具有重要地位，拥有世界海运量的1/4。因此积极与东盟国家进行安全合作，对确保中国海洋空间的开拓和海上运输通道的畅通及安全具有重要意义。

再次，随着经济发展的步伐加快，经济安全对中国来说尤其重要。中国从1978年开始改革开放，至今已有20多年的时间，在这期间，中国经济飞速发展，创造了令世界瞩目的奇迹。20世纪最后20年，中国国内生产总值年均增长率接近10%（1979—1997年间，为9.8%），大大超过同期各不同收入组国家或地区的经济增长率，成为世界上经济增长速度最快、最有活力的国家之一。[①] 中国经济总规模随经济的高速增

① 程超泽：《世纪之争：中国，一个经济大国的崛起》，新华出版社1998年版，第17—18页。

长不断扩大。2003 年，中国国内生产总值为 116694 亿元，相当于 114 万亿美元，居世界第六位，在发展中国家排名第一；尤其是人均国内生产总值达到 1090 美元，[①] 首次突破 1000 美元大关；外贸进出口总值达 8512.1 亿美元，[②] 居世界第四位；外汇储备达 4033 亿美元，[③] 仅次于日本，居世界第二；实际利用外资 535.05 亿美元。[④] 然而，由于人口众多，地区发展不平衡，中国经济发展水平仍很低。为了在 21 世纪中叶达到中等发达国家水平，中国还需要走很长的路，发展经济仍是中国的中心工作，因此经济安全对中国至关重要。而东盟国家是中国重要的贸易伙伴和投资来源地，与中国的经济发展息息相关，一个突出的例子就是 1997 年 7 月爆发的金融危机。这场危机从泰国开始，很快席卷东南亚、韩国、日本等国家及中国香港和台湾地区，也使中国的出口贸易大幅度减少。受金融危机的影响，1997 年下半年中国外贸出口明显受阻，增长速度比上半年降低 9.2%。[⑤] 中国与东盟共同维护经济安全，对双方来说都是一个双赢的局面。

最后，中国与东盟进行安全合作，对亚太地区的其他国家可以起到示范和带头作用。实际上此举已对日本产生了影响。日本感到中国与东盟关系发展迅速，自己则几乎步步落后。因

① 《人民日报》2004 年 1 月 21 日。

② 《人民日报》2004 年 1 月 12 日。

③ 《人民日报》2004 年 1 月 18 日。

④ 《人民日报》2004 年 1 月 15 日。

⑤ 张小明：《中国周边安全环境分析》，中国国际广播出版社 2003 年版，第 81 页。

此在中国的推动下，日本行动起来，急起直追，积极改善与发展和东盟的关系。这不仅对维护周边安全环境具有积极意义，也有利于维护东亚和亚太地区的和平与安宁。[①]

① 有关中国与东盟进行非传统安全合作必要性的内容，主要参考和借鉴了陈峰君：《加强中国与东盟合作的战略意义》，载《国际政治研究》2004 年第 1 期，第 24—28 页。

中国参与地区合作的理念演进、特点及前瞻*

一、中国地区合作理念的演进

中国对地区合作有一个逐渐认识的过程，与中国参与地区合作的实践同步发展。改革开放至今，中国地区合作理念的演进大致可分为四个阶段。

第一阶段是改革开放至冷战时期结束，中国在这一时期主要参与的是全球多边合作，对地区合作持谨慎和观望的态度。

究其原因，一方面，新中国自成立起一直强调奉行独立自主的和平外交政策及对外交往中的平等地位，对参加地区组织持观望态度，对地区合作持谨慎态度。另一方面，改革开放初期，中国更注重的是与世界体系的关系，参与的多是全球性多边合作，如世界银行、国际货币基金组织等。此后，中国的主要关注点是在加入关贸总协定（后来是加入世界贸易组织）上。

尽管如此，新中国还是在成立之初就制定并且积极推行睦邻友好政策，中国政府倡导的“和平共处五项原则”，以及周

* 本文原载于《东南亚》2006 年第 2 期。

恩来总理在万隆会议上提出的“求同存异”原则，都在周边国家产生了良好的反响。改革开放之初，邓小平先提出了消除政治障碍，将中国与邻国的关系建立在共同利益基础之上的政策主张，随后又在中共中央召集的干部会议上再次强调：“我们的对外政策，就本国来说，是要寻求一个和平的环境来实现四个现代化。”[①] 这为中国真正在和平共处五项原则的基础上处理与邻国的关系提供了新的理论依据，纠正了“文化大革命”时期极“左”思想主导下的以意识形态划线的做法，从而确保这种关系能够持久与稳定的发展，经得起时间的考验。因此冷战时期一结束，中国就同邻国建立或保持了正常友好的外交关系，开始了全方位的睦邻友好与多方面的交流合作，这既为中国参与地区合作创造了必要的前提条件，也使中国对地区合作的态度开始转变。

第二阶段是冷战时期结束至1997年亚洲金融危机爆发前，中国在这一时期对地区合作经历了一个逐步适应和熟悉的过程，并提出了有关地区合作的新观念。20世纪90年代以后，伴随全球化而来的地区一体化发展势头越来越强劲，中国必须顺应潮流而置身于地区合作之中。中国开始逐渐认识到，良好的地区合作可以与良好的双边关系相辅相成、互相补充，使自己拥有一个稳定的周边环境。

1991年是中国地区合作史上的一个重要年份，中国在参与地区合作的进程中迈出了第一步。7月，时任中国外长的钱

① 《邓小平文选》第二卷，人民出版社1994年版，第241页。

其琛出席了第24届东南亚国家联盟外长会议开幕式，标志着中国成为东盟的磋商伙伴。[①] 同年11月，中国正式加入亚太经济合作组织，这也是中国当时唯一参加的地区间官方经济合作论坛，尤为重要的是，加入亚太经合组织使中国对地区合作有了实际的体验，这为中国以后参与地区合作提供了宝贵的经验。

中国在这一时期主要还是适应和熟悉地区合作，尽管如此，中国仍不失积极和主动地提出了有关地区合作的新主张，其中最为突出的是新安全观。[②] 新安全观体现了中国希望在地区合作的框架下推动地区和平与稳定的愿望。新安全观现已成为中国安全战略的指导思想，也是中国地区合作政策的一项重要原则。

第三阶段是1997年亚洲金融危机至世纪之交，中国在这一时期参与地区合作主要是围绕维护自己的国家利益及地区的和平与稳定两大主题展开。

亚洲金融危机爆发后，中国作为东亚一个负责任的成员，积极参与地区事务的处理，尤其是除了坚持人民币不贬值外，还对受金融危机影响的有关国家提供资金援助，担起了稳定地区经济形势的重任，并在随后的东亚合作中发挥了独特的作用。通过这场危机，中国和东亚邻国深感全球化冲击的负面作用，任何一国无法单独抗击，必须联合互助，自强自立。中国

---

① 1996年7月，中国成为东盟的全面对话伙伴国。

② 钱其琛外长在1994年7月举行的东盟地区论坛会议上代表中国首次提出新安全观，江泽民于1999年3月在联合国裁军会议上做了进一步的阐述，其核心是通过对话、磋商和协商，解决争端，维护和平。

对地区合作的整体性认知也得到进一步加强，认识到参与地区合作，和地区内国家互动，不但可以加深中国与其他国家的合作，同时也表明中国认同地区体系，愿意融入地区秩序，从而有助于建立一个和平稳定的周边环境，以推动中国的全面发展。至此，全面参与地区合作成为中国重要的对外战略。[①]

第四阶段是进入21世纪之后。中国关于地区合作的理念进一步深化，由主要为自己的发展建立和平环境转为与地区国家谋求共同发展，“互利共赢”。

党的十六大报告首次表明中国将“加强区域合作，把同周边国家的交流和合作推向新水平”。[②] 党的十七大报告则进一步把区域合作与建立和谐的地区环境结合在一起，提出“积极开展区域合作，共同营造和平稳定、平等互信、合作共赢的地区环境”。[③] 这是中国基于实践得出的经验总结。这一阶段的标志是上海合作组织的创建和《中国—东盟全面经济合作框架协议》的签署，这也是中国地区合作战略走向成熟的重要里程碑，特别是上海合作组织的建立为中国参与和推动地区合作创建了一个重要的平台。与此同时，中国还积极倡议和创建了中非合作论坛、中国—阿拉伯国家合作论坛[④]等多个

① 也有学者认为“中国实施地区战略始于中国—东盟自由贸易区”。参见张蕴岭：《中国同东亚的经济一体化与合作》，载《当代亚太》2006年第1期。

② 江泽民：《全面建设小康社会开创中国特色社会主义事业新局面》，人民出版社2002年版，第48—49页。

③ 胡锦涛：《高举中国特色社会主义伟大旗帜 为夺取全面建设小康社会新胜利而奋斗》，人民出版社2007年版，第48页。

④ 中非合作论坛和中国—阿拉伯国家合作论坛分别成立于2000年10月和2004年9月，是中非及中阿合作的两个重要平台。

地区合作机制。中国也是朝核问题“六方会谈”的主席国，在其中所起的建设性作用为世界公认。

二、中国参与地区合作的特点

中国是世界上最大的发展中国家和社会主义国家，虽然与别的国家相比，参与地区合作较晚，但中国后来居上，走的是中国特色的“互利共赢”新路，具有独具一格的特点：

第一，倡导而不主导，支持中小国家在地区合作中发挥领导作用。

中国在地区合作中发挥了积极倡导的作用。在东亚合作进程中，中国一直以务实精神推动各项合作方案的开展，并且充分考虑各方的利益和想法。中国积极参与和推动“东盟+3”合作机制，并逐渐加大了对它的投入。仅在2002年第六次东亚领导人会议期间，中国领导人就提出了二十多项建设性倡议，签署或发表了十多个协议或宣言，引导了地区合作的发展方向。与传统的地区主义观念相左，中国作为一个大国，始终支持中小国在地区合作中发挥领导作用。最突出的例子就是中国支持东盟在东亚合作中发挥主导作用，中国在很多场合均表示，“中国始终支持东盟在东亚合作中发挥主导作用”。[1]

在地区合作中，如何摆正自己的位置、起什么样的作用、

---

① 温家宝：《共同谱写中国—东盟关系的新篇章——在第十次中国与东盟领导人会议上的讲话》，载《人民日报》2007年1月15日，第1版。

如何处理同其他成员国的关系，这些都是中国参与地区合作面临的重要问题。东亚合作刚刚起步，各国之间差距很大，中日、韩日等国家之间还有很多矛盾难以克服，东盟中小国家对于大国主导或大国相争十分担忧，这些客观因素使得中国必须以新的思想和途径处理地区合作的领导权问题。倡导而不主导的做法不仅是中国独立自主和平外交政策在处理地区合作问题上的具体体现，而且符合中国走和平发展道路的外交方针。事实上，中国坚持倡导而不主导，可以使自己更加集中精力解决国内发展的问题，在参与地区合作中更好地有所作为，做出更大贡献。同时，中国作为大国倡导而不主导的这一做法在世界地区合作史上前所未有，为地区合作的发展树立了一种新的典范。

第二，多予少取和先予后取，与发展中国家在地区合作中实现共同发展。

中国在参与地区合作时，总是从大局出发，尽可能照顾发展中国家的关切，甚至让利于后者，做到多予少取和先予后取，与发展中国家在地区合作中共同发展，“互利共赢”。这样的例子在中国参与地区合作的实践中不胜枚举，如中国与东盟的“早期收获”计划①、中国加强同非洲务实合作的8项举措②等，都体现了这一精神。

① “早期收获”计划是在中国—东盟自由贸易区框架下最先实施的降税计划，2004年1月1日起实施。

② 详见胡锦涛：《在中非合作论坛北京峰会开幕式上的讲话》，载《人民日报》2006年11月5日。

多予少取和先予后取的做法与中国的睦邻友好政策相一致。近年来中国进一步完善睦邻友好政策，提出了“与邻为善、以邻为伴”，其内容也在实践中不断得到充实，这就更加强调相互依存与合作的必要性，更加突出和平环境的塑造。因此，多予少取和先予后取，与发展中国家在地区合作中实现共同发展，这是中国的既定方针，也是中国地区合作战略的一个重要组成部分。中国的这一做法为世界范围的地区合作开创了一种新的模式。

第三，率先而又务实，推动地区合作向前发展。

中国虽然参与地区合作起步较晚，但在地区合作的许多方面都起到了表率作用。

中国率先与东盟达成了在2010年建立自由贸易区的协议，不仅在“东盟+3”机制中迈出了最为重要的第一步，而且起到了催化剂的作用，激励着东亚经济一体化进程的发展。[①] 中国也是第一个加入《东南亚友好合作条约》的非东盟国家。通过缔结该条约，中国表明接受东盟的行为准则和价值观念，并将依照规则办事。此举增加了双方的互信，也为中国与东盟的进一步合作铺平了道路。中国还通过签署“面向和平与繁荣的战略伙伴关系”联合宣言，率先与东盟建立了战略伙伴关系，这也是中国第一次与一个地区组织建立战略伙伴关系。中国与东盟全面合作的“率先效应”，使东盟的地区合作战略得以顺利展开，形成了以其为核心的东亚合作进程。在中国的

① 黄朝翰：《东盟—中国关系：一种经济视角》，载《外交评论》2006年第3期。

榜样作用下，东盟对话伙伴国纷纷加强了与东盟的合作，从而把东亚合作推进了一大步。

中国率先而又务实的做法，有效推动了地区合作的发展，使参与地区合作的其他国家切实感受到了中国的诚意。

第四，开放而不排斥，在地区合作中注意与其他大国的协调。

冷战时期结束后，世界格局发生了深刻变化，和平与发展成为时代主题。大国关系也随之出现了令人瞩目的变化，既合作又竞争是其主要特点之一。中小国家的主权独立得到了更大保障，能够实行全方位外交，欢迎各大国参与地区合作，实行平衡政策，以维护自己的安全和经济利益。

中国顺应时代潮流，从参与地区合作起就始终持开放态度，与其他大国共推地区合作进程。中国与俄罗斯友好合作，对团结中亚各国、促进上合组织的发展起到了重要作用。中日关系虽然近年来时有问题出现，但中国始终强调“中日在区域合作中是互补的”。双方可以在东亚合作中发挥各自优势，与其他东亚国家一道寻求互利共赢。“中国愿意在这一进程上与日本加强协调与沟通。”[1] 中国与美国在地区合作方面也存在互动。中国注意到美国“在东亚存在传统的影响和利益，这是历史形成的，也是客观现实”。[2] 中国在参与地区合作中注重与美国的对话和协调，以不断寻求和扩大彼此在地区的利益汇合点。

---

① 王毅：《亚洲区域合作与中日关系》，载《外交学院学报》2005 年第 1 期。
② 同上。

第五，以周边为重点，全方位参与地区合作。

中国是亚洲国家，因此，亚洲特别是中国的周边地区成为中国参与地区合作的重点。中国也是多个亚洲安全对话机制的成员，这对亚洲安全环境的改善与安全合作的开展具有重要的促进作用。除亚洲外，中国还全方位地参与地区间合作，启动了与欧洲、非洲以及拉丁美洲等世界其他地区的合作机制。中国已成为世界上推动地区合作的重要力量。

三、中国参与地区合作面临的挑战及应对策略

中国参与地区合作虽然取得了很大成就，但仍面临诸多挑战，其中最主要的是：

第一，如何进一步与世界各国共享和平、发展、合作。改革开放至今，中国国家实力和国际地位大幅度上升，并积极主动地融入地区及国际社会。有鉴于此，中国的和平发展在世界范围内引起了讨论和争论，正面者如“中国机遇论”、“中国贡献论”等，负面者如“中国威胁论”、“中国崩溃论”等，不一而足，后者使中国面临巨大的压力。当前，随着中国在世界各个地区参与合作力度的加大，西方又有人给中国贴上了“新殖民主义”和“新帝国主义”的标签。如何应对诸如“中国威胁论”之类的挑战，进一步展现中国与世界各国共享和平、发展、合作的意愿，寻求合作共赢的新途径，是中国必须着力解决的问题。

第二，如何进一步明确中国在地区合作中的角色及定位。尽管“中国威胁论”已在世界各地丧失了部分听众，但对中国的不信任依然存在，这尤其表现在安全领域。中国与一些邻国在领土边界和海洋权益方面的争端尚未完全解决，仍是国家关系中的难题。

第三，如何处理好与各种地区组织与合作机制的关系。随着新一轮地区主义的高潮迭起，各种地区组织与合作机制如雨后春笋般在世界各地涌现。目前仅在亚洲，就有东盟、上合组织、南盟、海合会等地区组织，“东盟+3”、“东盟+1”、东亚峰会等合作机制，博鳌亚洲论坛、亚洲合作对话、亚洲相互协作与信任措施会议等论坛或会议，此外还有跨地区的亚太经合组织、亚欧会议、东亚—拉美论坛、亚洲—中东论坛等等。所有这些都在某种层次上对亚洲的地区合作起到了推动作用，但也存在内容重复、功能定位不清、论坛化倾向明显、利益诉求不一致等问题。这使中国在参与这些地区组织与合作机制时，很难同时给予同样的关注和精力，因而在处理与它们的关系时有一定难度。

第四，以何种态度营造大国关系。在国际政治中，中国主张大小国家主权一律平等，但同时也承认大国在国际政治中的重要作用和特殊责任，特别是大国之间的关系是决定世界和平与稳定的关键因素。因此在地区合作中，中国以何种态度营造大国关系，关乎和谐的地区环境之建立，其中最重要的是中美之间的良性互动和中日关系的改善。

为应对这些挑战，中国有必要在创新地区合作理念与地区合作机制两个方面进一步努力，以加强对地区合作的参与。

就创新地区合作理念而言，第一，中国应提出自己对于地区新秩序的构想。当今世界，和平与稳定在国际体系的全球和地区两个层面上都必不可少，发展和繁荣只有在和平与稳定的秩序中才能得到保障。中国地区合作战略的目标，将是通过建立政治上相互尊重、平等协商，经济上相互合作、优势互补，文化上相互借鉴、求同存异，安全上相互信任、加强合作的地区秩序，以实现“和谐地区”。[①] 第二，深化新安全观。如前所述，新安全观提出于20世纪90年代，自那时起，特别是“9·11”事件发生后，来自非传统安全领域的威胁越发突出地显现在人们面前，跨国界、跨地区乃至全球性的非传统安全问题越来越多，如环境污染、气候变化、疫病传播、非法移民、贩毒以及国际恐怖活动等，这些问题都需要通过包括地区层次在内的多边合作来解决。因此新安全观需要扩大内容，深化内涵，以顺应时代发展对地区安全合作的要求。第三，提出有关地区合作领导权的新理念。一方面，当今各个地区都在走向开放，这样的一种发展趋势使地区合作与以往不同，即它不是地区各国单方面期望的综合，而是从后者中吸取不同的元素，并以不同的方式分别对其重塑和改造，因此任何一个国家都不可能占据完全的主导地位。另一方面，地区合作越来越朝着综合性的方向发展，每个地区组织与合作机制都有许多合作领域。针对这些情况，中国应倡导“分享”或“共享”地区

① 在2006年6月15日的上海合作组织峰会上，胡锦涛发表了题为《共创上海合作组织更加美好的明天》的讲话，提出了共建“和谐地区”的构想。

合作领导权的理念，即各个合作领域可分别由在该领域具有优势的成员国担任领导，从而促进地区合作更好地发展。第四，地区合作战略应与中国总体对外战略互相配合。毫无疑问，“区域合作是中国周边外交的重点投入领域”。[①] 与此同时，随着中国成为世界经济和国际贸易的大国，以及对能源和资源需求的扩大，中国在世界各个地区都有不可忽视的经济利益，因此中国的经济与战略利益应走向全球，参加地区合作不应受地理条件的限制，要与并不毗邻的地区组织或次地区组织建立关系，作为中国参与世界地区合作的重要组成部分。

从创新地区合作机制来说，第一，中国应主动倡导和促成地区性国际制度的建设，使合作机制能够满足成员国各种功能上的需要，并在机制内与其他成员国密切协调与合作，以促进地区合作的进一步发展。另一方面，把中国的利益包含在地区利益之中，将能更好地维护中国的长远利益，也更易被地区各国所接受。第二，努力探寻“互利共赢”在不同地区的各种合作途径。随着中国在世界范围内参与地区合作的力度加大，中国应从不同地区的实际情况出发，让自己的经济发展成为各国都能分享的机遇，与各个地区共谋发展，从而在不同的地区合作制度中均能实现“互利共赢”。第三，整合各类地区组织与合作机制，形成合作网络。尤其是在亚洲，中国应努力促使现有的地区合作机制相互协调，改变目前相互重叠和互不相干的状况，最终形成整个亚洲多层次、多样化、相互联系又相互

① 王毅：《与邻为善 以邻为伴》，载《求是》2003 年第 4 期。

促进的地区合作框架。第四，搞好国内和国际两种地区合作的对接。中国幅员辽阔，邻国众多，可将国内地区合作与周边国家的地区合作相结合，如中国东南及西南与东南亚合作、西藏及新疆与南亚合作、新疆与中亚合作、中国东北与东北亚合作等，在同一个战略框架下综合考虑，统筹安排。第五，进一步促进地区认同，倡导、推动和落实地区共识。只有在地区共识的基础上，地区合作才能深入、持久和有效。中国已与世界上所有的国家共享和平、发展、合作、和谐、公正、民主、自由等价值观，又与东亚国家共享宽容、多样性、秩序、协商、协调等价值观，这些都为地区合作创造了进一步发展的基础。中国应增强与地区邻国的对话、交流和理解，既提高中国的文化软实力，又在地区合作中发挥更大的作用。

中国是在参与全球化的过程中获得发展的机遇，因此中国的崛起必定是走和平发展的道路。地区合作是当今世界的一大趋势，因此也就成为中国和平发展的重要手段与途径，这就要求中国在参与和融入全球化的同时积极参加地区合作。通过全方位地参与地区合作，“中国机遇论”已得到世界上越来越多的国家的认同，“中国威胁论”的市场逐渐萎缩。世界上绝大多数国家都认为，中国不仅应在地区而且还应在国际社会中发挥更重要的作用。

"新地区主义"发展的原因及其特点*

冷战结束后，地区主义进入了新一轮的发展高潮，被称之为"新地区主义"，以便与冷战时期的"旧地区主义"相区别。新地区主义并不简单地是旧地区主义的复兴，它正日益成为当代国际关系中重要的新因素。本文拟分析和探讨其发展原因及特点。

一、全球化和多边化的影响

全球化是当今世界的重要现象及动力，特别是冷战结束终止了两大集团的分割和对抗，形成了真正意义上的全球市场。从那时迄今，全球市场扩展，贸易壁垒减少，世界贸易组织（世贸组织）成立，对外投资猛增，金融融合加速，信息革命影响巨大，全球化以前所未有的速度发展。这给世界各国带来了巨大的压力，面对全球化汹涌的大潮，任何一个国家都无法单独应对全球化带来的挑战和抓住全球化带来的机遇。地区主义就是主权国家应对全球化的重要战略之一，即通过加强某一地区国家间的合作，以集体的力量来应对全球化。"地区主义

* 本文原载于《创新》2009年第3期。

是民族国家对经济全球化难以形容和无法避免的力量所作的集体回应之一。”① 从发达国家来说，新兴工业国家和地区的出现，迫使其进行经济改革；而没有了前苏东阵营的压力，发达国家纷纷关注起各自的利益。这两方面的考虑使发达国家组建以自己为主导的地区组织，以应对全球化与新兴工业国家和地区竞争的压力。从发展中国家来说，参与地区合作主要是为了增强自己在国际谈判中的地位和力量，并以地区一体化来应对外来威胁和霸权的压力。

当前全球化对地区主义的发展产生了重要影响，主要表现在三个方面：第一，冷战时期两极格局限定了国际关系的互动，地区合作的参与者都属同一个同盟，具有相同的意识形态和共同的敌人。现在全球化使各种力量释放出来，政治和经济体制不同、社会和文化背景各异的国家参加同一个地区组织，共同推动区域的整合。第二，冷战时期的地区合作主要受安全的驱动，但当前的地区合作更多是寻求经济的利益，经济的动因在地区整合中非常重要。一方面，全球化的经济增强了经济合作的需要及其预期目标。另一方面，全球化削弱了各地区在经济及其他领域合作的努力。例如，全球贸易机制的发展在影响地区组织的力量及其贸易模式的同时，使得地区贸易安排成为在全球贸易谈判中获得讨价还价力量的机制，从而促使地区合作组织考虑进一步的地区整合计划，以保护其在世贸组织中

① Greg Bankoff and Kathleen Weekley, *Post-Colonial National Identity in the Philippines: Celebrating the Centennial of Independence*, England: Ashgate Publishing Company, 2002, p. 182.

的利益。良好的地区合作不仅能深化地区组织成员间的经济依存和政治互信，提高应对全球化挑战的能力，也为地区发展提供了新的动力。第三，全球化重构了世界，使今天的地区主义不同于以往相对封闭的旧地区主义，而必须走“开放”的道路。

除了全球化以外，多边化也促进了地区主义的发展。所谓的多边化是指三个或三个以上国家的多边合作，地区主义是多边合作的一个重要形式及领域。而多边化来源于多边主义，因此地区主义的多边主义或者说多边主义的地区主义将地区主义和多边主义紧密结合，成为促进地区合作及地区整合的重要手段。苏长和认为，从“某种意义上可以说，地区主义与多边主义是并行不悖的”。[①] 多边主义的思想基础是新自由主义，认为只要国家间合作利大于弊，理性国家就会选择合作，国际无政府状况由此可得到修正。多边主义对地区合作提供的好处或者收益也是显而易见的，可归为三点：降低交易成本；将小国的挑战压力转移到制度上；在相对实力发生变化时增加体系的稳定性。[②] 这使多边主义成为地区主义的一个重要推动力。但多边合作在不同的地区表现各异，如欧洲强调的是国际准则和制度，而亚洲更重视非机制化和灵活的形式，北美表现的则是大国主导的模式。

多边化实际上反映了全球化背景下当今世界的相互依存关系，即各国和各地区的联系更加紧密，形成了“一荣俱荣、

① 约翰·鲁杰：《多边主义》，苏长和等译，浙江人民出版社2003年版。
② 约翰·鲁杰：《多边主义》，苏长和等译，浙江人民出版社2003年版。

一损俱损”的局面，单个国家难以应对全球化所带来的问题，需靠多边合作来解决。多边化也反映了冷战和两极格局的结束给国际社会带来的巨大变化，即和平、发展、合作成为世界潮流，这为多边合作提供了广阔的舞台。

新地区主义的发展导致了“国际政治的地区化”,[①] 这主要体现在两个方面：第一，作为地区主义载体的地区组织正日益成为国际关系行为主体中重要的行为者。如东南亚国家联盟（东盟）就在东亚合作进程中发挥了重要的领导作用，扮演着“驾驶员”的角色；欧洲联盟（欧盟）则是欧洲一体化的中心。这是由于地区组织系成员国签订协议所建，在一定范围内拥有若干职权和法律行为能力，因此它在参与国际事务时能超越成员国的个别利益而采取行动，并能直接以组织的整体形态来承担国际义务和权利。同时，这还意味着地区组织承担共同的价值观和规则的责任，具有制定连续政策并适时运用政策工具的能力和国际谈判的能力，以及拥有决策进程的合法性等等。[②] 在国际关系的沿革中，主权国家历来被视为唯一的行为者。如今地区组织也成为国际关系中的行为者，乃是全球化和多边化发展所致。第二，地区性合作往往比全球性合作所起的作用更大。冷战结束后，国际关系中的相互依存和利益与共的观念日益深入人心。国际关系的主旋律由国际冲突转向国际合

① D. A. Lake and P. M. Morgan, *Regional Orders: Building Security in a New World*, Pennsylvania: Pennsylvania University Press, 1997.

② C. Brethereon and J. Vogler, *Europe as a Global Actor*, London: Routledge, 1999, p. 5.

作，突出相互之间的共同利益与共同点成为处理国际关系的重点，这就为地区合作提供了难得的机遇。有些问题在全球性组织内因成员众多、利益严重冲突而无法协调，却可以在地区性谈判中取得突破。同时，地区组织尽管在合作机制上各不相同，有强有弱，但地区合作方式渐趋一致。如在经济领域，普遍认同地区合作从自由贸易区起步，经由关税同盟、共同市场、经济同盟和货币同盟等阶段，最终建立经济共同体。这也正是当今世界地区贸易协定（RTAS）大量增加的一个重要原因。[①] 安全共同体则是地区合作组织在安全领域所要实现的合作目标。所有这些都将对整个世界的国际关系产生深远影响。

与新地区主义的实践相适应，新现实主义、新功能主义和新自由主义等有关地区合作的主要理论也得到了发展，其共同特点是在全球化趋势中审视地区主义的发展，研究的主要成果有四个方面。一是用体系论分析地区体系的发展，[②] 多层次互动分析法提供了地区国家内部因素、国家间关系、地区间关系，以及地区动力和全球性行为体互动等相联系的可能性，并表明了地区体系的变化进程可以是自下而上（或由内及外），

---

① 据世贸组织统计资料显示，1948—1994 年，向关贸总协定通报的地区贸易协定（有关货物贸易）是 124 个，但从 1995 年世贸组织成立至 2007 年 9 月 25 日，向其通报的地区贸易协定（涉及货物贸易和服务贸易）已超过 240 个。见“Regional Trade Agreements：Facts and Figures，”http：//www. wto. org/english/tratop_ e/rgion_ e/regfac_ e. htm。

② 著名的有戴维·A. 莱克和帕特里克·M. 摩根“全球—地区—国内”的“三层博弈”分析法，比约恩·赫特恩“全球—地区间—地区—国家—地方”的“五层互动”分析法，以及巴里·布赞和奥利·韦弗“国内—地区—地区间—全球”的“四层互动”分析法。

或自上而下（或由外及内）。多元互动分析法则认为由于国家、市场和公民社会等各种行为主体的互动，推动地区成为一个拥有独立权利的角色。二是将地区主义的发展视为社会化的进程，[①] 具有依次递进的层次或类型，呈现出从松散的“地区合作”到紧密的“地区一体化”的发展过程。三是综合考虑政治、安全、经济、社会和文化等因素的变化，并认为这是地区主义发展的必要条件。四是指出地区主义是民族主义与全球主义之间的桥梁，可以创造新的地区化的世界秩序。[②]

但同时也应看到，上述理论对新地区主义实践的解释有不足之处。

新现实主义认为，地区合作的发展必须具备四要素：霸权国、地区内强国和弱国之间的力量悬殊、共同的安全取向，以及外来军事威胁，正是它们的存在使地区各国团结起来。但在现实中，新现实主义理论对地区合作却很难作出令人满意的回答。欧洲共同体（欧共体）扩大为欧盟是在冷战之后，其安全利益并未受到任何威胁的影响。而亚太经济合作组织（亚太经合组织）的建立，与共同的安全取向这一要素在逻辑上相悖；同样在地区经济合作中，霸权国的存在既非必要也非充分的条件。

新功能主义关于地区合作的理论建立基于对国际关系所做

① 著名的有比约恩·赫特恩和弗雷德里克·索德鲍姆的“地区性”与安德鲁·赫里尔的“阶段论”。

② 本段内容主要参考和借鉴郑先武：《“新区域主义”的核心特征》，载《国际观察》2007 年第 5 期，第 61—63 页。

的一系列假设：首先，政治和经济问题（也被称之为“高”政治和“低”政治）可以分离，即各国彼此可在不同的平台上互动，安全问题上的分歧并不妨碍在福利方面的合作。其次，随着时间的发展，国家可将其主要关注从安全转为经济或福利，即国家的优先考虑与抉择将主要由其公民的经济福祉所决定。第三，个人的忠诚主要是由对政府型单位运作的满意程度决定，即后者成功地提供了福利方面的好处，公民就会将其忠诚从民族国家转到超国家实体。这些基本假设受到了很多质疑，比如忠诚及认同的假设就与公认的种族、语言和历史对认同及民族主义的影响相矛盾。此外，新功能主义还低估了对国家忠诚的持久性，如北美自由贸易区就不存在忠诚转移的情况。

新自由主义虽然是关于国际合作的一般理论，而不是关于地区合作的专门理论，但它强调日益增长的相互依存会产生更多的合作要求。新自由主义鼓励对“绝对收益”的追求（与新现实主义的“相对收益”策略相反），因此地区合作只有在国家看到直接的经济或其他好处时才会出现。然而对“绝对收益”的追求，可能会导致一方得益另一方受损的局面（即“零和”规则）。新功能主义将地区合作视为“从下到上”的进程，地区整合会削弱国家扮演的角色，合作的结果将是全球一体化或联邦主义。新自由主义的看法则恰恰相反，认为合作的动力来自精英，地区整合实际上会加强国家的作用，参与合作的国家则数量有限。

此外，其他传统的地区合作理论在新地区主义的蓬勃发展中也已显得过于陈旧，例如有关共同的安全利益是地区合作取得成功的基石之说法，即使是共同的安全利益也有许多不同的指标，其中最显而易见的是共同的同盟关系，即如果国家同属一个军事联盟，那么在安全的优先考虑方面会有共同性。其次是这一同盟是封闭的，如果对外部开放，地区内部的凝聚力就会受到破坏。如欧盟有19个成员同时也是北大西洋公约组织（北约）成员，显示它们有着一致的安全考量。然而东亚却与其相反，该地区没有一个共同的安全同盟，倒是区内许多国家与区外国家有着盟友关系，如日本、韩国、菲律宾和泰国与美国的双边军事同盟。还有就是缺少一个外部的共同敌人，以及地区内部存在冲突，也会影响地区的整合，但东亚的实践在这里再一次颠覆了传统的地区合作理论。

二、“新地区主义”的特点

冷战后地区主义新一轮的发展形成了以下特点：

第一，“板块化”发展趋势。目前世界已形成四大“板块”，即欧洲、北美、东亚和南美，与其相对应的是地区组织或合作机制，即欧盟、北美自由贸易区、“东盟+3”和南方共同市场，它们对未来世界的发展将产生巨大影响。这4个地区组织或合作机制现都处于扩张态势，吸引了许多国家：欧盟已完成三轮东扩，并计划与地中海国家建立自由贸易区；美国一直试图将北美自由贸易区扩大到整个美洲；“东盟+3”的发展吸引了印度、澳大利亚和新西兰等国，以至于出现了和其平行的东亚峰会；南方共同市场则是世界第四大贸易集团和南美地区经济的重要“发动机”。此外，非洲联盟（非盟）、南亚区域合作联盟（南盟）、阿拉伯联盟等也都具有发展潜力。

第二，合作形式多样化。当前的地区合作既有发展中国家之间的南南合作，也有发展中国家和发达国家的南北合作；既有区域合作，也有次区域合作、流域合作和“增长三（四）角”等。各种层次的合作交叉重叠，把整个世界的地区合作推向高潮。尤其是亚洲的地区合作开创了以发展中国家为主，推动发达国家以及具有不同社会制度的其他大国一起参与的先例，丰富了地区合作的理论和模式，成为新形势下进行平等互利的南南合作及南北合作的典范。这对世界地区合作的发展具有启示意义。而且从目前合作的效果来看，南北共处的地区组织比南南共处的地区组织对发展的促进更大，这是因为发展中国家和发达国家之间的互补性更强。

第三，合作主体多元化。冷战时期，地区组织由该地区国家政府间根据签署的正式协议而建立，合作主体单一。在新地区主义发展中，市场力量和非政府组织也积极加入，这在亚洲表现尤为突出。有的学者甚至认为，亚洲地区主义形成的基础就是市场。[1] 由东盟成员国智库组成的非政府组织——战略与国际关系研究网络发起的各类“第二轨道”会议，则是推动东亚合作进程的重要动力之一。

---

① Gareth Evans, “Cooperative Security and Instrastate Conflict,” *Foreign Policy*, No. 96, Fall 1994.

第四，合作内涵扩大。这是指地区组织不断扩大合作领域，从经济合作扩大到政治、安全、社会、文化等领域的合作，或者从政治、安全领域的合作向经济、社会、文化等领域扩展，单一的经济或安全合作功能已不足以解释新地区主义的发展。由于合作内涵的扩大，许多地区组织成为地区国际舞台上举足轻重的角色。如欧盟不仅拥有统一的货币欧元，还实行共同的外交与安全、社会与文化政策。非盟在非洲大陆维和上发挥了重要作用，在促进地区经济一体化方面同样也不遗余力。其原因主要在于冷战结束后，各种威胁随全球化发展而衍变成全球性的，民族、宗教、文化等差异引起的矛盾对国际关系的影响在加大，南北矛盾则没有得到根本解决，致使地区合作中非经济因素的考虑上升。特别是“9·11”事件后，非传统安全威胁日益突出。各国普遍希望通过地区合作内涵的扩大，获得地区组织提供的诸多公共产品来应对新挑战，这在地区层面比在全球层面容易实现。

第五，开放性与竞争性并存。一般来说，每个地区组织除有对内的互惠性外，还有对外的排斥性。但目前地区组织的开放性越来越大，形成了人们通常所说的“开放的地区主义”。这是因为全球化的发展使各地区组织相互依存加深，冷战结束后大国间关系变为既合作又竞争，中小国家的地位也在上升，要求把大国都请进本地区，形成力量平衡。“开放的地区主义”将使世界难以走向新的集团对抗，同时也使利益关系更加错综复杂。另一方面，开放性在地区合作中也表现得越来越突出：在经济上呈现出地区经济一体化进程与世界多边贸易机制发展渐趋一致，如亚太经合组织把推动多哈回合谈判作为领导人会议讨论的重要议题之一；在安全上体现为合作安全，即指地区内所有国家在安全事务上合作，使各国安全都得到保障。澳大利亚前外长加雷思·埃文斯指出："合作安全要求的是磋商而非对抗，保障而非威慑，透明而非秘密，预防而非纠正，相互依存而非单边主义。"① 1994 年成立的东盟地区论坛就是合作安全的一个典型代表。

第六，地区观念突出。如前所述，传统的地区合作模式要求成员在意识形态、政治和经济制度、文化与历史背景等方面相似，新地区主义的发展则使地区合作超越了政治和意识形态的差异及经济制度和发展水平的不同，出现了其成员具有不同社会政治经济制度、处于不同经济发展阶段的地区组织，如北美自由贸易区、东盟和上海合作组织（上合组织），就连当今世界地区一体化程度最高的欧盟也吸收了东欧转型国家为其成员。地区观念也由此成为维系本地区国家间关系的重要纽带，在讨论地区问题时，亚洲、亚太、东亚、非洲、拉美、北美、欧洲、跨大西洋等地区观念的重要性已超过包括意识形态在内的其他概念。

第七，地区间合作形成。地理因素在新地区主义中不再是约束性参数。按照地区合作的传统理论，地区组织在地理上基

---

① 彼特·J. 卡赞斯坦：《地区与世界》，魏玲译，载《外交评论》2006 年 3 期。

本连成一片，或者邻近。[①] 但随着科学技术的进步及交通、运输、通讯等成本的下降，各国及各地区之间的联系日益增强，当前的地区合作已突破了地域的限制，出现了跨洋和跨洲合作，或者说地区间合作，主要表现为三种形式：跨地区合作，如亚太经合组织、亚欧会议、亚洲—中东论坛等；地区集团间合作，如东亚—拉美论坛、欧洲—拉美首脑会议、欧洲—地中海国家间的“伙伴关系倡议”（“巴塞罗那进程”）、欧盟—非加太国家集团间的“伙伴关系协定”（《科托努协定》）等；地区组织与单个国家的合作，如中非合作论坛，中国—阿拉伯国家合作论坛（中阿合作论坛），“东盟 +1”，欧盟与墨西哥、智利、南非等国签署的自由贸易协定等。新地区主义的“跨地区层面看来是其最突出的特点之一”。[②] 与地区合作相比，地区间合作有三大特点：一是合作内容更加广泛，二是合作主体更加多元，三是合作形式多为南北型。地区间合作其实是全球化与地区合作良性互动的一种表现形式。

三、“新地区主义”的内容

从上述讨论中可以得知，新地区主义最基本也是最重要的内容就是地区合作，这种合作是全方位的，不仅有经济与政治

---

① 周建平：《试论地区经济一体化》，载《世界经济》1988 年第 10 期，第 22 页。

② Norman D. Palmer, *The New Regionalism in Asia and the Pacific*, Lexington: Lexington Books, 1991, p. 2.

的合作，有外交及安全的合作，还有社会和文化等其他方面的合作。当然，由于环境和形势所需，在一个时期，地区合作会侧重于某一个或某几个方面。另外，这种合作是多层次的，既有地区内全体成员参加，也有仅仅部分国家参与；既有内部合作，也有对外合作。地区合作的强度和手段根据地区结构的性质而各不相同。必须强调的是，合作并不等于完全的和谐。和谐要求参与者有完全相同的利益，但合作可以发生在利益相互补充或彼此依存的情况下。合作的各方需要不断地调整自己的行为，以满足其他合作者实际的或期望的"偏好"。因此从道义上讲，合作也许不是一种最佳的状态，但它一定实现了利益较为完满的调和。[①]

安全合作与经济合作则是新地区主义发展进程中密不可分的两个主要方面。[②] 地区合作运用于安全领域，最重要的是安全合作的机制化。历史上安全的最大隐患主要来自于国家间地理位置的相邻或相近，虽然现在已是网络化时代，但地缘因素仍是发生安全联系的首要环节。"地理是国际关系中最重要的因素，因为它最永久。地球上的大片陆地、海洋、空气和太空构成了国家与国家相互联系的自然背景。技术发展能够而且已经改变了地理条件对国际关系的影响，但是，当所说和所做的

① David A. Baldwin ed., *Neorealism and Neoliberalism*, New York: Columbia University Press, 1993, p. 145.

② 也有学者认为，新地区主义的内容还包括人权、民主、环境和社会正义等，以及对成员国内部事务的介入和干预。见肖欢容：《地区主义及其当代发展》及肖欢容主编：《和平的地理学——中国学者论东亚地区主义》，中国传媒大学出版社2005年版，第9页。

涉及全部情况时，地理因素仍然有其重要性。”[①] 通过地区安全合作，以有效的地区安全安排作为各个国家安全的保障，从而形成地区安全秩序，而平等的安全对话和磋商是走向地区安全合作机制化的必经之路。地区安全合作的动力除了国家利益和各国间安全利益的需要外，与地区经济合作密切相关。地区经济合作的发展能够在安全、政治等领域产生增信释疑、互年惠互利的效应，因而对地区安全合作提出进一步的要求。地区安全合作的深入则会进一步促进地区经济合作，二者相辅相成，形成良性循环。最有力的证据是上合组织已完成机制化建设，正从政治安全合作向经济合作扩展，而经济合作力度与内容的进一步加强，将为该组织的政治安全合作奠定更坚实的基础。其他如“东盟 +3”正在积极探索东亚地区全面合作的形式，主要关注贸易自由化及其他经济问题的亚太经合组织近年来也开始重视包括经济安全在内的非传统安全问题。

随着“新地区主义”的发展，地区合作在当今世界全面开花，方兴未艾，地区组织与合作机制数量大增，遍及全球。另一方面，一个地区有多个组织与合作机制、一国参加多个地区组织与合作机制已成普遍现象。与此相应的是，亚洲的合作机制层出不穷，发展迅速。中国应根据“新地区主义”的发展及其特点，加强对地区合作的参与，使“互利共赢”的合作观得到进一步体现，以此促进中国的和平发展。

---

① 弗朗西斯·塞姆帕：《学报版引言》，载阿尔弗雷德·塞尔·马汉：《亚洲问题及其对国际政治的影响》，范祥涛译，上海三联书店2007年版，第16—17页。

地区间主义

——地区合作的新亮点*

冷战结束后，随着全球化和区域化的发展，国际性地区之间的联系日益增加，大多数地区组织都在扩大地区间关系，出现了许多地区间合作机制，如亚太经济合作组织、亚欧会议、东亚—拉美合作论坛、欧盟—拉美合作、环印度洋地区合作联盟等等。虽然一些地区组织早在20世纪70年代就已定期联系，但从90年代开始，地区间关系的数量才有了快速增长，地区间合作的深度得到了显著加强。国际关系由此增加了一个新的层次，即地区间或跨地区层次，它是在新地区主义的推动下发展起来的，反映了地区之间互动的日益增长，成为冷战后地区合作的一大亮点。地区间关系遂成为地区合作的新内容，并随之出现了一个新名词，即“地区间主义”(interregionalism)。对地区间主义的研究虽起步不久，但已取

* 本文原载于《东南亚纵横》2009年第5期。

得一定成果。①

一、地区间主义的发展及形式

地区间主义源自地区主义，但又与地区主义不同，后者主要是考虑地区自身，而前者除了关注本地区外，还重视发展与世界其他地区的关系。这使地区积极促进地区间安排和协议的达成与实施，进而影响全球层面的关系。20 世纪 60 年代和 70 年代初兴起的第一波地区主义的目标比较狭窄，主要集中在贸

① 瑞士学者海纳·汉吉（Heiner Hanggi）和德国学者拉尔夫·罗洛夫（Ralf Roloff）、于尔根·吕兰（Jürgen Rüland）在 2001 年发起了名为“国际政治中的地区间主义”的研究项目，邀请世界各地对这一课题感兴趣的学者共同参与，并于 2002 年 1 月 31 日—2 月 1 日在德国的弗赖堡举行会议，研讨其研究成果，会上提交的论文经修订后于 2006 年结集出版。Heiner Hanggi，Ralf Roloff，and Jürgen Rüland eds.，*Interregionalism and International Relations*，Routledge，2006. 紧随其后，由瑞典欧洲政策研究所资助的研究项目“欧洲在世界的作用”启动，该项目研究为期 2 年，欧盟的地区间合作是研究的重点，相关成果先是发表在 2005 年第 3 期的《欧洲一体化杂志》（Journal of European Integration，Vol. 27，No. 3，2005，entitled “The EU as a Global Actor：The Role of Interregionalism”）上，2006 年又结集出版。Fredrik Soderbaum and Luk van Langenhove eds.，*The EU as a Global Player*，*The Politics of Interregionalism*，Routledge，2006. 这是目前所知国外对“地区间主义”的集中探讨。国内相关研究迄今所见：陈志敏和杨小舟的《地区间主义与全球秩序：北约、亚太经合组织和亚欧会议》（载潘忠岐主编：《多边治理与国际秩序》，《复旦国际关系评论·第六辑》，上海人民出版社 2006 年版，第 4—23 页），主要分析了地区间主义的形式、存在的合理性，以及与全球秩序的关系；卢光盛在阐述亚欧会议绩效时附带地提到了“地区间主义”（卢光盛：《亚欧会议：机制和绩效》，载《国际政治》第 7 卷第 2 期，2005 年 3 月，第 1—6 页）；郑先武在《国际关系研究新层次：区域间主义理论与实证》（载《世界经济与政治》2008 年第 8 期，第 61—68 页）和《区域间主义与“东盟模式”》（载《现代国际关系》2008 年第 5 期，第 44—50 页）中则分别介绍了地区间主义的理论与实证问题以及东盟的地区间主义。

易或安全方面，尽管不乏在其背后隐藏着某种政治意图。因此，当时地区间主义的特点主要表现为彼此关系松散，合作内容仅限于经济领域，合作形式多为非正式性，如为人熟知的欧共体与非加太集团（ACP）的伙伴关系。同时，当时的地区间主义由欧共体主导，对两极格局下的国际体系影响有限。冷战结束后，新一轮地区主义的目标更加复杂和全面，政治性也更强，表现为多层面的立体形式，涵盖了经济、政治、社会和文化等各个方面，并强调地区的认同和凝聚力。在全球化的影响下，新地区主义是外向型的，因此，又被称为“开放的地区主义”，这使各个地区向外的特点越来越突出，地区开始在世界及本地区以外的事务中发挥重要的作用，地区间的安排和协议更是对全球层面的关系产生影响。另一方面，全球化的发展增进了建立和加强国际制度的需求，以应对世界越来越广泛和深入的相互依存关系，其中一个重要的方面就是重新配置了地区的重要性，进一步促进了地区内和地区间的合作。地区间主义由此获得了新发展，具体表现为由松散型趋向紧密型，合作范围进一步扩大，合作形式较为正式，因而常被视为新地区主义的衍生物。[①] 地区间主义和地区主义因而构成了互补的进程，

① Heiner Hanggi, Ralf Roloff and Jürgen Rüland, "Inter-regionalism: A New Phenomenon in International Relations," in Heiner Hanggi, Ralf Roloff, and Jürgen Rüland eds., *Interregionalism and International Relations*, Routledge, 2006, p. 8. 但也有学者认为不应在地区主义的框架内简单理解地区间主义，它是行为体互动的新层次和不同的现象，需要根据其自身情况来研究。See Fredrik Soderbaum & Luk van Langenhove, "Introduction: The EU as a Global Actor and the Role of Interregionalism," in Fredrik Soderbaum and Luk van Langenhove eds., *The EU as a Global Player, The Politics of Interregionalism*, Routledge, 2006, p. 9.

共同推动地区合作向前迈进。此外，冷战结束以来地区间关系网络的迅速发展以及几乎所有国家都程度不等地整合入这一网络，成为国际体系中一个鲜明的特色，虽然欧盟仍扮演主要角色，但许多地区组织都发挥了重要作用，从而使当前的地区间主义对国际体系以及整个世界的地区合作进程产生了很大影响。

关于地区间主义的定义，迄今众说纷纭，未达一致：最简单的说法指地区间主义是“地区对地区的关系”（region-to-region relations）；[①] 更进一步的说法是“地区之间制度化的关系”；[②] 意义最为普遍的说法则认为“地区间主义是指一个地区与另一个地区的互动”，[③] 或者说“两个地区由此作为地区进行互动的状况或进程”，[④] 以及“国际性地区之间扩大和深化政治、经济和社会互动的进程”；[⑤] 还有人将其定义为“两

① Fredrik Soderbaum & Luk van Langenhove, “Introduction: The EU as a Global Actor and the Role of Interregionalism,” in Fredrik Soderbaum and Luk van Langenhove eds., *The EU as a Global Player, The Politics of Interregionalism*, Routledge, 2006, p. 2.

② Heiner Hanggi, Ralf Roloff and Jürgen Rüland, “Inter-regionalism: A New Phenomenon in International Relations,” in Heiner Hanggi, Ralf Roloff, and Jürgen Rüland eds., *Interregionalism and International Relations*, Routledge, 2006, p. 3.

③ Julie Gilson, “New Interregionalism? The EU and East Asia,” in Fredrik Soderbaum and Luk van Langenhove eds., *The EU as a Global Player, The Politics of Interregionalism*, Routledge, 2006, p. 61.

④ Fredrik Soderbaum & Luk van Langenhove, “Introduction: The EU as a Global Actor and the Role of Interregionalism,” in Fredrik Soderbaum and Luk van Langenhove eds., *The EU as a Global Player, The Politics of Interregionalism*, Routledge, 2006, p. 9.

⑤ Ralf Roloff, “Interregionalism in Theoretical Perspective: State of the Art,” in Heiner Hanggi, Ralf Roloff, and Jürgen Rüland eds., *Interregionalism and International Relations*, Routledge, 2006, p. 18.

个特定地区在地区间框架内或正式关系中的合作”。①

地区间主义在现实中主要有三种不同的表现形式，它们分别是：1. 地区组织或地区集团之间的关系。这类关系通常建立在部长级或高官级定期会议，以及开展联合项目和规划的基础上，并且往往集中于信息的交换与特定问题领域的合作，大多数情况下是经济领域的合作，尤其是贸易和投资。东盟与欧盟的长期对话伙伴关系属于这类关系。2. 双地区（biregional）和跨地区（transregional）关系。② 这类关系的特点是参与者来自两个或两个以上地区，各自以独立身份加入，地区组织不能完全代表它们，尽管存在某种程度的地区协调。亚欧会议、欧洲—拉美峰会、非洲—欧洲峰会就是双地区关系，亚太经合组织和东亚—拉美合作论坛则是跨地区关系。它们多半建立在高层定期会议（峰会和部长级会议）以及许多联合项目和规划的基础上，共同点是其议程主要集中于经济问题。3. 混合型（hybrid）关系。这类关系通常指一方为地区组织，另一方为一组没有建立地区组织或组织松散的国家。③ 但还有人认为，地区组织或集团和单一大国的关系也属于混合的地区间关系，

① Fredrik Soderbaum & Luk van Langenhove, “Introduction: The EU as a Global Actor and the Role of Interregionalism,” in Fredrik Soderbaum and Luk van Langenhove eds., *The EU as a Global Player*, *The Politics of Interregionalism*, Routledge, 2006, p. 10.

② 双地区和跨地区在地缘上的区别是：前者的成员来自两个地区，后者的成员来自两个以上地区。

③ Fredrik Soderbaum & Luk van Langenhove, “Introduction: The EU as a Global Actor and the Role of Interregionalism,” in Fredrik Soderbaum and Luk van Langenhove eds., *The EU as a Global Player*, *The Politics of Interregionalism*, Routledge, 2006, p. 10.

并且是双地区或跨地区关系中的重要成分，如欧盟分别与美国、中国、日本等的关系。[①] 与此相对应的是地区间主义的三种变体，即：纯粹的地区间主义（pure interregionalism）、双地区和跨地区主义[②]、混合型地区间主义[③]。在此特别要指出的是，“跨地区主义作为一种概念，包含的行为体关系比单纯的国家间关系更加广泛。任何跨地区的联系，包括公司产品的或非政府组织的跨国网络，也就是说涉及跨越两个或两个以上地区的行为体任何形式的合作，都可以在理论上被归为跨地区主义”。[④] 在跨地区主义中，国家固然是重要的行为体，但来自私营部门和公民社会的非国家行为体，包括跨国行为体在内也参与了这一进程，因此，跨地区主义有时又被认为是凝聚型或

① Heiner Hanggi, "Interregionalism: Empirical and Theoretical Perspectives," p. 7, paper delivered to the workshop "Dollars, Democracy and Trade: External Influence on Economic In-tegration in the Americas" (LosAngeles, CA, May18, 2000), sponsored by The Pacific Council on International Policy, Los Angeles and The Center for Applied Policy Research, Munich. 另一种意见认为，地区组织或集团和单一大国的关系应在地区组织的对外关系之列，不属地区间关系。See Jürgen Rüland, "Interregionalism: An Unfinished Agenda," in Heiner Hanggi, Ralf Roloff, and Jürgen Rüland eds., *Interregionalism and International Relations*, Routledge, 2006, p. 298.

② 双地区和跨地区主义所代表的关系非常复杂，因此还被冠之以其他名称，如“大地区主义”(mega-regionalism)、“跨大陆主义”(transcontinentalism)、“大陆间主义”（inter-continentalism），“泛地区主义”（pan-regionalism）等，见 Heiner Hanggi, Ralf Roloff and Jürgen Rüland, "Inter-regionalism: A New Phenomenon in International Relations," in Heiner Hanggi, Ralf Roloff, and Jürgen Rüland eds., *Interregionalism and International Relations*, Routledge, 2006, p. 8。

③ 也有人将地区组织或集团和单一大国之间的关系称之为“准地区间主义”(quasi-interregionalism)，见 Heiner Hanggi, "Interregionalism as a Multifaceted Phenomenon: Insearch of a Typology," in Heiner Hanggi, Ralf Roloff, and Jürgen Rüland eds., *Interregionalism and International Relations*, Routledge, 2006, p. 42.

④ V. K. Aggarwal & E. A. Fogarty eds., *EU Trade Strategies: Between Regionalism and Globalism*, Palgrave Macmillan, 2004, p. 5.

扩散型的地区间主义。跨地区主义建立的是更加广泛深入的整合性联系，以形成跨地区的基础，其中包含这样一些共同的“空间”：经济空间——建立自由贸易区，统一商业规则、劳动力市场规则和其他类似的整合性措施；实业空间——与经济空间紧密联系，但更多地来自于跨国企业跨地区经营的活动，这些活动与生产和配置的跨国体系的发展有持久联系；政治空间——涉及政府间甚至超国家机制管理共同的跨地区空间的活动；社会—文化空间——在跨地区进程中形成社会性社区、共同的文化认同等。[①] 因此如果“地区间主义简单来说就是两个截然不同并分开的地区之间的关系，跨地区主义则指地区间和跨地区共同‘空间’的建立，构成这一空间的行为体（如个人、社区、组织）在其中活动，并且彼此有着密切的连带关系”。[②]

二、地区间主义的研究方式及内容

国际关系学界迄今对地区间主义的研究主要采用三种方式，即由外到内、由内到外，以及体系理论，[③] 它们彼此互为

① Christopher M. Dent, “From Inter-regionalism to Trans-regionalism? Future Challenges for ASEM,” *Asia Europe Journal*, No. 1, 2003, p. 232.

② Ibid., p. 224.

③ 地区间主义研究方式的有关内容参考和借鉴了 Ralf Roloff, “Interregionalism in Theoretical Perspective: State of the Art,” in Heiner Hanggi, Ralf Roloff, and Jürgen Rüland eds., *Interregionalism and International Relations*, Routledge, 2006, pp. 17 - 30。

补充，直接或间接地解答了以下问题：民族国家为什么要在全球化和区域化日益发展的情况下建立和加强地区间合作机构？地区间主义如何影响地区一体化及合作进程？

由外到内的方式聚焦于外部因素，认为地区间主义的发展是民族国家对全球化和区域化的外部双重挑战所做的回应，其运作由复合型相互依存[①]与力量平衡两者之间的互补来推动，只注重一方将会导致对地区间主义的错误解读。在全球化趋势加快的背景下，复合型相互依存发展迅速，建立起了国际和跨国关系的密集网络，各国试图以加强地区合作来改善其在全球竞争中的地位。地区合作则导致了全球化世界的区域化，各国通过平衡地区力量的不对称来回应区域化的趋势。扩大或深化地区合作增加了国家的竞争优势，这就解释了20世纪90年代地区合作协议急剧增加的原因。[②] 由于保护主义或者说封闭的地区主义不足以回应复合型相互依存的增长，而新建立的地区性相互依存并不像传统的关税同盟理论所认为的那样在经济上有益处，因此，地区合作结构要求是开放的，这就是“开放”的地区主义。通过力量的地区性平衡来管理相互依存和两极分

① “复合型相互依存”（complex interdependence）为罗伯特·基欧汉和约瑟夫·奈所创，指相互依存体系中各行为体运用不同传播渠道行动的复杂性，见 Robert Keohane and Joseph Nye，*Power and Interdependence*，LittleBrown，1977，p. 23。

② 20世纪90年代，地区主义的第二波浪潮席卷整个世界，各种地区合作安排大量增加，以贸易合作协议为例，根据世界贸易组织的统计：1948—1994年，向关贸总协定通报的地区贸易协定（有关货物贸易）是124个，但从1995年世贸组织成立至2007年9月25日，向其通报的地区贸易协定（涉及货物贸易和服务贸易）已超过240个。“Regional Trade Agreements：Facts and Figures”，见世界贸易组织网站，http：//www. wto. org/english/tratop_ e/region_ e/regfac_ e. htm。

化，导致了灵活的地区间合作机构的建立，跨国行为体的加入则平衡了从国家转移到市场的力量。地区于是开始发展自己的对外关系，其本身逐渐成为国际关系中的行为体。

由内到外的方式专注于内部因素和文化的整合，典型的是K. W. 多伊奇的安全共同体概念和A. 埃茨奥尼的一体化理论。前者认为文化的整合能使地区最终形成安全共同体，[①] 后者通过研究共同文化的“隐蔽变量”来解释地区和地区制度性合作的存在。[②] 与由外到内的方式相比，由内到外的方式更关注地区间主义对地区体系和新地区主义的影响，认为地区间的互动将会直接影响到参与的各方，每个地区的特性通过互动而变得更加突出，这又有助于其进一步的发展及各自身份的建立，因而成为经由地区间主义培育地区主义的一种方式，东亚合作就是典型例子。

体系理论则是把国际、地区间、地区和国内四个层次合在一起进行分析，并在研究中运用了多种国际关系理论：用现实主义理论来分析地区间主义对国际权力结构的影响，用制度主义理论来阐释地区间制度建设对正在成长中的“全球治理”体系的影响，用国际政治经济学理论来诠释地区间主义对复合型相互依存管理的影响，用建构主义理论来解释地区间主义对地区和地区间共同体建设或认同的影响。因为对现实主义者来

① K. W. Deutsch, *Political Community and the North Atlantic Area*, Princeton University Press, 1957.

② A. Etzioni, *Political Unification: A Comparative Study of Leaders and Forces*, Holt Rinehart and Winston, 1965.

说，地区间主义源自民族国家为回应国际体系结构的变化而推动的进程，有助于力量的平衡；对新自由主义者来说，地区间主义是管理多极世界中更为复杂的相互依存的一个部分，是增强全球治理的一种工具，有助于管理相互依存中固有的机会和风险或国际关系的“全球化”；社会建构主义者认为，地区间的联系建立在地区认同形成的基础之上，地区间的互动形成了“我”/“他”意识，因此，地区间主义是建立和巩固地区集体认同的一种方式。

体系理论关于地区间主义的基本观点是：全球化和区域化是重塑国际体系结构的过程，因而对地区间合作产生影响。具体而言，全球化形成了国际关系的多层结构，国际政治逐渐接近于全球治理体系，后者的特点是在地区、地区间、双边和多边的不同层次上进行务实和灵活的国际合作与竞争。全球化也促进了区域化的发展，开放的地区集团的建立则导致了国际政治中多极结构的出现，因而要求地区之间进行协调和平衡。如果协调和平衡失败，地区间关系就会出现对抗。因此，地区间主义的定位就是地区间的协调，力量的平衡作为地区间协调的基础，并不意味着地区间的对抗，而是合作性的竞争。总之，全球化和区域化导致了国际政治多极和多层结构的产生，这样一种灵活的秩序要求民族国家以建立地区间合作机构去适应复合型相互依存和力量平衡的必然存在。体系理论研究地区间主义的重要性在于解释了国际政治的结构性变化及推动区域化和地区间主义的国际因素，不足之处是没有充分解释外部因素对地区间制度的挑战及地区间合作如何影响国际体系。

地区间主义研究的内容目前主要集中在5个方面：

一是地区间关系的形式。[1]

二是地区间关系的制度化。新地区主义是“开放”的地区主义，具有相对开放的合作机制，其特点是灵活和非正式的结构、软制度化、政府间主义以及坚持不干涉成员国事务的原则等。新地区主义的这些制度化特点被转到了地区间关系上，导致了地区间普遍建立协商性的论坛，以避免做出有约束力的决定及产生与缜密的组织构造相联系的巨额治理成本。

三是地区认同的建设。地区间的互动通过互相承认、彼此参照和重申各自的主张，促进了地区认同的建构。每个地区的特殊性通过互动而凸显，这又有助于各自的进一步发展及认同建设，地区间主义以这种方式促进和强化了地区主义。

四是地区间和跨地区关系的功能。地区间主义有5个方面的功能[2]：一是平衡，其表现形式有两种，即力量和制度的平衡[3]，除前述的地区力量的平衡外，主要大国也利用地区间和跨地区论坛作为制度性工具来保持它们之间的平衡。二是制度建设，大量的区间和跨地区论坛的建立使国际体系新增了一个层次，促进了它的多样化。地区间互动在为地区内协调创造更

---

① 见正文第一部分中相关内容。

② Heiner Hanggi, Ralf Roloff and Jürgen Rüland, "Inter-regionalism: A New Phenomenon in International Relations," in Heiner Hanggi, Ralf Roloff, and Jürgen Rüland eds., *Interregionalism and International Relations*, Routledge, 2006, pp. 11 – 12.

③ Jürgen Rüland, "Interregionalism: An Unfinished Agenda," in Heiner Hanggi, Ralf Roloff, and Jürgen Rüland eds., *Interregionalism and International Relations*, Routledge, 2006, p. 300.

大需求的同时，也增加了地区组织的制度性凝聚力，因为地区组织的成员必须更紧密地合作，才能更有效地与地区间对话伙伴打交道。三是地区认同的建设，如上所述，地区间和跨地区互动的活力，以及接之而来对地区凝聚力更大的需求，促进了地区认同的建设，因为在地区间层面上与外部的“他”互动的进程，将会加强地区层面上的认同。四是减轻全球多边论坛的负担，由于全球性论坛讨论的内容日趋复杂，代表不同利益的行为体参与的数量与日俱增，导致其效率低下。地区间和跨地区论坛分担和分解了全球多边论坛的决策过程，使全球性问题的谈判和解决成为由下而上的进程。地区间关系因而精简了全球性论坛负荷过重的议程，防止在国际体系最上端出现“瓶颈”而使全球性机制瘫痪的情况出现。五是议程设立，与为全球多边论坛“减负”的功能紧密相连，地区间和跨地区论坛为将新议题引进全球性论坛提供了便利的平台，并建立了具有广泛基础的协调机制，在一定程度上推动了全球性问题的解决或阻止其发生。六是对策研究，主要评估现有的地区间合作机制的成果，推测其对国际关系和地区合作的影响，为进一步的政治行动提供建议，讨论克服因地区间不同文化而产生的分歧的方式，以及增进彼此了解的战略等。

三、地区间主义的作用及贡献

地区间主义作为地区合作的新领域，其作用还在显现之中，但目前至少可以归纳出以下几个方面：第一，强化了地区作为行为体的作用。全球经济的变化以及跨界活动的规模表明了地区在国际体系中的重要性在不断提高，越来越多的问题难以由单个国家独自解决，需要地区内部及地区之间的合作来应对。地区间主义提供了这样一个场所，使地区能够作为行为体互相讨论和交流彼此关注的事情。第二，有助于巩固地区主义。地区间主义并不仅指两个独立地区的联合，还指通过彼此互动的进程，影响各自地区内部的发展，这主要体现在促使参与地区间合作的各方进一步增强地区内部的团结和力量，从而提高了地区处理经济、社会、安全等问题的能力。第三，推动了地区认同的建设。地区间主义具有建立地区形象的潜在可能性，这一形象超越地区自身范围，并影响地区认同的发展。通过将两个地区置于平等地位，互相承认对方的不同身份，地区间主义以扮演在地区内部起动员作用的角色这样一种方式提供了互动的“我”/“他”关系。第四，为非国家行为体提供了参与的新空间。国家通常被认为是地区间主义重要和决定性的行为体，但许多非国家行为体也以各种方式参与了这一进程，而且由于国家和非国家行为体往往聚集在复合的多行为体网络和联盟中，很难将它们视为两个分离和独立的行为体范围。因此，地区间主义不能被简单地被认为是由国家领导的或政府间的进程，而是超越了国家的范围，将工商部门、公民社会和非政府组织都包括了进来。第五，影响了多边主义的发展。传统的多边主义是建立在以民族国家为主要行为体的基础之上，建基于地区的多边主义则意味着所有相关地区组织之间的关系，形成了以地区间为基础的地区合作模式，尽管目前这一模式还不是非常清楚。第六，在全球治理方面发挥了功能性作用。地区间主义可以被理解为是对全球政治经济结构变化的回应，以及应对跨地区威胁和挑战的手段。

另外，一个地区在其内部变得团结和强大时，就会积极向外拓展关系，并发现与其他地区的联系会增加自己的角色性（actorness）。所谓的角色性是指地区及地区组织具有“形成存在、发展认同、聚集利益、阐述目标和政策、制定和实施决定的能力”。[①] 换句话说，就是具备了执行某些功能的能力，这些能力通常被认为是国际关系行为体的属性。在地区具备了角色性后，必然导致地区间需要更多有组织的联系，从而促进了地区间主义的发展。这也再次证明了地区间主义是地区主义发展到一定阶段的产物，前者建立在后者的基础之上，但已超越了后者，成为国际体系中又一个互动的层面。

地区间主义对国际体系和地区合作的贡献主要体现在“多边效用”（multilateralutility）上，即“通过具有多边制度的积极伙伴关系来促进全球体系的稳定、和平、繁荣与平等”。[②] 地区间合作机制积极主动地参与全球公共政策问题，其方式是通过实质性地推进讨论和建立新的机构来有效地讨论

① J. Rüland, “Inter-and Transregionalism: Remarks on the State of the Art of a New Research Agenda,” National Europe Centre Paper, No. 35, p. 6. Paper delivered to the Workshop on Asia-Pacific Studies in Australia and Europe: A Research Agenda for the Future, sponsored by Australian National University, 5 – 6 July, 2002.

② Christopher M. Dent, “The Asia-Europe Meeting (ASEM) Process: Beyond the Triadic Political Economy?” in Heiner Hanggi, Ralf Roloff, and Jürgen Rüland eds., *Interregionalism and International Relations*, Routledge, 2006, p. 121.

这些问题。在这个意义上，地区间合作机制能够帮助实现甚至形成“不可分割的”目标（如全球自由贸易、减贫等），同样反过来也可以此检验地区间合作机制对全球体系的有用性。多边效用与全球体系紧密联系，并且集中关注地区间合作机制对全球合作的推进，由此使参与地区间合作机制的成员按照多边合作的准则行事，从而加强了它们的责任感，后者正是国际体系的基础。

总之，地区间主义提供了机会，将有关全球化和区域化、地区主义，以及冷战后国际体系的重建等问题集中到了一起。地区间主义的出现，使地区合作增加了新的内容，地区合作与地区间合作、次地区合作互相重叠、紧密联系、互为补充。在这样的一个合作网络中，地区正在建立由其构成的世界。

地区间主义创造了一个新的地区合作形式，即建立了地区间关系，并在地区的形成中发挥了建构性作用，成为方兴未艾的全球地区合作进程的一部分。虽然地区间合作目前还在发展之中，其潜力尚未充分发挥，但毫无疑问，它已是国际政治经济中的一支新兴力量。

推进中国—东盟战略伙伴关系的新动力*

中国是毗邻东南亚的最大国家，也是与东南亚陆地共同边界线最长和海域相交面最大的国家。中国—东盟战略伙伴关系的发展，对中国的和平发展有着极为重要的意义。

进入21世纪以来，中国与东盟的关系得到了突飞猛进的发展。中国率先与东盟达成建立自由贸易区的协议，在经济上更大程度地融入东盟，形成了“共赢”局面。中国也是第一个加入《东南亚友好合作条约》的非东盟国家，缔约之举表明中国接受东盟的行为准则和价值观念，并将依照规则办事，显示了中国作为负责任大国的诚意。中国还通过签署“面向和平与繁荣的战略伙伴关系”联合宣言，率先与东盟建立了战略伙伴关系，这也是中国第一次与一个地区组织建立战略伙伴关系。中国率先在东盟地区论坛提出了新安全观，主张地区的安全合作应该平等参与、求同存异、协商一致、循序渐进。此外双方还签署了《南海各方行为宣言》和《关于非传统安全领域合作联合宣言》，并取得了许多实质性的进展。中国也支持和欢迎东盟为建立东南亚无核武器区所做的努力，并有签

---

* 本文原载于《东南亚纵横》2009年第11期。

署《东南亚无核武器区条约》议定书的意向。双方还通过“东盟+中国”合作机制进行了全方位和宽领域的合作。

中国—东盟战略伙伴关系的发展，也有力地促进了东亚的地区合作。对中国来说，东盟是中国周边外交的重要一环，与东盟发展全面合作，体现了中国坚持“与邻为善、以邻为伴”的方针。对东盟来说，中国与其全面合作的“率先效应”，以及始终如一地支持东盟在东亚合作中发挥主导作用，有力维护了东盟在地区合作中的主导地位，使东盟的地区合作战略得以顺利展开，形成了以东盟为核心的东亚合作进程。在中国的榜样作用下，包括大国在内的其他国家与东盟的关系进一步密切，并且纷纷加强了与东盟的合作，从而将东亚合作推进了一大步。

2010年1月1日，中国—东盟自由贸易区如期建成，这既是中国—东盟战略伙伴关系的一个重大标志，同时也要求双方的关系有更新和更高的发展，这就需要新的动力来推进。

新的动力源自现有基础。因此，首先是继续夯实中国—东盟战略伙伴关系的基础，我们应全面梳理自伙伴关系建立以来签署的各项协议，对已落实的内容要巩固和深化，对尚未完全落实的部分要采取措施贯彻实施，只有把基础做稳做实，才能推动中国—东盟战略伙伴关系向前迈进。

其次是强调地区治理。全球化时代，人们更多地关注于全球治理。其实，地区治理是全球治理不可或缺的部分。由于全球治理涉及的内容复杂，代表不同利益的行为体参与的数量庞大，导致其效率低下，地区治理可以减轻全球治理的负担，具体表现为精简负荷过重的全球性议程，以及分担和分解全球治理的决策过程，使全球性问题的谈判和解决成为由下到上的进程。中国与东盟已在地区治理方面先走一步，就全球性的问题如反恐、打击跨国犯罪、气候变暖、环境保护、能源安全、食品安全、疫病传染等进行了充分合作，并已取得了成绩。尤其是当前共同应对国际金融危机，将空前的挑战转化为促进共同发展的机遇，不仅提振了中国和东盟携手合作的信心，对促进东亚合作以及世界经济复苏都将产生积极影响。但这还不够，中国今后应和东盟一起更加自觉地参与地区治理，以促进全球体系的稳定、和平、繁荣与平等。

强调地区治理的一个考虑是推动地区认同的建设，这是中国—东盟战略伙伴关系发展的又一个动力。地区合作的难点就是建立地区认同，但也只有在这个基础上，地区合作才能深入、持久和有效。东亚的政治、经济、社会和文化呈多样性发展，共识的形成难度更大。中国应通过地区治理，和东盟在“东盟+1”、“东盟+3”、东盟地区论坛、东亚峰会等各个合作机制，以及从领导人会议到民间往来的各个层面上加强对话和交流，增进相互了解和理解，积极协调各国的不同意见，在这一过程中着力倡导和平、发展、合作、宽容、协商、协调等观念，为奠定东亚认同和地区共识的基础作出贡献，使合作发展、“互利共赢”的理念在东亚深入人心，促进东亚地区合作的深入发展。

最后，也是最重要的是，“和谐地区”应成为推进中国—东盟战略伙伴关系的强大动力。过去，对外政策的目标是为中国的现代化营造良好的外部环境，这是完全正确的，但在全球化深入发展的今天看来还不够。因为随着中国综合国力的提升和国际地位的提高，“当代中国同世界的关系发生了历史性变化，中国的前途命运日益紧密地同世界的前途命运联系在一起”。这一历史性的变化不仅对世界，而且对中国来说都意义重大。在中国的发展已成为世界发展一部分的大背景下，中国不能只从自己发展的要求来营造周边环境，而要从对周边的影响来设计和规划自己的发展，“和谐世界”、“和谐地区”因此成为中国外交战略的重要组成部分。另一方面，中国怎样实现自己的崛起，为世界各国所密切关注。而中国在崛起过程中如何处理与邻国的关系，更是东盟国家的关切所在。中国为此提出了“和谐地区”与“和谐世界”的理念，在地区推动“和谐地区”，在国际推动“和谐世界”。“和谐世界”、“和谐地区”与“和谐社会”相互贯通。中国从构建国内“和谐社会”的理想追求，引申到国际上构建“和谐世界”、“和谐地区”的目标和设想，将国内政策与对外政策、中国发展与地区合作、中国发展与世界进步联系了起来。“和谐地区”还是中国睦邻友好政策的主旨。在和平共处五项原则的基础上，“和谐地区”把“搁置争议、共同开发”、新安全观、“与邻为善、以邻为伴”等新观念和新思想构成一个整体，是对新中国成立以来睦邻友好政策的集中概括和提炼升华，也是对东盟及其成员国的庄严承诺。

作为中国对周边发展的理想目标，中国将以行动去实践“和谐地区”。首先，中国“始终不渝走和平发展道路”，“将继续贯彻与邻为善、以邻为伴的周边外交方针”，与东盟及其成员国在平等的基础上和睦相处，互相尊重，协商共识，合作发展，“互利共赢”。和谐比和平的目标更高。“和平还只是不以武力相向，而且不威胁使用武力，但是和谐却要求在和平共处的基础上，互相扶持，共同前进，最终达到一种人类共同体的境界。”其次，中国将更加强调寻求与东盟及其成员国的共同利益，始终“坚持把中国人民的利益同各国人民的共同利益结合起来”，“扩大同各方利益的汇合点”，“维护发展中国家的正当要求和共同利益”，为推动睦邻友好奠定更坚实的利益基础。最后，中国将进一步“积极开展区域合作，共同营造和平稳定、平等互信、合作共赢的地区环境”，通过深入参与地区合作，中国将变为“东南亚的中国”，而不是要东南亚变为“中国的东南亚”。在东盟及其成员国接受了中国以后，东南亚以及世界就会接受中国，中国的和平发展道路就会实现，“和谐世界”与“和谐地区”的目标也就会达到，中国—东盟战略伙伴关系将会进入更加新的境界。

东盟—中国“10+1”关系的全方位发展*

——纪念中国—东盟建立对话伙伴关系20周年

2011年是中国和东盟建立对话伙伴关系20周年。20年来，双方关系得到了深入和广泛的发展，东盟—中国“10+1”关系更是在全方位地发展。这里有必要指出的是，“10+1”是东亚合作的基础，直接关系到“10+3”以至东亚共同体的建设。中国是亚洲的重要国家，其发展不仅对东盟发展，而且对东亚合作都具有深远影响。另一方面，“10+1”是一个地区组织（东盟）和一国的结合，不仅体现了东亚地区主义的发展，还体现了地区间主义的一个主要方面，即地区组织和区外大国的合作。本文阐述东盟中国“10+1”关系的发展，分析其特点和作用，并展望双方关系未来的发展，以纪念中国—东盟建立对话伙伴关系20周年。

一、东盟—中国“10+1”关系的发展

中国是“10+1”中和东盟诸多成员国紧密相邻的国家，

---

* 本文原载于《东南亚纵横》2011年第2期。

与东盟的合作最为全面和均衡，包括经济、政治、安全、社会和文化等各个领域。

中国—东盟关系的发展和中国参与地区合作的实践同步发展。冷战时期，受两极格局的影响，中国和作为地区组织的东盟没有任何往来。与此同时，中国未对地区合作予以重视，对地区合作态度谨慎。尽管如此，新中国在成立之初就制定并且积极推行睦邻友好政策，中国政府倡导的“和平共处五项原则”，以及周恩来总理在万隆会议上提出的“求同存异”原则，都在周边国家产生了良好的反响。改革开放则为中国在和平共处五项原则的基础上处理与邻国的关系提供了新的理论依据。因此冷战一结束，中国同所有东南亚国家都建立、恢复或保持了正常友好的外交关系，开始了全方位的睦邻友好与多方面的交流合作，为中国参与地区合作创造了必要的前提条件。

1991 年是中国—东盟关系史上一个重要的年份。这年 7 月，中国成为东盟的磋商伙伴，时任中国外交部长钱其琛出席了第 24 届东盟外长会议开幕式，这也标志着中国在参与地区合作的进程中迈出了第一步。中国于 1994 年参加东盟地区论坛，则是在参与地区合作中迈出的又一重要步子。钱其琛外长代表中国在 1994 年 7 月举行的东盟地区论坛会议上首次提出了新安全观，其核心目标是通过对话、磋商和协商，解决争端，维护和平，体现了中国希望在地区合作的框架下推动地区和平与稳定的愿望。[①] 新安全观现已成为中国安全战略的指导

① 1999 年 3 月，中国国家主席江泽民在联合国裁军会议上进一步阐述了新安全观。

思想，也是中国地区合作政策的重要原则。随着双方政治交往的不断发展，1996年7月，中国成为东盟的全面对话伙伴国。

1997年亚洲金融危机爆发后，中国作为东亚一个负责任的成员，积极参与地区事务的处理，尤其是中国除了坚持人民币不贬值外，还对受金融危机影响的东盟国家提供资金援助，担起了稳定地区经济形势的重任，并在随后的东亚合作中发挥了独特的作用。通过这场危机，中国对地区合作的整体性认知加强，认识到参与地区合作，和东盟国家互动，不但可以加深中国与其他国家的合作，也表明中国认同地区体系，愿意融入地区秩序，从而有助于建立一个和平稳定的国际环境，以推动中国的全面发展。至此，全面参与地区合作成为中国重要的对外战略。[①] 时任中国国家主席江泽民在1997年举行的第一次“10+3”领导人会议上明确宣布：“中国将完善全方位、多层次、宽领域的对外开放格局，发展开放型经济，积极参与区域经济合作和全球多边贸易体系。”[②] 从此中国更加积极主动地参与到地区合作的进程之中。

进入21世纪后，中国关于地区合作的理念进一步深化，由主要为自己的发展建立和平环境转为与东盟谋求共同发展，“互利共赢”。这具体体现在党的十六大和十七大报告中。十六大报告首次表明中国将“加强区域合作，把同周边国家的

① 也有学者认为“中国实施地区战略始于中国—东盟自由贸易区”。见张蕴岭：《中国同东亚的经济一体化与合作》，载《当代亚太》2006年第1期，第6页。

② 江泽民：《携手合作共创未来——在东亚首脑非正式会晤时的讲话》，载《人民日报》1997年12月16日。

交流和合作推向新水平”。[①] 十七大报告则进一步把区域合作与建立和谐的地区环境结合在一起，提出“积极开展区域合作，共同营造和平稳定、平等互信、合作共赢的地区环境”。[②] 中国强调通过地区合作的方式来促进与东盟的关系，这是中国基于长期实践而得出的经验总结，反映了希望与东盟国家实现共同发展、“互利共赢”的愿望。

在经济方面，中国和东盟于2002年11月签署了《全面经济合作框架协议》，双方此后又进一步签署了《全面经济合作框架协议货物贸易协定》（2004年）、《中国—东盟争端解决机制协议》（2004年）以及《服务贸易协议》（2007年）。2009年8月15日，中国—东盟自由贸易区《投资协议》在泰国曼谷签署，标志着中国—东盟自由贸易区的主要谈判完成。其中《全面经济合作框架协议》是中国—东盟自由贸易区的法律基础，内容十分广泛，包括谈判时间安排、“早期收获计划”、多边最惠国待遇等，总体确定了中国—东盟自由贸易区的基本架构。双方绝大多数产品实现零关税是自由贸易区建成的标志。中国—东盟自由贸易区降税计划也在2005年7月20日启动。服务贸易方面，双方将实质性地开放彼此的市场。投资方面，双方将致力于建立一个自由、便利、透明及公平的双

① 江泽民：《全面建设小康社会 开创中国特色社会主义事业新局面——在中国共产党第十六次全国代表大会上的报告（2002年11月8日）》，人民出版社2002年版，第48—49页。

② 胡锦涛：《高举中国特色社会主义伟大旗帜 为夺取全面建设小康社会新胜利而奋斗——在中国共产党第十七次全国代表大会上的报告（2007年10月15日）》，人民出版社2007年版，第48页。

向投资体制。

中国—东盟自由贸易区的构想始于1997年的亚洲金融危机之后。东盟在这次金融危机中遭受沉重打击，急需通过地区经济整合来抵御外来风险。另一方面，中国在金融危机中坚持人民币不贬值，并提供数十亿美元的资金帮助受到金融危机影响的东盟国家，不仅减弱了金融危机的冲击，而且在国际上树立了负责任大国的形象，东盟及其成员国普遍希望中国在地区经济中发挥更大作用。同时，中国经济持续发展，国内生产总值在1997—2001年期间年均增长7.6%，[1] 让东盟看到与中国合作有助于自身经济的复苏。在这样的背景下，双方加强合作的想法很快变成了现实。

中国—东盟自由贸易区是中国对外商谈的第一个自由贸易区，也是东盟作为整体对外商谈的第一个自由贸易区，因此备受关注。中国—东盟自由贸易区具有较为深厚的经济基础，双方有着长期的经济交流与合作，寻求共同的经济利益并使其最大化是建立中国—东盟自由贸易区的主要目标之一。中国—东盟自由贸易区的建立不仅能提振中国和东盟携手应对当前国际金融危机的信心，对世界经济的复苏产生积极影响，而且必将进一步密切中国和东盟的关系，对促进东亚合作具有重大而深远的意义。

自中国—东盟《全面经济合作框架协议》签订以来，双方贸易增长迅速，如今已互为第四大贸易伙伴。2010年1月1

① 《中国统计年鉴》2005年表3—4。

日，中国—东盟自由贸易区如期建成，其效应已开始显现。根据中国海关总署2011年1月10日的统计数据，2010年中国和东盟的进出口贸易额为2927.76543亿美元，其中中国出口到东盟的是1382.06703亿美元，从东盟进口的是1545.6984亿美元，累计同比进出口增长37.5%，出口增长30.1%，进口增长44.8%。[①] 实践证明中国—东盟自由贸易区是双赢。东盟也是中国企业实施市场多元化战略、“走出去”战略的重点地区，双方相互投资额不断扩大，特别是中国对东盟的投资快速增加。[②] 根据中国商务部的统计，截至2010年4月底，中国与东盟累计相互投资总额约700亿美元，其中东盟对华投资累计约600亿美元，中国对东盟投资累计约100亿美元。[③]

在政治及安全上，中国和东盟建立了“面向和平与繁荣的战略伙伴关系”，中国作为第一个区外国家加入了《东南亚友好合作条约》。中国与东盟确认通过合作实现地区安全，先后签署了《南海各方行为宣言》和《关于非传统安全领域合作联合宣言》，制定了中长期合作规划，在反恐、非法移民、禁毒、执法、刑侦等领域开展合作，并取得了许多实质性的进展。中国支持和欢迎东盟为建立东南亚无核武器区所做的努力，并有签署《东南亚无核武器区条约》议定书的意向。

---

① 中华人民共和国海关总署网站，http://www.customs.gov.cn－2010年12月进出口商品主要国别（地区）总值表。

② 《中国与东盟双边贸易额保持快速增长》，新华网，2009年4月14日，http://news.xinhuanet.com/newscenter/2009－04/14/content_11181688.htm。

③ 《中国东盟贸易额增58.5%》，人民网，2010年6月11日，http://finance.people.com.cn/GB/11845450.html。

二、东盟—中国“10+1”关系的特点

中国在与东盟的合作中形成了独树一帜的特点，具体而言：

第一，倡导而不主导，支持东盟在地区合作中发挥领导作用。中国作为一个发展中大国，始终支持东盟在东亚合作中发挥主导作用，中国在很多场合均表示“中国始终支持东盟在东亚合作中发挥主导作用”。[①] “东盟一直是‘10+3’会议的组织者和协调者，这既是东亚合作的特色，也是各方现实和明智的选择。中国将继续坚定支持东盟在区域合作中发挥主导作用。”[②] 另一方面，中国在地区合作中发挥积极倡导的作用。在东亚合作进程中，中国一直以务实精神推动各项合作方案，并且充分考虑各方的利益和想法。中国积极参与“10+1”。仅在2002年第六次东亚领导人会议期间，中国领导人就提出了20多项建设性倡议，签署或发表了10多个协议或宣言，引导了地区合作的发展方向。

第二，与东盟在合作中实现共同发展。中国在参与“10+1”合作时，总是从大局出发，尽可能照顾东盟国家的利益，甚至让利于后者，与它们在合作中共同发展，“互利共赢”。

① 温家宝：《共同谱写中国—东盟关系的新篇章——在第十次中国与东盟领导人会议上的讲话》，载《人民日报》2007年1月15日。

② 王毅：《亚洲区域合作与中日关系》，载《外交学院学报》2005年第1期，第58页。

如“早期收获”计划是在中国—东盟自由贸易区框架下最先实施的降税计划，自2004年1月1日实施以来，东盟果蔬产品快速涌入中国。作为中国自东盟进口水果主要消费地的广东，2005年从泰国进口的水果为20.3万吨，比2003年增长了1.3倍。广西自东盟进口果蔬的数量由2003年的22.5万吨增至2005年的33万吨，年均增长21.1%。[①] 更重要的是，“早期收获”计划在公布降税计划时，同意越南、老挝和柬埔寨将229种商品列入“例外产品清单”加以保护，不享受税收优惠，中国对东盟的果蔬则没有提出任何形式的保护条款。“例外产品清单”排除的部分水果属于中国的优势产品，由此也就提高了中国相关产品进入东盟市场的门槛，在一定程度上影响了中国果蔬对东盟的出口。尽管如此，中国还是坚持实施“早期收获”计划，将其视为互惠双赢的贸易安排。

第三，率先而又务实，推动“10+1”合作向前发展。中国率先和东盟达成了建立自由贸易区的协议。在东亚合作进程中，一个极其重要的里程碑就是中国—东盟自由贸易区的提出和签署。根据协议，中国—东盟自由贸易区将在2010年建成。它标志着一个新经济区的出现，在帮助东盟新老成员国缩小经济发展差距的同时，在经济上促使中国更大程度地融入东盟，形成“共赢”的局面，使人们切实感受到中国经济发展带来的是机遇，而不是威胁。另一方面，中国率先和东盟签署建立

① 李嘉、朱林：《早期收获计划助东盟果蔬加速涌入中国南大门》，新华网广西频道，2006年6月15日，http://www.gx.xinhuanet.com/newscenter/2006-06/15/content_7273233.htm。

自由贸易区的协议起到了催化剂的作用，激励着东亚经济一体化进程的发展。[①] 中国也是第一个加入《东南亚友好合作条约》的非东盟国家。该条约由东盟创立，用于规范其成员之间的关系，其中最重要的一条规定就是要求所有签约国“用和平手段解决分歧或争端；放弃使用武力或武力威胁”。[②] 中国通过加入该条约，向东盟发出了信号，即中国将依照规则办事，显示了中国作为负责任的大国的诚意。东盟认为，中国签署这一条约“既是一个象征性的积极姿态，更是一个具有实质意义的政治承诺”。“北京的加入不仅标志着双方之间的关系已进入一个更高层次，而且还将为双方在地区安全和经济领域的进一步合作铺平道路。”[③] 此举增加了双方的互信，也为中国与东盟在安全领域的合作奠定了政治法律基础。中国还积极参与东盟地区论坛，向论坛提交了《中国关于新安全观的立场文件》，强调共同培育新型的安全观念，开展以对话增进信任，以合作谋求安全的新安全观实践。中国还通过签署“面向和平与繁荣的战略伙伴关系”联合宣言，率先和东盟建立了战略伙伴关系，这也是中国第一次和一个地区组织建立战略伙伴关系。双方重申以《联合国宪章》、《东南亚友好合作条约》、和平共处五项原则以及其他公认的国际关系准则为中

---

① 黄朝翰：《东盟—中国关系：一种经济视角》，载《外交评论》2006 年第 3 期，第 55 页。

② *Treaty of Amity and Cooperation in Southeast Asia*, Indonesia, 24 February 1976, http://www.aseansec.org/1217.htm.

③ 《亚细安和中国关系新发展》，载《联合早报》（新加坡），2003 年 10 月 2 日社论。

国与东盟合作的指导，强调相互尊重领土主权完整和各自选择的发展道路。[①] 可以这么说，正是在中国具有实质意义的参与下，东盟的地区合作战略才得以展开和实施。

三、东盟—中国“10+1”的作用

中国—东盟《全面经济合作框架协议》的签署为东亚合作树立了一个榜样。“东盟的战略是和其他国家，特别是和东亚国家签订双边自由贸易协定，中国—东盟自由贸易区就是第一个这类协定的产物，为东亚树立了一个榜样。”[②] 中国—东盟《全面经济合作框架协议》对双方来说都是第一次，中国率先和东盟达成建立自由贸易区的协议，而东盟作为一个地区组织也是第一次和组织外的国家签署这类协议。由于中国—东盟自由贸易区涉及的领域全面，它成为东盟和其他国家建立自由贸易区的模式。同时，中国是和东盟集体签署协议，这种一国和一个组织签约的方式使东盟成为本地区自由贸易协议的“中心”。[③] 还有一个重要的方面就是中国—东盟自由贸易区

① 《中华人民共和国与东盟国家领导人联合宣言》，载《人民日报》2003年10月9日。

② Vo Dai Luoc，“ASEAN-China Free Trade Area（ACFTA）：Development Trends and Issues，” *Vietnam Economic Review*，No. 6，142，June2006，p. 27.

③ Myrna S. Austria，ASEAN's Extra Regional Linkages：Implications for an East Asian Community，” in Lee Poh Ping，Tham Siew Yean，George T. Yu eds.，*The Emerging East Asian Community*，*Security & Economic Issues*，Bangi：Penerbit Universiti Kebangsaan Malaysia，2006，p. 297.

“起到了杠杆作用，使日本—东盟关系向有利于东盟的方向倾斜”。[①]

另一方面，对东盟来说，与中国的经济联系非常重要：第一，将东南亚和东北亚经由与中国的生产网络相连接，形成了新的有发展前景的商业联系。东盟在这一生产网络中找到了可赢利的市场，并增加了在中国进口中的份额，从而创造了就业，提高了生产率，改善了国际收支差额。第二，与中国的贸易提高了产品质量，并使出口多样化。东盟对中国制造品进口的比重从1990年的31%提升到2004年的近56%。[②] 相互依存的增加促进了东盟国家生产的专业化程度。第三，进入中国市场可以吸引更多的外资。东盟国家的外来直接投资在2007年达到514亿美元，超过了1997年金融危机前的纪录。其中很大一部分是投资于和中国进口产品有关的行业。[③]

东盟—中国“10+1”合作的发展增强了东盟的信心，“在中国—东盟战略伙伴关系的基础上，中国和东盟达成自由贸易协定的方式，极大地提高了东盟的希望”，[④] 进而推动了东

① Kitti Prasirtsuk, Pattamawadee P. Suzuki, “Japan-ASEAN Comprehensive Economic Partnership: Toward Significant Regionalism?” in Siriporn Wajjwalku ed., *Japan-ASEAN Comprehensive Economic Partnership: Asian Perspectives*, Pathum Thani: Japanese Studies Center, Institute of East Asian Studies, Thammasat University, 2004, p. 154.

② Ellen L. Frost, James J. Przystup, and Phillip C. Saunders, “China's Rising Influence in Asia: Implications for U. S. Policy,” *Strategic Forum*, No. 231, April 2008, Institute for National Strategic Studies, National Defense University, USA, p. 3.

③ Ibid.

④ Kitti Prasirtsuk, Pattamawadee P. Suzuki, “Japan-ASEAN Comprehensive Economic Partnership: Toward Significant Regionalism?” in Siriporn Wajjwalku ed., *Japan-ASEAN Comprehensive Economic Partnership: Asian Perspectives*, p. 154.

亚合作进程。中国—东盟《全面经济合作框架协议》的签署显示了安全问题不再是影响中国和东盟之间关系的主要因素，自由贸易区的建立将会减少东盟对中国正在崛起的经济实力的担忧。而通过签署《东南亚友好合作条约》以及同意遵守《东南亚无核区协议》，“中国对东盟采取了重要的信心建立措施”。[①] 由此极大地增加了东盟的自信心，和其他国家建立了更多的“东盟 +1” 合作机制，有力地推动了整个地区的合作进程。

关于“东盟 +1”，时任东盟秘书长王景荣就指出：“除了双边关系外，东盟和中国还有更广阔的地区层面上的关系。中国与东盟加强合作不仅可以促进东盟与日本、韩国、印度等国家的合作，还可以与东盟一起构建地区安全框架，促进地区合作。”[②] 正是由于中国所起的关键作用，“东盟 +1” 成为东亚合作的一个重要架构。

四、互利共赢的未来

在和东盟及其成员国的关系上，中国始终坚持“‘平等互信、合作共赢’的方针，相互尊重而不是彼此对立，相互信

① Sudhir Devare, *India & Southeast Asia*, *Towards Security Convergence*, Singapore: Institute of Southeast Asian Studies, 2006, p. 38.

② 东盟秘书长王景荣在 2007 年 4 月 26—27 日上海国际问题研究所召开的“东盟发展与东亚合作——纪念东盟成立 40 周年暨东亚合作 10 周年”国际研讨会上的主题演讲。

任而不是彼此猜疑，相互合作而不是恶性竞争，立足共赢而不是此兴彼衰”，[①] 中国—东盟关系现已达到了自东盟成立以来的最好水平。在纪念中国—东盟建立对话伙伴关系20周年之际，双方应致力于建立“面向和平与繁荣的战略伙伴关系”，将中国和东盟的关系提升到新的高度。为实现这一目标，中国和东盟需要在以下几个方面努力，以推进彼此关系的进一步发展。

第一，睦邻友好，“互利共赢”。中国和东盟成员国均为发展中国家，发展是共同的要务，因此，地区的和平与稳定是实现发展目标的重要条件。睦邻友好、“互利共赢”也就成为中国和东盟共同繁荣的必要前提。通过东盟—中国“10+1”及东亚其他合作机制，提升双方合作的层次和扩大双方合作的内容及领域，在睦邻友好中加强合作，在合作中增进睦邻友好，成为中国与东盟关系发展的新课题。在经济合作方面，中国—东盟自由贸易区的发展需要深化，首先是建立一个比世界贸易组织层次更高的法律框架，使中国—东盟自由贸易区经济整合的程度更高。其次是完善基础设施，特别是完善覆盖整个自由贸易区的运输系统，包括公路、铁路、水路、空中和海上航线。第三是加强政府间的政策协调，使自由贸易区建设在各个领域全面推进。从长远来看，推进中国—东盟自由贸易区建设，是完善和深化东盟与中国“10+1”合作机制的关键环节。中国与东盟建立自由贸易区将会增加彼此经济的安全、稳

① 《深化战略伙伴关系推进全方位合作——温家宝总理在第八次中国—东盟领导人会议上的讲话》，载《人民日报》2004年11月30日。

定和发展，因为这样的合作不是零和游戏。同时中国—东盟自由贸易区并不是简单的经济合作，随着双方在经济上相互依存的加深，政治上的互信也会相应增加，进而推动政治及安全合作。“东盟确实视中国实力的增长为生存中的政治因素，认为中国在东盟自身的发展中是潜在的关键伙伴。”① 在文化合作方面，与经济合作相比，文化交流在中国与东盟的关系中尚未得到更多的关注。文化交流虽然不会给经济合作带来直接的贡献，但它是了解对方总体发展的必要基础，因此需要增强中国与东盟的文化合作。

第二，增加互信，消除疑虑。中国对东盟发展壮大自己的一系列举措始终抱着理解和支持的态度。然而东盟将中国视为身边的一个“巨人”，特别是中国自改革开放以来国家实力和国际地位的大幅度上升，使东盟心存疑虑。虽然中国加大了与东盟合作的力度，“中国威胁论”也已在东南亚丧失了部分听众，但其对中国的不信任感仍然存在。这就需要中国和东盟共同努力，增信释疑。对中国来说，需要进一步展现中国与东盟共享和平、发展、合作的意愿，把中国发展带来的机遇更多地与东盟共享，真正实现合作共赢的目标。对东盟来说，应该理解中国的和平发展有利于本地区乃至世界的稳定，中国国家实力的增长并不会构成对他国、地区和国际社会的威胁。

第三，相互协调，互相支持。对于重大的地区和国际问

---

① *The United States and Southeast Asia*, *A Policy Agenda for the New Administration*, Report of an Independent Task Force Sponsored by the Council on Foreign Relations, New York: the Council on Foreign Relations, 2001, p. 18.

题，特别是对当前全球性的议题，如气候变化、环境保护、应对非传统安全威胁等，中国和东盟应加强协商，共同维护世界的和平与稳定以及发展中国家的正当权益。

第四，本着向前看的态度，妥善解决领土争端问题。毋庸讳言，中国与东盟一些成员国在南沙群岛存在领土争端。中国提出了“搁置争议，共同开发”的原则，并和东盟签署了《南海各方行为宣言》，强调通过友好协商和谈判，以和平方式解决南海有关争议。在争议解决之前，各方承诺保持克制，不采取使争议复杂化和扩大化的行动，并本着合作与谅解的精神，寻求建立相互信任的途径，包括开展海洋环保、搜寻与求助、打击跨国犯罪等合作。《南海各方行为宣言》是中国和东盟签署的第一份有关南海问题的重要政治文件，对保持南海地区和平与稳定，增进中国与东盟的互信有着重要的积极意义。尽管这一争端仍然存在，但不至于影响中国—东盟关系的大局，因为双方存在着更加重要的共同利益。

东盟前秘书长王景荣在展望东盟和中国关系发展前景时曾指出，东盟需要激励，以便和中国在一起迎接更大的挑战。保持与中国的良好关系，将会推动东盟进一步发展。东盟的强大符合中国的利益，中国的和平发展对东盟也是一种驱动力。①

中国有一句古语：远亲不如近邻。“中国与东盟地缘相近、文化相通、经济互补。我们是友好近邻，也是重要的战略

① 2007年4月27日东盟秘书长王景荣与上海国际问题研究所所长俞新天教授的对话。见《中国与东盟：四十年后看未来——王景荣对话俞新天》，载《文汇报》2007年5月11日。

伙伴。中国的发展离不开东盟，东盟的发展也需要中国，共同的利益纽带把双方紧密地联结在一起。发展中国与东盟的友好合作关系，有利于双方的根本利益，有利于地区的和平、稳定与繁荣。”[①] 当前，中国和东盟的关系正处于发展的新时期，双方都需要抓住机遇，推动互利共赢合作不断深入发展，共同谱写中国与东盟关系的新篇章。

① 《共同谱写中国—东盟关系的新篇章——温家宝总理在第十次中国与东盟领导人会议上的讲话》，载《人民日报》2007年1月15日。

中国和东盟互联互通的意义、成就及前景*

——纪念中国—东盟建立对话伙伴关系 20 周年

基础设施的互联互通，是深化中国与东盟关系、推进双方合作的重要基础和前提。早在 2009 年 10 月举行的第十二次中国与东盟领导人会议上，温家宝总理就提议，“加快基础设施建设。尽快商定《中国—东盟交通合作战略》优先项目，尽早就《中国—东盟海关合作谅解备忘录》达成一致，签署《中国—东盟区域航空运输协定》，构筑互联互通的区域基础设施网络”。“中方决定将向东盟国家提供的 150 亿美元信贷中的优惠性质贷款额度增加到 67 亿美元，加大对中国与东盟基础设施建设合作的力度。”① 与此同时，东盟也认识到区域基础设施互联互通与东盟发展的关联，第十五届东盟峰会发表主席声明，承认加强地区联通的重要性，同意促进东盟联通重

---

* 本文原载于《国际展望》2011 年第 2 期。本文在撰写过程中得到了云南省社会科学院东南亚研究所、西双版纳傣族自治州和德宏傣族景颇族自治州社会科学联合会，以及云南省、州、市等各级政府有关部门的大力帮助（恕不一一列举姓名），并参考和借鉴了古小松主编的《中国与东盟交通合作战略构想——打造广西海陆空交通枢纽研究》（社会科学文献出版社 2010 年版）一书，在此一并感谢。

① 《温家宝出席中国与东盟领导人会议》，载《人民日报》2009 年 10 月 25 日。

点在于发展基础设施建设。[1]

今年是中国和东盟建立对话关系20周年，中国和东南亚基础设施的互联互通为双方未来关系的进一步发展搭建起更加便捷的桥梁。从这一角度出发，本文主要阐述中国与东南亚基础设施互联互通的意义，介绍中国与东南亚基础设施互联互通建设取得的成就，探讨今后的发展前景。

一、中国与东南亚基础设施互联互通的意义

中国与东南亚基础设施实现互联互通，直接促进了中国与东盟的合作，不仅有利于中国与东盟成员国的经济发展，而且有利于地区的和平、稳定与地区合作的发展。中国和东盟成员国是近邻，在经济、文化和社会等方面有着悠久的交往历史。冷战结束后，尤其是进入本世纪以来，中国与东南亚的关系得到了突飞猛进的发展。1991年，中国和东盟建立了对话关系。2002年，双方签署了《全面经济合作框架协议》，决定在2010年建成中国—东盟自由贸易区，还签署了《南海各方行为宣言》，承诺以和平方式解决南海争端。2003年，中国和东盟建立了“面向和平与繁荣的战略伙伴关系”，这是中国第一次与地区组织建立战略伙伴关系，中国并且作为第一个区外国家加入了《东南亚友好合作条约》。2006年10月底至11月初，中

---

① 《第十五届东盟峰会发表主席声明》，载《人民日报》2009年10月25日。

国和东盟在南宁成功地举行了建立对话关系15周年纪念峰会，把双方关系的发展提升到了一个新的高度。2010年1月1日，中国—东盟自由贸易区的如期启动是双方关系发展史上的又一个里程碑。“东盟+中国”是东亚合作的基础，直接关系到“东盟+3”乃至东亚共同体的建设。中国与东南亚基础设施互联互通，不仅对东盟发展，而且对东亚合作都具有深远影响。

中国与东南亚基础设施的互联互通，也充分体现了中国坚定不移地贯彻实施“与邻为善、以邻为伴”的睦邻友好政策，愿与东盟及其成员国一道努力，加强合作，携手发展，以实现共同繁荣。中国为保证与东盟各项合作的顺利实施设立了两个专项基金：一是中国—东盟合作基金，主要用于支持东盟一体化建设，现已进入帮助东盟进行人力资源的开发和培训等阶段。在建立对话关系15周年纪念峰会上，中国又向东盟发展基金捐资100万美元，并提供100万美元，资助《东盟一体化倡议》项目。[①] 二是总额为1500万美元的亚洲区域合作专项资金，资助中国有关部门参与区域合作，特别是加强与东盟的合作。[②] 根据承诺，中国在2006年已向东盟有关国家提供了7.5亿美元的优惠贷款。[③] 在当前面对严峻的国际金融危机时，中

① 《中国—东盟纪念峰会联合声明——致力于加强中国—东盟战略伙伴关系》，载《人民日报》2006年10月31日。

② 《深化战略伙伴关系推进全方位合作——温家宝总理在第八次中国—东盟领导人会议上的讲话》，载《人民日报》2004年11月30日。

③ 《共同谱写中国—东盟关系的新篇章——温家宝总理在第十次中国与东盟领导人会议上的讲话》，载《人民日报》2007年1月15日。

国进一步深化和扩大与东盟的全面合作，将空前的挑战转化为深化务实合作、促进共同发展的机遇。中国于2009年向东盟提出了设想和建议：第一，签署中国—东盟自贸区《投资协议》。显示中国促进贸易投资自由化、反对贸易和投资保护主义，和东盟国家实现互利共赢的坚定决心和立场。第二，大力推进中国—东盟基础设施及网络化建设。中方决定设立规模100亿美元的“中国—东盟投资合作基金”，用于双方基础设施、能源资源、信息通信等领域重大投资合作项目。第三，加强东盟一体化建设和区域合作。今后3—5年内，中国将向东盟国家提供150亿美元信贷，其中包括17亿美元优惠性质贷款；中方并考虑向东盟欠发达国家——柬埔寨、老挝、缅甸提供总额为2.7亿元人民币的特别援助，以解他们的燃眉之急，帮助他们克服困难。中方已向“东盟—中日韩（10+3）合作基金”捐款90万美元；向“东盟基金”捐款10万美元，并将向“中国—东盟合作基金”增资500万美元。第四，大力推进湄公河次区域开发、东盟东部增长区、“印度尼西亚—马来西亚—泰国成长三角”等次区域合作。扩大中国沿边沿海及中西部省份和企业同东盟国家的交流与合作，培育新的经济增长点。第五，加强东亚国家金融合作。加快清迈倡议多边化进程，扩大区域外汇储备库规模和双边货币互换额度及签约范围，推进亚洲债券市场建设。第六，加强地区粮食安全合作。中方倡议实施“中国—东盟粮食综合生产能力提升行动计划”，包括在东盟国家建立优质高产作物示范田，举办实用技术和各类农业技术人才培训班，帮助东盟国家提高粮食生产能力，从根本上实现粮食安全。中方还决定在“东亚大米紧急储备”项目下专储30万吨大米。第七，加强能力建设和社会文化交流，促进可持续发展。中国将主办一系列培训项目，在提高应对自然灾害能力方面，同东盟交流信息和经验。中方将在未来5年内向东亚发展中国家成员新增2000个中国政府奖学金名额和200个公共管理硕士奖学金名额，进一步扩大青少年和媒体交流，增进双方人民的了解和友谊。第八，加强非传统安全领域的合作。通过举办培训班等项目，加强双方在打击跨国犯罪领域的合作，提高执法合作水平。同时，继续加强同东盟防务学者对话和人员培训。[①] 在上述设想和建议中，有很大一部分是和中国与东南亚基础设施互联互通直接相关。

中国与东南亚基础设施的互联互通，还表明中国将与东盟及其成员国建立友好合作关系作为自己对外政策的基石，有助于推进中国的和平发展事业。首先是为中国的和平发展营造一个稳定的周边环境。自改革开放以来，中国外交的首要任务就是营造一个稳定的外部环境，以确保国内经济能够顺利发展，而增进与东盟及其成员国的睦邻友好关系，是中国营造良好周边环境的重要部分。中国与东南亚基础设施实现互联互通，将有利于增加中国和东盟的相互依存度，促进双方共同利益的形成，使中国的和平发展具有更加稳定的周边环境基础。同时，

① 由于东亚领导人系列会议未能如期举行，外交部长杨洁篪于2009年4月12日在北京约见东盟10国驻华使节，向他们通报了中国政府加强中国—东盟全面合作的设想和建议，希望双方共同努力。见《中国愿加强同东盟的全面合作》，载《人民日报》2009年4月13日。

考虑到对中国经济增长的有利方面，中国与东南亚基础设施实现互联互通，可以使中国在东亚经济中扮演更加重要的角色，增强在地区事务中所起的作用。其次是促进中国承担更多的国际责任，成为负责任的大国。进入本世纪以来，中国强调要做一个“负责任的大国”，这是中国外交战略的需要。亚洲金融危机爆发后，中国作为东亚一个负责任的成员，积极参与地区事务的处理，尤其是中国除了坚持人民币不贬值外，还对受金融危机影响的东盟有关国家提供资金援助，担起了稳定地区经济形势的重任，并在随后的东亚合作中发挥了独特的作用。同样，中国在与东南亚基础设施互联互通的建设过程中，对东盟成员国给予援助和帮助，体现了中国合作的诚意，有助于树立中国是一个负责任大国的形象。再次是推动中国将积极参与地区合作作为对外战略的重要组成部分。中国与东南亚基础设施实现互联互通，与地区谋求共同发展，“互利共赢”，有助于实现中国提出的营造和平稳定、平等互信、合作共赢的地区环境之目标。最后是有利于扩大中国的国际影响力，提升中国的软实力。中国与东南亚基础设施实现互联互通，表明中国愿以自己的发展为人类的共同发展做出应有贡献。

中国与东南亚基础设施的互联互通，更是中国和东盟经济合作发展到一定阶段的必然要求。首先，中国和东盟经贸关系的不断加强，需要获得更加便捷、高效、互联互通的区域基础设施网络体系的支持。1991 年，中国与东盟贸易额仅 79.6 亿美元，2005 年跃升为 1303.7 亿美元，增长了约 15 倍，年均增长率高达 20%，超过了同期中国和东盟各自的对外贸易增长率。尽管受到国际金融危机的影响，但2008年中国与东盟双边贸易额仍保持快速增长，达到2311.2亿美元，同比增长13.9%。[①] 特别是中国—东盟自由贸易区于2010年1月1日如期建成后，形成了一个由发展中国家组成的、拥有19亿消费者和6万亿美元国内生产总值的世界上最大的自由贸易区，使双方经贸进入了高增长期。中国—东盟自贸区启动后，其效应已开始显现。中国对东盟的平均关税降至0.1%，双方93%的产品贸易关税已降为零。根据中国海关总署2011年1月10日的统计数据，2010年中国和东盟的进出口贸易额为2927.76543亿美元，其中中国出口到东盟的是1382.06703美元，从东盟进口的是1545.6984亿美元，累计同比进出口增长37.5%，出口增长30.1%，进口增长44.8%。[②] 中国从东盟进口的增幅，明显高于中国对东盟出口的增幅。现实证明中国—东盟自由贸易区是双赢。在投资合作方面，2003年至2009年，东盟对中国实际年投资额从29.3亿美元增长到46.8亿美元。中国对东盟的投资从2.3亿美元增长到30亿美元，增长超过13倍。2010年上半年，东盟对华直接投资约31亿美元，中国对东盟非金融类直接投资约12亿美元。截至2010年6月底，双方累计相互投资总额约694亿美元，其中东盟对华投资累计约598亿美元，中国对东盟非金融类投资累计约96亿美

① 《中国与东盟双边贸易额保持快速增长》，新华网，2009年4月14日，http：//news. xinhuanet. com/newscenter/2009－04/14/content_ 11181688. htm。

② 中华人民共和国海关总署网站（http：//www. customs. gov. cn），2010年12月进出口商品主要国别（地区）总值表。

元。中国对东盟的直接投资增长迅速，投资已涵盖到农业、制造加工业和服务业等多个领域。从旅游方面看，东盟 10 国均已成为中国公民旅游目的地国家。中国首站赴东盟旅游的人数从 2003 年的 191 万人增长至 2009 年的 450 万人。①

其次，中国和东盟在大湄公河次区域合作、泛北部湾经济合作、东盟东部增长区等次区域的合作，要求区域基础设施互联互通必须向深度和广度发展。大湄公河次区域合作（Greater Mekong Subregion Economic Cooperation Program，简称 GMS）是中国、缅甸、老挝、泰国、柬埔寨、越南 6 个国家共同发起的次区域经济合作机制。澜沧江—湄公河全长约 4880 公里，是东南亚第一长河，流域面积 79 万平方公里，人口 6000 多万，两岸土地肥沃，气候宜人，物产富饶，可供合作开发、利用的资源十分丰富，尤其是水电和航运开发潜力十分巨大。中国一贯重视大湄公河次区域合作，积极参与大湄公河次区域合作项目的规划与实施，并结合湄公河次区域特点不断提出合作倡议，与次区域各国的合作不断深化。云南和广西是中国参与大湄公河次区域合作的主要省份。中国政府还把“澜沧江—湄公河流域中国边境地区开发规划与实施”列入《中国 21 世纪议程》优选实施项目。泛北部湾经济合作（Pan-Beibu Gulf Economic Cooperation）是中国与东盟之间又一个重要的次区域合作。2006 年 7 月，广西提出了泛北部湾经济合作构想，将

① 孙韶华、何丰伦、吴小康：《中国与东盟经贸进入高增长期》，载《经济参考报》2010 年 7 月 27 日，http：//jjckb. xinhuanet. com/gnyw/2010 – 07/27/content_241840. htm。

中国与越南的环北部湾经济合作延伸到隔海相邻的马来西亚、新加坡、印度尼西亚、菲律宾和文莱等临近北部湾的东盟国家，泰国随后也积极加入泛北部湾合作。中国与东盟已成立了泛北部湾经济合作联合专家组，并在广西连续举办了五届泛北部湾经济合作论坛，就泛北部湾经济合作开展可行性研究。中国政府还在 2008 年批准了《广西北部湾经济区发展规划》，将广西北部湾经济区定位为国际经济合作区，以便与泛北部湾经济合作对接。通过积极推动泛北部湾经济合作，以及以交通干线为依托的南宁—新加坡经济走廊，将其逐步提升为中国与东盟之间新的次区域合作项目，再加上已经形成的大湄公河次区域合作，构建中国—东盟区域经济合作新格局。此外，中国还应邀参加了东盟东部增长区的合作，并在第四届东亚峰会后同文莱、印度尼西亚、马来西亚、菲律宾共同签署了《中国—东盟东部增长区经济合作框架》。

二、中国与东南亚基础设施互联互通的成就

中国与东南亚基础设施的互联互通建设在大湄公河次区域合作中占了很大比重。首先是澜沧江—湄公河跨国航运合作项目取得重大突破。2000 年 4 月，《中华人民共和国政府、老挝人民民主共和国政府、缅甸联邦政府和泰王国政府澜沧江—湄公河商船通商协定》正式签署。次年 6 月 26 日，在中国云南省西双版纳自治州首府景洪市，中国、老挝、缅甸和泰国举行

了澜沧江—湄公河四国正式通航典礼，四国商船从此可以在中国思茅港至老挝琅勃拉邦港之间897公里的航道上自由航行，在这一航道上的14个口岸和码头自由停靠、装卸货物和运载旅客，不征收任何税费，在办理进出港手续和服务上相互给予优惠待遇，实现共同开发、共同受益、共同保护、共同振兴的目标。澜沧江—湄公河水道的开通，使国际航运的功能得到了充分发挥，把东南亚和中国大西南这两个有着明显互补性的大市场紧密结合到了一起，对加快中国西南地区的自然资源开发和经济腾飞起到重要的推动作用。长期以来，中国的货物进入东南亚以及印度洋沿岸地区，除了航空外，传统的通道是先进入太平洋，然后从泰国湾进入泰国内陆，从磅逊湾进入柬埔寨；若要进入印度洋沿岸各国，必须绕过马六甲海峡或巽他海峡。现在，取道澜沧江—湄公河实行陆水联运，比绕道华南沿海港口缩短1500—3000公里，运费可降低40%—60%，运输时间可节省一半以上。因此澜沧江—湄公河是中国特别是中国大西南进入东南亚或借东南亚港口进入印度洋沿岸地区最便捷的通道。中国的矿产品、建材、林产品、机电设备、日用百货、药品等经过这条航线出口到下游的缅甸、老挝、泰国等东南亚国家。同时，澜沧江—湄公河流域地区居住着20多个民族，历史悠久，文物古迹、历史名城和民族风情闻名于世，且大多分布于澜沧江—湄公河河畔和邻国界河地带。因此澜沧江—湄公河航道的开通，无疑成为连接流域内各国旅游事业的一条“金色纽带”，为该区域旅游事业的发展带来新的机遇。

大湄公河次区域合作中另一个主要的基础设施互联互通建

设就是泛亚铁路。在1996年3月召开的亚欧会议上，马来西亚总理马哈蒂尔最先提出这项国际铁路联网计划，拟从新加坡出发，经马来西亚的吉隆坡，泰国的曼谷、清迈，缅甸的仰光，柬埔寨的波贝、诗梳风、金边，越南的胡志明市、河内，进入中国云南的昆明市。与会的有关国家还提议该铁路线从昆明延伸至北京，然后连接目前的亚欧铁路线，建立东南亚、东亚、东北亚和欧洲之间的铁路网络。第一次泛亚铁路特别工作组会议于1996年12月在吉隆坡召开，来自中国、越南、泰国、缅甸、柬埔寨、老挝、新加坡、印度尼西亚和东道国，以及东盟秘书处的约20名代表出席了会议，与会国对修建泛亚铁路新加坡—昆明通道表示了积极的支持。从那时以来经多次协商，最终决定泛亚铁路干线以新加坡为起点，最终抵达昆明，并有三条支线，称为东线、中线和西线。与泛亚铁路东、中、西三个方案相对应的中国境内段项目均列入了中国的《中长期铁路网规划》和《铁路“十一五”规划》。根据目前进展情况，中国境内泛亚铁路在建和近期拟开工建设里程将达1000公里，积极有效地推进了泛亚铁路建设工作：泛亚铁路东线——昆明经河内至新加坡共5450公里，中国境内段自昆明向南经玉溪、蒙自至河口出境进入越南。其中，昆明至玉溪铁路扩能工程全长90公里，已于2009年开工建设，计划2012年建成；新建玉溪至蒙自铁路长约147公里，已于2005年开工建设，计划2011年建成；新建蒙自至河口铁路长约140公里，已于2008年开工建设，计划2012年建成。泛亚铁路中线——昆明经万象至新加坡共3900公里，中国境内段自昆玉铁路玉溪南站接轨经思茅、景洪、尚勇至磨憨口岸出境进入老挝。新建玉溪至磨憨铁路长约700公里，将根据中国境内社会经济发展和境外铁路建设情况适时启动前期研究工作。泛亚铁路西线——昆明经仰光至新加坡共4760公里，中国境内段自昆明经广通、大理、保山至瑞丽出境进入缅甸。其中，昆明至广通铁路长度99公里，扩能工程已于2007年开工，计划2011年建成；广通至大理铁路长度173公里，扩能工程已完成可行性研究，计划2010年开工建设；新建大理至瑞丽铁路长度350公里，其中大理至保山段已经开工建设，保山至瑞丽段待高黎贡山越岭方案确定后也将开工建设。湘桂铁路南宁至凭祥段是泛亚铁路的组成部分，该线技术标准较低，拟进行扩能改造，目前正在开展前期工作，争取2012年开工建设。在加快推进泛亚铁路中国境内建设的同时，中国政府也对泛亚铁路境外段的进展情况给予关注，并为沿线国家提供力所能及的帮助。近年来，中国政府出资分别对泛亚铁路东线柬埔寨境内巴登—斯诺尔铁路缺失段开展了预可行性研究，对西线缅甸境内木姐—腊戍段开展了踏勘工作，对中线老挝铁路开展了前期考察。中国于2009年出资2000万元人民币对泛亚铁路东线巴登至禄宁缺失段进行的工程可行性研究工作正在有条不紊地推进：第一批工程可行性研究工作团已于2009年7月赴柬开展工作，第二批技术考察团也已于2009年9月赴柬开展工作。继2006年向缅甸铁道部赠送130辆米轨客车之后，中国铁道部于2009年3月再次与缅甸铁道部签署协议，向后者赠送5台机车、200辆货车和20辆客车。截至2009年7月底，全部机车车辆已经交付缅甸。①

大湄公河次区域合作中第三个主要的基础设施互联互通建设是南北经济走廊、东西经济走廊和南部经济走廊，以次区域的交通通道建设为基础，建成产业、贸易和基础设施为一体的、经济较快发展的经济带。与中国相连的是南北经济走廊，也分为三条支线，称为东线、中线和西线。南北经济走廊西线（昆明—老挝—曼谷公路）已经建成，其中老挝境内1/3路段由中国出资建设。作为连接东南亚、南亚国家的4条陆路通道之一，昆曼公路对于完善区域路网结构，优化地区投资环境，促进区域经济交流，推动各国经济社会全面发展具有重要意义。南北经济走廊中线（昆明—河内—海防）的中国境内昆明—河口段400公里高等级公路已于2008年建成通车。另外，该通道上的中越河口—老街红河公路大桥已于2008年竣工。南北经济走廊东线（昆明—南宁—河内）的中国境内南宁至友谊关179公里高速公路已于2005年底建成通车。北部走廊（昆明—大理—瑞丽—缅甸）中国境内的昆明—安宁—楚雄—大理—保山497公里路段已建成高速公路，利用亚行贷款建设的保山—龙陵78公里高速公路已于2008年完工。

在大湄公河次区域的航空合作方面，中国进一步完善机场现有功能，适度建设支线机场，不断扩大航线网络，与周边现有通用机场共同形成空港群体，以促进与大湄公河次区域国家

---

① 有关泛亚铁路建设情况，参考蔡庆华：《加强泛亚铁路建设，促进区域经济发展》，载中国—东盟自由贸易区论坛组委会：《中国—东盟自由贸易区论坛嘉宾演讲稿（第一辑）》2010年版，第8—11页。

航空运输快速协同发展。一方面，中国分别于2004年、2006年与泰国、缅甸实现双边航空运输市场准入相互放开。另一方面，中国与越南、柬埔寨和老挝的航空联系也因近年来经贸往来增多而取得了较大进展。2007年，中国与大湄公河次区域国家之间共有16家航空公司在39条航线上经营国际航班，比2005年增加了2家航空公司和1条航线。

除此之外，大湄公河次区域合作在基础设施互联互通的其他方面也取得了进展。2008年，大湄公河次区域信息高速公路一期工程开通。连接越南、老挝、泰国、缅甸的东西走廊公路全线贯通并实施了大湄公河次区域便利化措施；中国南方电网3条220千伏和4条110千伏线路通过云南和广西送电通道已实现向越南送电。

在泛北部湾经济合作中，连接东盟国家和地区的南宁至胡志明市、南宁至河内的两条高速公路中，中国境内的南宁至友谊关段、南宁至防城港段已经贯通；防城港至东兴段项目大部分前期工作已完成，有望在2010年下半年开工；崇左至水口段计划在“十二五”期间开工建设。北部湾经济区出海的崇左至钦州、玉林至铁申港和六景至钦州港3条高速公路均已开工，预计将于2012年通车。

另外，中国对东盟的基础设施投资与合作还有以下项目：提供8亿美元20年的低息贷款，帮助马来西亚在槟城建设23公里长的跨海大桥；在柬埔寨、老挝、印度尼西亚等国投资帮助建桥；帮助建设从南宁到越南，从昆明到越南、老挝和缅甸的高速公路；中国同意提供技术，帮助越南建设两条铁路，一条是从越南到柬埔寨，长度130公里，另一条是从越南到老挝，长度119公里，这两条铁路共需投资5.25亿美元，将于2020年前建成。

三、中国与东南亚基础设施互联互通的发展前景

中国与东南亚基础设施互联互通建设成绩显著，进一步发展仍面临很多挑战，主要有以下方面：

第一，东盟对中国和平崛起的疑虑。东盟及其成员国在加强与中国经济上相互依存的同时，出于对中国综合国力上升后的担忧和戒备，实施“大国平衡战略”，推动各大国参与地区事务，避免出现完全由中国主导的局面，在中国与东南亚基础设施互联互通一事上也同样如此。

第二，东盟内部问题形成的障碍。与东盟老成员国相比，新成员国——越南、老挝、柬埔寨、缅甸经济发展程度较低，经济结构单一，软硬件设施落后，国内相关制度不健全，特别是这4国的北部地区都更贫困，交通更闭塞，这些都影响了基础设施互联互通建设的进程。再加上东盟一些成员国国内局势的紧张和动荡，也影响了基础设施互联互通的建设，并在一定程度上削弱了中国企业参与基础设施互联互通建设的信心。

第三，外部力量介入的影响。美国、日本、印度等区外主要国家都加紧利用各自综合或传统优势，在东南亚大力推进以各自为中心的地缘经济和战略布局。具体表现为奥巴马政府加

强了对东南亚的介入，加入了《东南亚友好合作条约》，举办“美国 + 东盟”峰会，高调显示其捍卫在该地区领导权的决心。希拉里·克林顿国务卿于 2009 年访问印度尼西亚时主持了首届“美国—湄公河下游部长会议”，提议湄公河与密西西比河结成“姐妹河”。同年 7 月，希拉里又在出席东盟地区论坛时发起《湄公河下游计划》。日本前首相鸠山上任伊始就提出“东亚共同体”的建议，并召开了“日本—湄公河各国首脑会议”，将湄公河次区域列为日本政府开发援助的重点地区，未来 3 年投资 55 亿美元加快基础设施建设，充分表明了日本欲主导东南亚的企图。印度“东向政策”的主要目标是在东南亚拓展战略空间，与缅甸、柬埔寨、老挝、泰国和越南建立“湄公河—恒河合作计划”，加大在湄公河次区域的公路和铁路建设互通互联的步伐。

第四，标准不统一造成的困难。中国和东盟国家在基础设施上采用的标准不同，致使中国与东南亚的基础设施难以顺利对接。如铁路就有准轨和窄轨之区分，不同轨道标准之间的转换影响了国际铁路联运的效率。再如交通规则和法则也不同，中国、越南和老挝的公路交通实行右侧通行规则，泰国、马来西亚和新加坡采取左侧通行规则，给跨境运输的交通管理带来很大不便。

中国和东盟国家是近邻，在经济、文化和社会等方面有着悠久的交往历史。加强中国与东盟的合作，不仅有利于中国与东盟国家的经济发展，而且有利于地区的和平、稳定与地区合作的发展，中国与东南亚基础设施互联互通则是中国与东盟合作的重要内容之一。值此纪念中国—东盟建立对话关系之际，双方携手共同应对挑战，进一步推进基础设施的互联互通，使其利及长远，惠至各方，将促进中国与东盟及其成员国的睦邻友好合作深入持久地发展。